A History of Affirmative Action in The USA

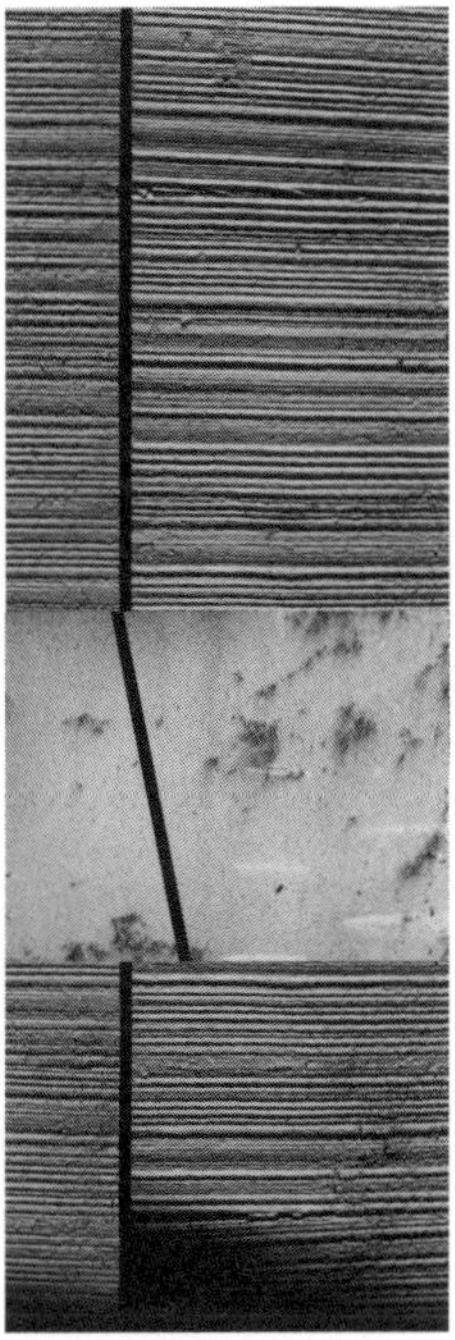

アファーマティヴ・アクションの行方

過去と未来に向き合うアメリカ

川島正樹【著】
KAWASHIMA Masaki

名古屋大学出版会

アファーマティヴ・アクションの行方——目　次

プロローグ　アファーマティヴ・アクションとは何か

一　概　史

「積極的差別是正措置」の始まり　「アファーマティヴ・アクション」という言葉は、アメリカ合衆国（以下本書では便宜上「アメリカ」と略記する）で一九六〇年代後半以降に世論の注目を浴びるようになった。日本語では「積極的差別是正措置」と訳されるが、一般的に英語をそのままカタカナ表記して使われることが多い。用語としての最初の使用例は一九六一年三月六日にジョン・F・ケネディ大統領が発した大統領行政命令一〇九二五号であるが、その意味するところは「法的差別の撤廃」ないし「法の下での平等の完全実現」であった。その後継者であるリンドン・B・ジョンソン大統領が一九六五年六月四日にハワード大学の卒業式で行った演説で初めて、単なる「法の下での平等」を超えた「結果の平等」を実現するための積極的な諸方策を意味するようになった。

現在この用語が具体的に意味するのは、歴史的に差別されてきた「人種」・民族的少数派《マイノリティ》集団および女性や障がい者に対する様々な優遇策である。当初の主たる対象は、奴隷制の導入以来長らく差別の対象とされてきた黒人（最近は「肌の色の黒さ」の度合いに関わりなくアフリカ系を先祖と自認する人々を意味する「アフリカ系アメリカ人」という言葉が使われることが多い）であったが、その後、西部「開拓」の歴史の中で領土を奪われた「インディアン」と呼ばれてきた人々を中心とする先住諸民族《インディジャナス・ピープルズ》や、一九世紀半ばのメキシコとの戦争による領土併合以来「市民」とされつつも差別されてきたヒスパニック系（近年は「ラティーノス」とも呼ばれる主にスペイン語系の中南米系住民）など、他のマイノリティ集団や、人口の半数を占める女性や、障がいを持つ人々にまで拡大されたのである。さらに、歴史的に被差別少数派諸集団の問題を抱え、ジェンダー差別の克服を目指す他の多くの国々にも波及した。日本でも、被差別部落の人々に対する「同和対策事業」や、「男女共同参画社会基本計画」（「ポジティブ・アクション」と呼ばれる）、また「障害者雇用促進事業」等に見られるような形で、大きな影響を及ぼしている。その位置付けは、当初の「歴史的差別の犠牲者」に対する賠償的措置から、それを含む、あらゆる「不利な諸条件を強いられた人々」の機会の平等化を保障する制度的整備へと発展した。世界で、とりわけアメリカでは、「人種」や民族、信仰や性別／ジェンダー、さらには障がいの有無などは、以前と比べてではあるが、不利な条件では相当程度なくなりつつあり、人々の特性にすぎないと考えられるようになってきた。

つい近年まで続いていた強制的隔離制度　本書が考察するのはアメリカにおける、この「アファーマティヴ・アクション」の確立をめぐる歴史的背景と現状および将来の見通しである。それは、二世紀半続いた奴隷制とその廃止後近年まで約一世紀にわたって続いた「ジム・クロウ」と呼ばれる「人種」に基づく強制的差別隔離体制の遺制を克服する努力の過程のみならず、アメリカ社会が直面する現在と近未来の重要問題、とりわけ従来の多数派《マジョリティ》たる白人（非ヒスパニック系）の間でしばしば懸念される多様性《ダイヴァーシティ》の進行への対処の模索も意味する。最新の予測によれば、彼ら彼女らが過半数を割るのは二〇四三年とされており、二〇六〇年には従来の少数派諸集団の総人口比率は五七パーセントになると推定されている［二〇一二年一二月一二日付、アメリカ政府商務省国勢調査局速報］。従来の多数派である白人の間で高齢化《エイジング》が急速に進行するのと並行して、移民によって所謂先進諸国で唯一人口増加傾向を示し続けるアメリカだが、白人高齢者が非白人移民およびその子ども世代に介護してもらう構造はますます顕在化するであろう。

　アメリカは国家として、このように将来のより多様化する社会への待ったなしの対応を迫られており、実際にその努力を重ねている。しかしそのことは、奴隷制や他の迫害行為ないし領土併合に伴う歴史的差別に起因し現在も残る不平等の是正努力が、もう十分なされたことを意味してはいない。後ほど確認するように、依然として「人種」間の所得等で明らかな格差が見られるアメリカ社会においては、このような、主として「肌の色」に起因する差別の解消努力は、未だその途上にあると言わざるを得ない。

　そのような「歴史的差別」の最大の被害者集団であるアフリカ系アメリカ人指導者の中に近年、奴隷制と奴隷貿易およびその遺制としての法的差別隔離体制への集団賠償請求訴訟（「リパレーションズ」と呼ばれる）を起こす動きが顕在化している。筆者は、これを伝える二〇〇二年三月三一日付『ニューヨーク・タイムズ』紙の記事を目にしたとき、正直なところ唐突感を否めなかった。しかしながら、本書執筆時において奴隷制廃止から一五〇年が経っているとはいえ、南部諸州における州法や自治体条例で強制された「人種」隔離や参政権の剥奪といった市民的諸権利の否定が厳格に禁止されたのは、一九六四年と六五年に成立した二つの強力な連邦法以降であり、ヴァージニアをはじめ、第二次世界大戦後においてもなお三〇の州に州法として存在した異人種間結婚禁止法に違憲判決が下されたのは一九六七年なのである。

ちなみに、同法は白人と他人種の結婚を禁じたものであり、白人との結婚を禁止された対象には日系などのアジア系もふくまれていた。アジア系への差別として他に看過できないのは、移民一世に対する帰化法での制限である。一七九〇年の最初の帰化法で帰化手続が可能な対象とされたのは「自由白人」だけであり、南北戦争後間もない一八七〇年に、当時ほとんどいなかったアフリカ系移民一世にその扉が開放されたが、アジア系移民一世に帰化が許されるのは朝鮮戦争中の一九五二年になってからであった。アメリカが一八八二年の排華移民法で当時の清からの中国系労働者の移民を禁止し、建国以来の「自由な移民の国」としての自画像を否定した後、移民排斥の対象となったのは日系人であり、一九二四年の移民法は日本では「排日移民法」と呼ばれ、これによって反米意識が高まり、日米戦争の遠因ともなった。この時に日系移民と並んで排斥の主な対象となった南・東欧系の「新移民」は、やがて二・三世までに「白人」の仲間入りをすることになるが、アジア系はその後長らく差別の対象とされたのである。

市民権運動の高揚と差別体制の解体　本論で詳述するように、ホロコーストによって六百万人をこえるユダヤ人犠牲者を出した第二次世界大戦への反省から、そして何よりも「冷戦」下における「第三世界」諸国をめぐるソ連との国際政治上の駆け引きから、アメリカ連邦政府エリートの意向を背景に、連邦最高裁判所が九名の判事の全員一致で南部の「人種」隔離を違憲としたのは一九五四年五月一七日に下された「ブラウン」判決によってであった。しかし南部諸州はこれを無視した。第二次世界大戦期の連合軍ヨーロッパ最高司令官であり「ブラウン」判決当時の大統領であったアイゼンハワーが、一九五七年九月の新学期に白人住民の暴動が起こったアーカンソー州リトルロックの名門公立校セントラル・ハイスクールに連邦最精鋭の第一〇一空挺団を投入して実現したのは、二〇〇〇人余りの全校生徒にわずか九名の黒人生徒を加えることでしかなかった。フォーバス州知事は間もなく同校を閉校し、同校は州の補助金を得た私学として再開校されて「人種」隔離が少なくとも当面は維持された。公立学校をめぐる「人種」統合は以後混乱を極め、現在もその余波は収まっていない。

一方、一九五五年一二月一日木曜日の夕方、アラバマ州モントゴメリー在住の四二歳の黒人女性ローザ・パークスがバスの「人種」隔離座席を拒否したことに端を発する、黒人住民によるバス・ボイコットが、歴史的な市民《シヴィル・ライツ》権運動の高揚の端緒となり、偉大な指導者マーティン・ルーサー・キング・ジュニア牧師を生んだ。そしてこの市民権運動こそが前述の一九六四年の市民権法《シヴィル・ライツ・アクト》と六五年の投票権法《ヴォーティング・ライツ・アクト》という強力な連邦二法の成立をもたらしたのである。ここに南北戦争後一世紀を経て、ようやくアメリカは「人種」平等を実現した。法の下での市民の平等性の確立が「近代国民国家」成立の不可欠の要件とすれば、まだアメリカはそれを備えて半世紀しかたっていないことになる。

黒人の権利要求運動は他のマイノリティ集団や女性たちの同様の運動を刺激した。間もなく、「非暴力」を掲げた諸運動は「都市暴動」の頻発とベトナム戦争の激化の同時進行の中で「過激主義《エクストリーミズム》」への傾斜の道を辿った。こうした中、キング牧師による差別撤廃の訴えに同調を示したことが暗殺の背景ともなったジョン・F・ケネディを引き継いだリンドン・B・ジョンソンの政権下で、「貧困との戦争《ウォー・オン・ポヴァティ》」を含む、より大胆な「結果の平等」を求める「偉大な社会《グレート・ソサイエティ》」構想が打ち出された。この時、「アファーマティヴ・アクション」が、「実質的な平等化」を目指す諸方策として開始されたのである。それは広範な社会構造改革を伴う社会保障・社会福祉・教育制度の改革の試みであった。しかしながら、ベトナム戦争の泥沼化の中で国家財政は破綻し、国民の多くの熱情も失われていった。市民権運動の指導者キング牧師と彼を支持した有力大統領候補のロバート・F・ケネディの暗殺が相次いで間もない一九六八年一一月の選挙で、共和党候補リチャード・ニクソンが大統領となり、以後「アファーマティヴ・アクション」は主にマイノリティ集団に対する大学・大学院への入学や公務員採用および政府契約業者選定における「優先枠《クウォータ》」の設定を意味するようになった。それはアメリカ社会を二分する論争を呼ぶ史上類を見ない大胆な方策であったとともに、六〇年代後半の広範な構造改革を目指した社会政策と比べて、予算措置の必要のない「安価な方策」でもあった。

「逆差別」判決と目的の変化　一九七〇年代以降に顕在化する財政破綻の中で、かつての「偉大な社会」政策の再生はますます困難になった。共和党のみならず民主党政権下においても「安価なアファーマティヴ・アクション」が実行され続けた。そのような中で、主に白人男性から「逆差別《リヴァース・ディスクリミネーション》」批判が高まった。マイノリティ集団への「優先枠設定」は「法の下での平等」を規定した憲法に反する、という主張だった。彼らを代表して訴訟を起こしたのが、カリフォルニア大学デーヴィス校医学部への入学を二度にわたって拒否されたアラン・バッキだった。一九七八年六月二八日、連邦最高裁は五対四の僅差でバッキの主張を認めた。

その一方で最高裁は、「バッキ」判決でパウェル判事の意見を基に同じく五対四の僅差で、「人種」のみを基準としない限りにおいて「人種」を含む特定集団への優遇措置の継続を認めた。その理由は、将来のますます多様化が進む社会に備えることは広範な国民的利益をもたらすから、とされた。こうして「優先枠設定」を意味する「アファーマティヴ・アクション」はその目的を「過去の差別の影響の是正」から「将来のより多様な社会への準備」に変えつつ、生きながらえることになった。

女性と障がい者への対象の拡大　既にジョンソン大統領は一九六七年一〇月一三日に発した大統領行政命令一一三七五号で優遇措置の対象に女性を加えていたが、連邦最高裁は八七年三月二五日の「ジョンソン」判決において六対三で女性に対する「優先枠設定」を合憲とした。現在までに障がい者にも同様の「優先枠設定」がなされるに至っている。「アファーマティヴ・アクション」がある意味で拡大されるにしたがって、「歴史的差別」の中心的被害者である奴隷の子孫たちへの賠償という当初の目的が忘れられていったのは、皮肉な結果というべきであろう。

二　続く論争

現在の格差は自己責任か？　アメリカでは建国直後の一七九〇年から「人種」に基づく詳細な人口動態調査が連邦政府により一〇年ごとに行われてきた。それは当初は、下院議員の割り振りにおいて「インディアン」を除外し、黒人奴隷人口の五分の三を算入するということで、南部と北部の政治的妥協が成立したために、厳格に実施する必要があったからである。その後「ヒスパニック系」や「アジア系」、「インディアン」以外の「先住諸民族」等のカテゴリーが加えられている。それに対して例えばフランスは「人種」や民族による政府統計の実施を頑なまでに拒絶している。国民に偏見を植え付けることになる、との理由からである。その良し悪しは別として、アメリカは歴史的に「人種」間の現実の格差の実態に関して極めてオープンである。そして近年はインターネットの普及により、その格差の現実をごく容易に把握することができる。

最新（二〇一一年）のデータによれば、「人種」別（公式には「民族集団《エスニック・グループ》」とされる「ヒスパニック／ラティーノ系」も便宜上「人種」集団の一つと見なす）の一人当たりの平均年収は、白人（非ヒスパニック系）が三万二六七三ドル、黒人が一万八三五七ドル、アジア系が二万九二三五ドル、ヒスパニック／ラティーノ系が一番低く一万五四七九ドルである。ただし世帯収入で比べた場合にはヒスパニック／ラティーノ系は六四〇〇ドルほど黒人を上回る［表I-2参照、以下表は巻末に掲載］。二〇一〇年の男性のフルタイム労働者の平均週給でも、白人男性を一〇〇とした場合に、黒人男性は七四・五、「不法就労者」の多いヒスパニック／ラティーノ系では六八・二である。ただし全体的にジェンダー格差も大きく、女性はフルタイムでも男性フルタイム労働者の八一・二パーセントのみである［表I-3参照］。

後の章で見るように、年収の「人種」間格差は学歴の格差の反映でもある。また、年収の格差は平均寿命の差にも反映される。二〇〇八年において黒人男性は白人男性よりも平均して五年も早く人生の終わりを迎えていた［表I-6参照］。

第7章および第8章で詳述するが、このように現在もあらゆる面において依然として「人種」間格差は歴然たるものがある。半世紀近くの厳格な法による差別の禁止と四〇年にわたる「優遇措置」の実施を経たにもかかわらず、そして何よりも「黒人初の大統領」の二期目の政権が発足した今日において、このような明らかな格差が存在することは単に「自己責任」に帰せられる事象と片付けてよいものだろうか。筆者はもちろん自己責任を全否定するものではないが、このような明らかな格差を是正する責任主体は社会全体である、と考えるようになっている。なぜなら、とりわけ黒人の子どもの貧困率が高まり、「貧困の世襲化《ヘレディタリ・ポヴァティ》」が問題化しているからである。貧困に生まれた子どもたちにどうして「自己責任」が問えるであろうか。現在州レベルで廃止が拡大しつつあるが、「アファーマティヴ・アクション」は、このような「人種」間のあからさまな格差を是正するために、廃止ではなく、より効果的な結果を生むように改善すべきだ、と筆者は考える。

放置される「アンダークラス」　最も憂慮すべきは「アンダークラス」、すなわち大都市中心部の「ゲットー」と呼ばれる、黒人を中心とした犯罪にまみれた極貧者の集住区の情況である。最新の統計調査によれば、政府の定めた基準である貧困ライン未満の所得しかない黒人の世帯率は白人の約三倍であるという。

　貧困層のさらに下層の「アンダークラス」に占める割合が高いのはアフリカ系アメリカ人の母子家庭《シングル・マザー》である。「アンダークラス」が直面する問題は貧困だけではない。オハイオ州立大学のミシェル・アレグザンダー准教授の最近の研究によれば、現在首都ワシントンにおける黒人青年男性のうち生涯において刑務所等へ「犯罪者」として収監される者の率は、実に四人に三人であるという［Michelle Alexander, *The New Jim Crow : Mass Incarceration in the Age of Colorblindness*, rev. ed. (New York : The New Press, 2012), pp. 6–7］。

　この背景にあるのが「貧困の世襲化」、つまり子どもに高い貧困率である。二〇一一年時点における一八未満人口の貧困率は黒人で実に三八・八パーセントであり、ヒスパニック系でも三四・一パーセントである。ただし貧困は国民全体の問題でもあることに注意しなければならない。一八歳未満総人口の実に二一・九パーセントが貧困ラインを下回る生活を強いられているからである［表Ⅰ-2参照］。

二〇〇八年九月に起こった「リーマン・ショック」をきっかけに、深刻な世界的不況が始まり、歴史的な「黒人初の大統領」に経済的回復への期待が高まった。それから三年後、バラク・オバマ政権の第一期の成果が翌年に問われようとしていた二〇一一年九月、突然ニューヨークの金融中心地で「ウォール街占拠」運動が始まった。この「占拠運動《オキュパイ・ムーヴメント》」は瞬く間に各地に広がった。参加者は、所得上位一パーセントが全資産の三四・六パーセントを独占していることに象徴される極端な格差に対する反発を「我々は九九パーセントである」という叫びで示した。大恐慌下の一九三〇年代を彷彿とさせる持続的な世界的不況の下で拡大し顕在化した格差を背景に、貧困の問題は、一部の「アンダークラス」の「特殊な文化」の問題ではなくなるかに思われた。この長らく忘れ去られた最底辺の人々の苦境は「九九パーセントの人々」に共通の問題として意識されるかに思われたのである。「占拠運動」は同様の問題を抱える世界各地に波及する勢いを見せた。

オバマ政権の誕生と再選の陰で

「占拠運動」は、しかしながら、二〇一二年の年明けまでにはすっかり沈静化してしまった。同年一一月の「黒人初の大統領」の二期目の選挙結果が示したのは、前回以上の「人種」間の亀裂だった。二〇一二年一一月の大統領選挙で前回同様にオバマに投じたのは主に非白人有権者だった。黒人有権者の九三パーセントがオバマに投じ、アジア系の七三パーセント、ヒスパニック／ラティーノ系の七一パーセントも「黒人大統領」の再選に投じた。これに対して、ようやく経済を立て直しつつあった現職大統領を評価した白人は、前回より四パーセント低い、三九パーセントにすぎなかった。

「占拠運動」が高揚する二年半前、オバマ政権誕生直後に「茶会《ティー・パーティー》」運動が始まった。それは、かつて白人の多くに中産階級を生んだ「豊かな社会」を象徴する郊外住宅地の白人中高年を中心とした保守派支持層の拡大と浸透に寄与した。その名称は、アメリカ独立革命の火ぶたを切ることになった運動、つまりイギリスによる「不当な課税」に対する抵抗運動の中心地ボストンにおける「茶会《ティー・パーティー》」事件をもじったものであるが、文字通り各地のコミュニティや家庭で開催される「茶話会《ティー・パーティー》」を交流の場にした、斬新な「草の根」保守運動である。同運動の参加者は、多大な財政出動を伴った「ニューディール」や「偉大な社会」の再来を思わせるオバマ政権の経済再生策に反対し、オバマ政権第一期目の目玉施策だった「国民皆保険」制度を骨抜きにしようとした。彼ら彼女らは、何よりも非白人が大半を占める二一世紀の新移民の大量流入に対してリベラルな姿勢を示すオバマ大統領に強い反発を示している。

二〇一二年一一月のオバマ大統領の再選は、アメリカの「人種」の境界に沿った社会的亀裂を顕在化させたとも言えよう。それは奴隷制とその遺制の影響に依然として苦しめられている人々への共感を抱きながら、ますます多様性が進行する世界史的な流れを積極的に受け止めようとする人々と、それに反対する人々との間の、修復され難い深い亀裂でもある。現職大統領の再選を支えた人々と反発した人々の、明らかに見た目でも分かる外見的違いは、アメリカ独立革命にまで遡る「アメリカ」の意味をめぐる歴史的認識と未来像の相違に重なるのである。

州レベルでの廃止の動き　前述の亀裂は既に二一世紀への変わり目に顕在化していた。州レベルで「アファーマティヴ・アクション」が廃止され始めていたのである。その口火を切ったのは、アメリカ本土で最も多様化が進んでいた州の一つであるカリフォルニア州だった。同州では一九九六年一一月の大統領選挙に合わせて、「アファーマティヴ・アクション」の廃止を目的とする州民投票提案二〇九号の票決が行われ、同提案は五四パーセントの賛成で是認された。その結果として同州憲法に、州公務員の採用や州政府契約業者の選定や州立教育機関の入学において「人種」や性別や民族で特別の考慮をしない旨の修正条項が付加された。同提案の投票結果は翌年に連邦最高裁の合憲判決を得て確定した。

続いて一九九八年一二月にワシントン州が同様の州民投票を行って「アファーマティヴ・アクション」の廃止に踏み切った。また二〇〇〇年二月にはフロリダ州で大学入学における「人種」に基づく優遇策が禁じられ、以後この流れは他の州にも徐々に、かつ静かに広がりつつある。第8章でも詳述するが、インターネット上のウィキペディア（英語版）の「合衆国におけるアファーマティヴ・アクション（Affirmative Action in the United States）」によれば、その後に州民投票などで「アファーマティヴ・アクション」による「優先枠設定」の廃止を実行した州はミシガン州（二〇〇六年）、ネブラスカ州（二〇〇八年）、アリゾナ州（二〇一〇年）、ニューハンプシャー州（二〇一二年）、オクラホマ州（二〇一二年）となっている。

奴隷制の損害賠償請求訴訟運動　州レベルで徐々に「優先枠設定」が廃止されつつあった二〇〇二年の三月三一日付『ニューヨーク・タイムズ』（国際日曜版）に、オバマ大統領の母校でありアメリカ屈指のエリート輩出校であるハーヴァード大学法科大学院のアフリカ系アメリカ人教授、チャールズ・J・オーグルトゥリー・ジュニアの「奴隷制の遺産に対する訴訟」と題する論文が掲載され、話題となった。前に述べたように筆者は唐突感を禁じ得なかったが、多くの読者もそうだったのではなかろうか。しかし、「賠償金は最貧困層の救済に当てられるべきである」という主張を確認した時、キング牧師の「私には夢がある」演説（一九六三年八月二八日）に「人種」の違いを超えて多くのアメリカ人が共感を示した情況がもはや再現できそうにないほど社会的亀裂が生じている中で、かつて二〇世紀前半に黒人支援団体が訴訟活動を有効な手段と見なして主要な戦術として採用したように、司法が唯一の問題解決の可能性を残している場なのかもしれない、と筆者は気付いた。前述の記事からは、オーグルトゥリー教授の悲痛に満ちた現実的判断が伝わってきたのである。この件については第8章で詳述する。

三　本書の意図

「人は誰でも生まれながらに平等」を追求してきたのは誰か？　ここで本書の構成を示しておこう。本書は「歴史的前提」と「未来への試み」と題する二部構成となっており、第I部では、「人種」をめぐる差別体制が構築され、それが崩壊し、「アファーマティヴ・アクション」に至るまでの歴史的経緯とその背景を確認する。まず第1章の冒頭では「人種」概念を再検討する。私たちは目で見て分かる「肌の色」の違いという外見上の違いから「人種」分類《レイシャル・カテゴリー》を直感的に自明のものと受け入れている。しかし世紀末に開始され、二一世紀の幕開けとともに完了し、二〇〇三年に公表されたヒトゲノム解析の国際プロジェクトによれば、生物学的な概念としての「人種」によるヒトの分類方法は捨て去られるべきである。この提言は厳粛に受け止められねばならない。なぜなら、「人種」に基づく世襲的奴隷制が発展したのが近代であり、それによって欧米諸国が現在に至るまでの発展を可能とする基礎の重要部分を確立し得たからである。奴隷制が決して古代や中世の遺制ではないことをまず確認する。

第2章では、今日も解消されないままのアメリカの「人種」をめぐる偏見が歴史的に「構築された」事実を確認する。奴隷制の中心地となるヴァージニア植民地でも、当初「奴隷」とはいえ黒人たちは貯金もできたし、恋愛も結婚も可能であり、子どもの「自由を買う」ことすら許されたのである。これらの最低限の権利すら否定する世襲的奴隷制は、古代や中世から引き継がれた制度や人間に本来的に根差す偏見を基に確立されたものではなかった。政治的および経済的な必要から、むしろ政策的に「人種」が構築されたのである。歴史的に構築された「人種」にまつわる偏見は、積極的な政策的働きかけによって脱構築が可能である(もちろん簡単ではないが)という歴史的根拠を示す。

第3章では、南北戦争後の奴隷制の廃止と「解放民」への市民権の保障、とりわけ投票権の保障さえ定めた三つの憲法修正条項の成立後の南部に、州法や地方自治体条例で新たな差別隔離体制が成立し、連邦最高裁の判決を受けて北部を含めた国家レベルでそれが是認された、アメリカ民主主義に秘められた「謎」を解明する。

第4章では、一般的に否定的印象が強い「冷戦」の肯定的影響について、とりわけ最高裁判例の変更から、市民権運動の高揚を経て、ついに南北戦争後一世紀を経てようやく「法の下での平等」という近代的「国民国家」としての条件がアメリカで実現されるまでを描く。

後半の第II部では、「過去の不正」と向き合いつつ、より公正で好ましき未来社会を模索する現代アメリカの努力を跡付け、「アファーマティヴ・アクション」の行方を展望する。まず第5章では、大胆な財政出動を伴う「貧困との戦争」を主軸とする「偉大な社会」の諸政策の試みと挫折を経て、保守化した共和党政権下で一見大胆でありながら極めて安価でかつ有権者の間に分断をもたらさずにはおかない「優先枠設定《クウォータ・システム》」へと「アファーマティヴ・アクション」が変質する歴史過程を概観する。

第6章では、「優先枠設定」によって黒人エリート層が社会的に上昇し都心部のゲットーを脱出する一方で、放置されていった「アンダークラス」の苦境をめぐる論争を今日的観点から再分析するとともに、「市民権革命《シヴィル・ライツ・レヴォルーション》」を契機とした非白人系の新移民の大量流入の影響を考察する。

第7章では、高まる「逆差別」論の中で、一九七〇年代末以降の「過去の不正の解消」から「未来の多様性への準備」への「アファーマティヴ・アクション」の目的の変化と、同時期に立ち現れる「肌の色の無差別《カラーブラインドネス》」による差別正当化論について分析する。

第8章では、州レベルで州民投票によって「アファーマティヴ・アクション」が廃止されつつある最近の動きについて論じる。「初の黒人大統領」であるオバマ政権の下でも押しとどめられない静かな反動化の傾向の中で、現在のアフリカ系アメリカ人指導層が司法判断に最後の望みを託す背景を明らかにする。同時に、かつての活動家を含めた人々による、地道なゲットー再生と「アンダークラス」たちの自立化促進《エンパワメント》の努力の現在までの到達点を確認し、「優先枠設定」を意味してきた従来の「アファーマティヴ・アクション」の存続の是非を超えて、あるべき「アファーマティヴ・アクション」を展望する。

本書を通じて、一七七六年七月四日に発せられた独立宣言で言明された「人は誰でも生まれながらに平等《オール・メン・アー・クリエーティッド・イコール》」を追求してきたのは誰かについて明らかにしたい。多数決を旨とする民主主義をいち早く国是としたアメリカで、どのようにして当初は否定されていた少数派の権利がここまで認められるようになり、長らく「優遇措置」さえも講じられてきたのか、それはいつまで続くのかを探りたい。

黒人史から「人種」関係史へ　「アファーマティヴ・アクション」を切り口にして本書が意図するのは、所謂「アメリカ黒人史」ではなく、むしろグローバル化の最先端を歩んできたアメリカにおける「人種」関係史である。筆者が引用符付きで「人種」という語を使う意味や「人種」の関係史に注目する理由は第1章で明らかになるであろう。

二〇一三年七月八日に九七歳で亡くなった初期アメリカ史の碩学でイェール大学名誉教授エドモンド・モーガン博士はかつて、アメリカ史をもっぱら「自由と民主主義の拡大の歴史」として称賛しつつ解釈する従来の見方も、逆にもっぱら「隷属と征服と搾取の歴史」として糾弾しつつ描くことも、ともに一面的に過ぎるとして慎むように提言した。代わって博士が提言したのは、「自由」と「不自由」が同時展開するというアメリカ史像であった。本書が目指すのはこのような「人種」関係史としてのアメリカ史像の提示である。

公正さの追求の歴史としてのアメリカ史　テキサス農工大学の歴史学教授テリー・アンダーソンはオックスフォード大学出版局から二〇〇四年に刊行した「アファーマティヴ・アクション」の通史のメイン・タイトルを『公正さの追求（*The Pursuit of Fairness*）』とした。高名な哲学者バートランド・ラッセルの著書を彷彿とさせると同時に、大奴隷主にしてアメリカ民主主義の父とされるトマス・ジェファソンの起草した「独立宣言」で自明とされた人権の一つでもある「幸福の追求の権利」を念頭に置いたものであろう。人々が追求する「幸福」の意味内容は各人で違うかもしれないし、それは争いの種になるかもしれないが、それを調整するだけでなく、何よりも幸福追求の前提条件を平等化することは政府の責任である。

しかしながら、最終的に多数決原則に委ねられる代議制民主政治の枠内で、少数派が平等な条件を獲得し、差別されてきた過去における失われた利益の回復を含む正義が実現される保証はない。もちろん、そのような正義の実現を保障する道として、三権の一つである司法という回路はある。しかし、多数ではなく法に照らして判断する裁判所といえども、社会の多数が従いそうにない判決を下すのは躊躇するだろう。仮に正義の英断がなされたとしても、その実行へ向けて立法措置を講じ、それを行使して実際に社会の変化を導くのは政治である。そして少数派が政治を動かすためには、彼ら彼女らの主張にこたえることが社会全体にとっても利益となるのだと大半の人々に確信させることが不可欠であり、それはアメリカ史においては広範な社会運動の展開の中で起こってきた。封建的過去を引きずることなく比較的純粋に近代が始まったアメリカという「新世界」において、その時々の政治を動かしてきた広範な社会運動を支えた重要な理念は公正さ《フェアネス》をめぐるものであった。それは時代ごとに意味と実現方法を変えながら、今日に至っている。筆者はこのような公正さの意味や実現方法をめぐる確執と調整努力こそがアメリカ史の本質であり、同時に代議制民主主義の枠内で正義の実現を期待しうる根拠となると考えるに至っている。本書は「アファーマティヴ・アクション」と「人種」を切り口に、それを読者に提示する試みである。

第Ⅰ部　歴史的前提

第1章 「社会的構築物としての人種」と近代世界システム

一 科学的に否定された「人種」

ヒトゲノム解析国際共同プロジェクト 二〇世紀末に、ヒト(現生人類)を形作る設計図であるゲノムの全暗号綴りというべきDNAの塩基配列を解析する国際的プロジェクトが開始された。一九五三年のDNAの二重らせん構造の発見から五〇周年となる二〇〇三年にプロジェクトの完了が発表された。同年四月二〇日付の『朝日新聞』によれば、その結果いくつかの重要な事実が判明した。その一つは「人種概念に生物学的根拠はない」というものである。

これより少し前、既に一九九〇年代までに現生人類の起源に関してミトコンドリアDNAの塩基配列解析に基づく重要な実証的研究結果が発表されていた。それは現生人類のアフリカ単一起源説を強く支持する内容を含んでいた。中世ヨーロッパではキリスト教の影響で全人類はアダムとイヴの子孫だという単元説が信じられていたが、近代以降には世界各地でそれぞれの現生人類が同時的に発生した、とされ、白人・黒人・黄色人種という大まかに三種類の「人種」が生じたとする多元説が優勢となった。アフリカ系の黒人はアフ

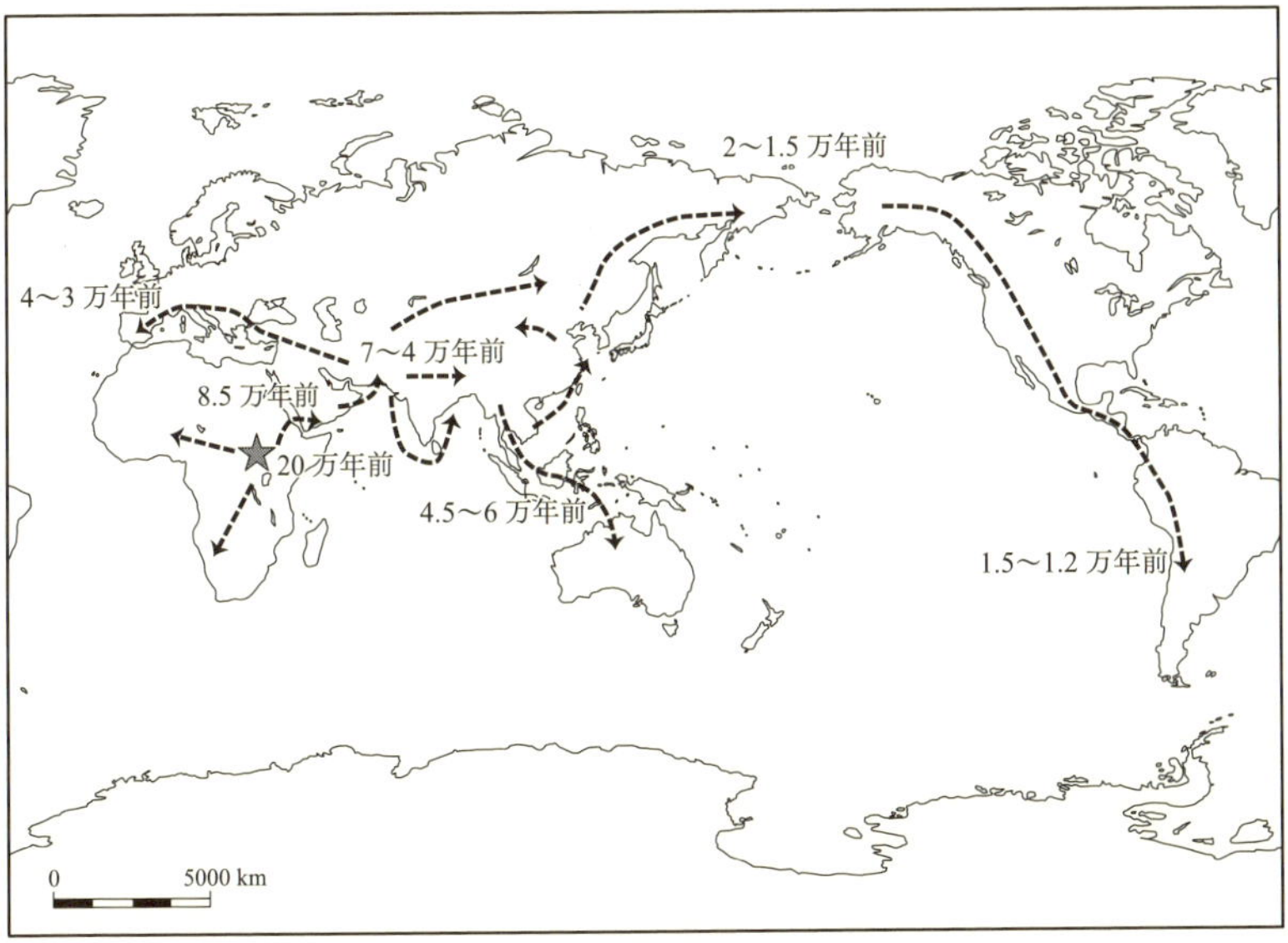

図 1　現生人類の発生と拡散

リカの原人、アジア系の黄色人種は北京原人、より肌の黒い人々はジャワ原人、白人はネアンデルタール人やクロマニヨン人に、それぞれ起源を持つと信じられるようになったのである。しかし近年に至りコンピュータ技術を導入した分子進化学的解析方法が発展するにつれ、まず現生人類が約二〇万年前に共通の、当時アフリカ東部に生存したたった一人の母親から派生していることが明らかにされた。その女性は「アフリカのイヴ」と名付けられた。その後「アダム」、つまり現生人類の父親の系統もたった一人を共有していることがY染色体の解析で判明した。やがてアフリカを出た現生人類は各地の「旧人類」にとって替わったとする説が、現在は有力である。その後の全ヒトゲノム解析の完了やエチオピアでヒトゲノム解析完了と前後して二〇〇三年に発見された一六万年前まで遡れる化石を含む考古学的な裏付け的物証とも相俟って（『朝日新聞』二〇〇三年六月一二日）、この現在地球上に生息する全人類のアフリカ単一起源説は、自然科学において揺るぎない地位を確立しつつある〔図1参照〕。

生物学的に否定されても残る「人種」概念　このように考古学的物証を伴う分子レベルの精密な分析の結果、現在までに生物学をはじめとする自然科学分野で「人種」範疇は否定されるに至っている。「肌の色」を含む身体的特徴の有意性を主張する向きもあるが、同一「人種」内の変異の幅は「人種」間の違いより大きく、統計学的に「人種」カテゴリーは無意味であると結論付けられてもいる。ヒトゲノム国際機構会長を務めていた東京大学医学部の榊佳之教授（当時）も二〇〇三年四月二〇日付『朝日新聞』でこの点に注意を促している。しかしながら、その一方で私たちは世界中の人々が「肌の色」をはじめとする集団的な外見上の違いに翻弄される現実を目の当たりにしている。プロローグで述べたアメリカの例のように、政府による詳細な統計的数値の公表は「人種」間の現実の格差を明らかにするだけでなく、人々の心に予見を植え込む傾向も伴わずにはおかない。とりわけ犯罪に関する統計資料が及ぼす影響は看過できない。たとえば、既述のごとく、首都ワシントンをはじめアメリカの大都市中心部の黒人男性で「犯罪者」として生涯のいずれかの時期に刑務所等へ収監される率が四人中三人にものぼっているのが事実だとすれば、アメリカにおいてそのような外見を持つ人々に予め特別な注意を払うのは、偏見というよりも「統計的な数値に基づく合理的な行為」と呼べるかもしれない。また後の章でも詳述するように、犯罪捜査において現在行われている容疑者の「人種特定《レイシャル・プロファイリング》」は、多くの批判にもかかわらず裁判所の是認を受けて継続されている。

「人種」や民族別の統計数値がもたらす一見「合理的」と思われる偏見の影響は「模範的少数派《モデル・マイノリティ》」と称揚

されるアジア系にも及ぶ。一例を挙げれば、「アジア系は高学歴」で特に「数学が得意」という一見「プラスの偏見」の圧力がアメリカ社会にはあり、それは確かに全国民平均値が六割未満の短大卒以上学歴率に比べてアジア系において同数値が八割以上であるという高学歴の事実を背景にしている。しかしながら、それはアジア系市民の子どもたちに大きな精神的ストレスをもたらしている。加えて、高い学歴と有利な雇用を得た場合でも、アジア系に周囲が期待する「勤勉」の圧力は強く、そのうえ親や祖父母の文化を否定される傾向のある彼ら彼女らの鬱病発症率と自殺率が高いのはよく知られた事実である。アジア系の立場から見ても「人種」に基づく偏見の構造の解消が求められているのである。

残存する、ないし変形した偏見以外に合理的な理由を見出し難い格差は高学歴の女性にも見られる。やや古い資料だが、一九九〇年における女性の、最上位にランクされる経営大学院のMBA（経営管理学修士号）取得者の平均賃金は、同一学歴の男性と比べて一二パーセントも下回っていた［『連邦政府「ガラスの天井」調査委員会報告』（一九九五年）による］。しかし、「人種」に加えてジェンダー差別にもさいなまれる黒人女性の場合には、さらに格差は拡大する。黒人女性は高収入の職種への有効な切符であるMBAをはじめ専門職学位を取得したとしても、彼女らの平均賃金は白人男性同等者の五九・八パーセントにすぎないのである［前掲資料による］。女性を含むマイノリティ集団の高等教育機関への入学を一定程度保障してきた「優先枠設定」によっても、ジェンダーもさることながら、依然として「人種」間の不平等が払拭し難く残っていることが容易に想像できる［表I-5参照］。

このように、生物学的な意味を否定されても、歴史的な範疇として、また、国家が担う統計作業の結果数値化される現実社会の格差を象徴する指標として、アメリカ政府が公的に二三〇年以上継続してきた「人種」の分類は現実的な意味を持ち続けている。それは肌の色の黒い「白人」や白い「黒人」、様々な色の「アジア系」を否応なく三種類の「人種」のいずれかに一括化する。そしてその結果「人種」は政治的な意味を持つことにもなるのである。「人種」はなくなるどころか意味や意義を変化させて今日なお堅固な社会的範疇として現実に機能していると言わざるを得ない。そのような「人種」を本書では「社会的構築物《ソーシャル・コンストラクション》」の一つとして「人種」と引用符付きで使用している。

二　近代と奴隷制

奴隷制は古代からの遺制か？　そろそろ筆者が専門とする歴史の話を始めよう。現在のアメリカにおける「アファーマティヴ・アクション」の是非を検討する上で、奴隷制の歴史を踏まえることは不可欠の前提である。その出発点としてまず「世襲的人種奴隷制は近代が生んだ」という歴史的事実を確認しなければならない。それは近代の歴史を根本的に問い直すことにも通じる、重要かつ基本的な歴史認識である。

私たちが「奴隷制」という言葉でしばしば思い浮かべる、主に黒い肌の人々が鎖に繋がれて、鞭を持った監督者《スレイヴ・ドライヴァー》の下で過酷な集団的強制労働に終身にわたって従事させられる奴隷制は、近代の産物であり、けっして古代や中世の遺制と見なされるべきではない。たしかに、「新世界」と呼ばれた南北アメリカ大陸地域に最初に広大な植民地帝国を築くイベリア半島の二つの王国スペインとポルトガルには、明治維新前の日本の「士農工商」のように、中世以来の世襲的な身分制度が残っており、それには奴隷身分が含まれていた。しかしスペインやポルトガルの奴隷たちは、後のヴァージニアの奴隷たちとはだいぶ違った条件下に置かれていた。両国において奴隷たちは、古代ローマにおいてと同様に、結婚や子どもの養育権などの権利を認められており、後にアメリカ合衆国となるイギリス領北米植民地で確立される奴隷制下のアフリカ系の人々とはかなり異なった境遇に置かれていたのである。また、「人は誰でも生まれながらに平等《オール・メン・アー・クリエーティッド・イコール》」とする自然権《ナチュラル・ライツ》への確信に基づいて、近代市民社会建設の先陣を切ったアメリカの母国であるイギリスには、農奴と大差ない貧しい農民身分を含む身分制が残存していたが、奴隷制はなかった。しかもイギリスが、先行する西欧諸国を軍事的に凌駕して、奴隷貿易を基盤とする大西洋交易システムの覇権を確立した時期は、国内でそのような世襲的身分制度を打破しようとする暴力的革命を含む内戦の時代と重なっていた。国王チャールズ一世の処刑（一六四九年）は、その一コマである。この北米への初期植民の過程に関しては次項と次章でやや詳しく述べよう。近代への道を先駆けるイギリスの、王室が率先した大規模なアフリカ人奴隷制の導入と、「自然権」思想に基づいてそれを引き継ぎ近代をさらに牽引する史上初の連邦共和国アメリカの発展の経緯についても次章で詳述する。

近代を生み支えた奴隷制　西欧諸国は奴隷貿易を根幹とする大西洋交易システムの覇権を互いに争った。西欧諸国間の諸戦争はことごとく、奴隷貿易と奴隷たちが生み出す史上初の世界商品たる砂糖の生産拠点と販路をめぐる覇権を争って展開されたものだったと言ってよい。一四九二年のコロンブスによる「新大陸」到達を後援し、オスマン帝国とのレパントの海戦（一五七一年）に勝利して以降、大西洋へ進出を始めたスペインとポルトガルが大西洋交易システムの覇権を最初に確立した。やがて砂糖生産とその交易が莫大な利益

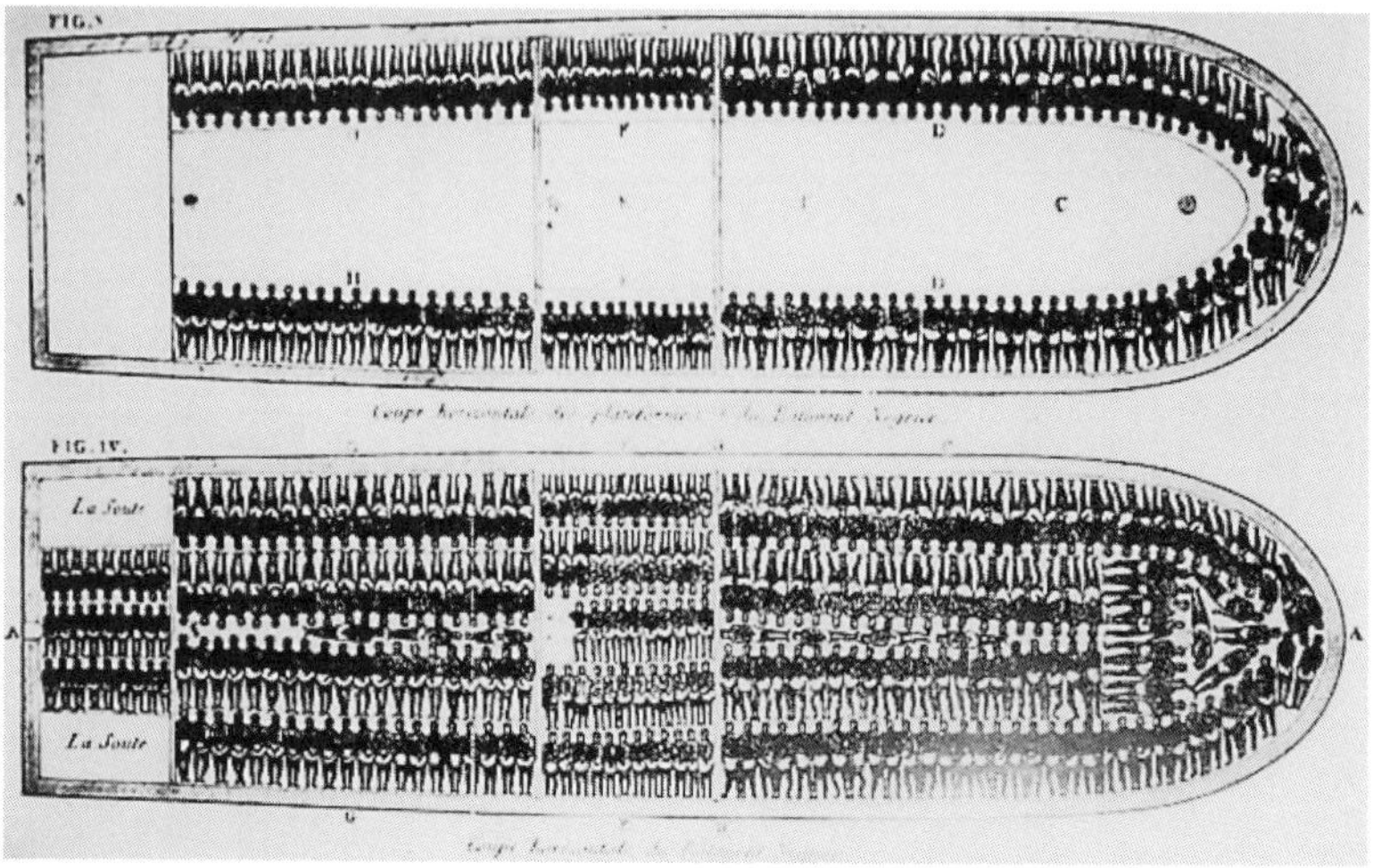

図2　奴隷船に詰め込まれた奴隷たち（18世紀）

を生むことを知ったオランダが実質的な覇権を掌握し、軍事的に圧倒するイギリスがそれを引き継いだ。その後はイギリスとフランスが覇権を争い、最終的にはアメリカの独立運動開始の直前である一七六三年のパリ条約で、当面のイギリスの勝利が確定した。その後のナポレオン戦争も含めた英仏抗争を、歴史家たちは「第二次百年戦争」と呼ぶ。

　史上初の世界商品となった砂糖がいかに莫大な利益を生み、「国民」統合の武器ともなったか、その独占を求めて西欧諸国がどのように武力で覇権争いをしたか、その背景と経緯については、川北稔の『砂糖の世界史』に分かりやすく解説されているが、その砂糖を生産したのがアフリカ人奴隷だった。奴隷貿易は「三角貿易」と称された大西洋交易システムのその三角形のアフリカ大陸からアメリカ大陸への底辺を担い、西欧諸国に多大な利益をもたらした。そして最終的にその覇権を手中にしたのがイギリスだった。大西洋の両岸の各港町に残る文書資料を丹念に調べ上げたフィリップ・カーティンの推計

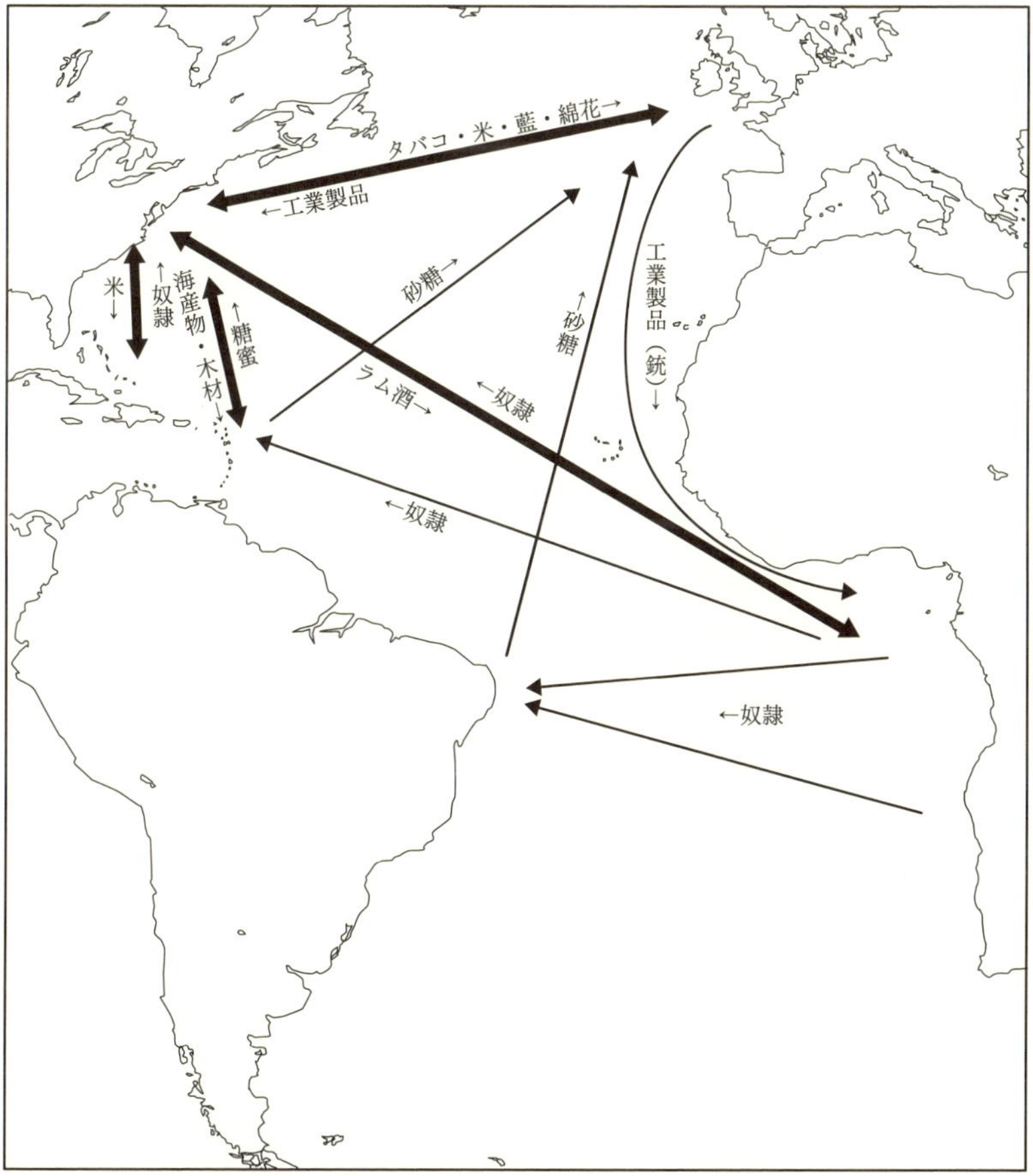

図3　大西洋交易システム（17世紀後半〜18世紀前半）

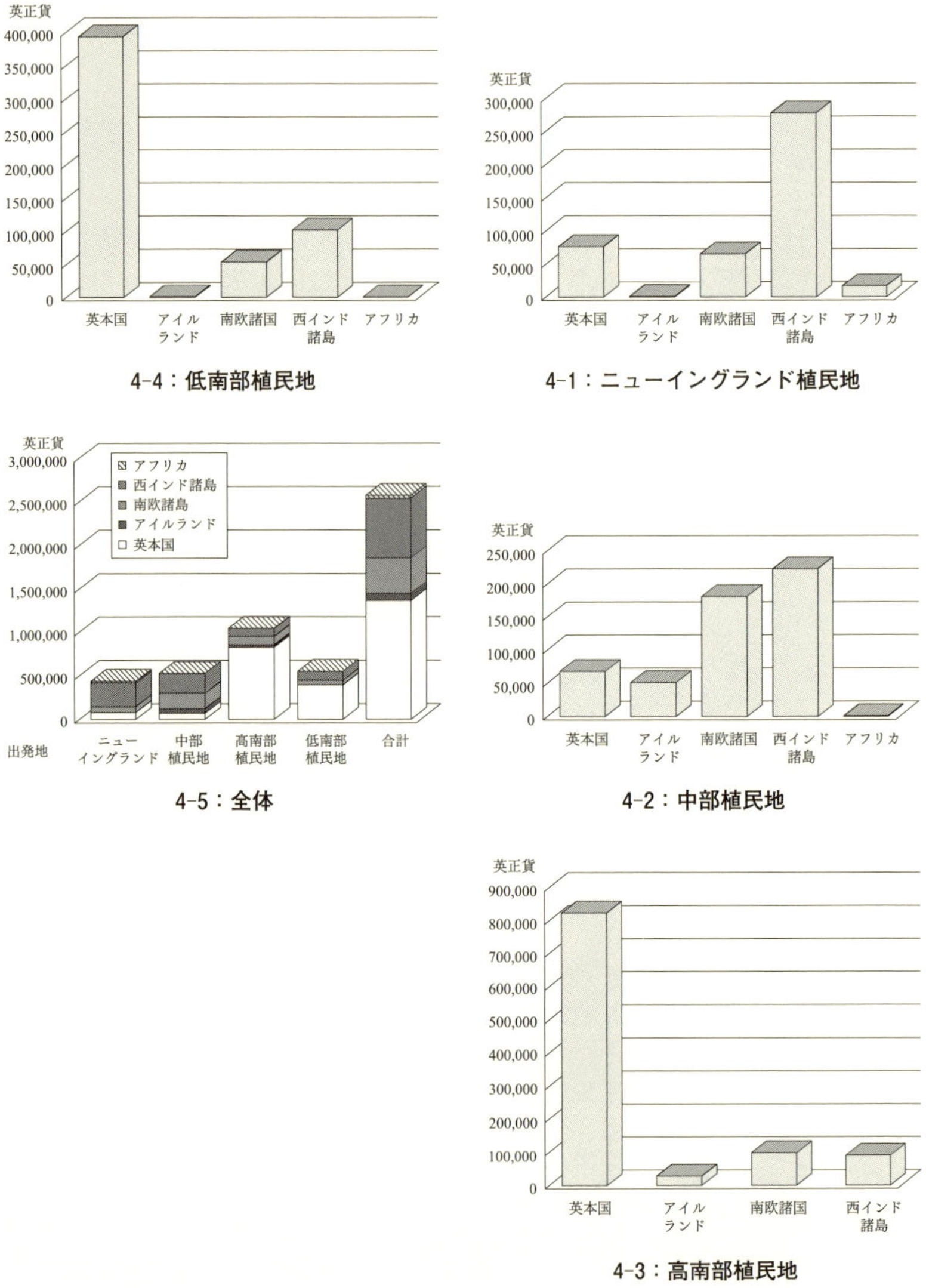

図4　1768–72年の英領北米植民地からの目的地別年平均輸出額

によれば、生きて「新世界」の地を踏んだアフリカ系奴隷の数は約一〇〇〇万人に及んだのである。覇権確立期の初期においてイギリスで奴隷貿易を独占したのは王立アフリカ会社であった。「名誉革命」（一六八八〜八九年）を契機とする有力商人による市場化要求は、いわばこの王室と一部特権階級が独占していた奴隷および奴隷関連貿易が生む莫大な利益の広範な分配を求めたものであった。奴隷貿易の独占の廃止（一六九八年に法制化）はその飛躍的発展をもたらした。下々に至るまで国民が「おこぼれ」にあずかれたイギリス国内の「民主化」と「自由の拡大」は、他方では「黒い肌」の人々の「不自由の拡大」を伴った。植民地時代初期からボストンをはじめ北米の英領植民地の、とりわけ北部の商人たちも、この莫大な利益を生む奴隷貿易に直接参入してその後の発展の礎を得た［図3、図4参照］。しかし、前述の一〇〇年にわたる英仏の抗争下で英領北米植民地人の対仏戦争への動員を必要とした英本国政府による植民地商人の「密貿易」に対する「有益なる怠慢《サリュータリー・ニグレクト》」政策が一七六三年のパリ条約によるイギリスの覇権確立とともに終焉を迎え、イギリス議会の是認の下で主に戦時負債返済の必要から植民地への課税強化策に転じたために、アメリカの植民地民衆は反発を強め、武力行使による独立を決意することになるのであった。

矛盾を隠蔽する「人種」概念　では、近代が始めた「人種」に基づく世襲的奴隷制は、古代から中世にかけての奴隷制とどのような点で違っていたのだろうか。最大の相違点は、イギリスをはじめ「近代国民国家」の設計者たち、すなわち「人間の平等性」原理を推進するはずの西欧の新エリート層が、ある特定の人間集団に対して「生まれながらの不自由」を規定しなければならなかったという、矛盾に満ちた課題を抱えていたことによる。その矛盾を「科学的に」糊塗し、正当化の論拠を与えたのが「人種」概念だった。

奴隷貿易と奴隷制が隆盛を極め始める一七世紀末当時、既に言語学的な「人種」研究が発展しており、「インド・ヨーロッパ語族」や「ウラル・アルタイ語族」などの言語的「人種」や、「民族」概念に相当する「ゲルマン語系」や「ラテン語系」などの下位範疇が確立される一方、骨格や外見上の違いに基づく自然科学的な「人種」分類も積み重ねられ、それまでアフリカ系の黒人に対して「東の白人」とされた東アジア系が黄色人種《イエロー》ないしモンゴロイドとされ、ヨーロッパ系の白人《コーケイジャン》とともに「三大人種」とする分類法が確立された。その多くが「肌の色」に基づく人間の分類でもあり、一般大衆に分かりやすいものであった。ヨーロッパの諸民族が出会った「新世界」は、経済的覇権をめぐる厳しい抗争の場となると同時に、彼ら彼女らと見た目が明らかに異なる「インディアン」や「インディオ」との出会いおよびアフリカ系の人々との接触の増加を通じた「白人」としてのある種の連帯感や優越感を醸成する機会も与えたのである。

こうして近代における「人は誰でも生まれながらに平等」とする原理の発展と軌を一にして、「黒い肌」の人々の「劣等性」が「科学的に」証明されていき、それは平等権を保障されながら成立しつつあったイギリスをはじめとする欧州各国の「国民」の理解も得やすい有力な言説となっていったのである。

アフリカ人は共犯か？　ところで、今日のアメリカで、「アファーマティヴ・アクション」の廃止と、奴隷貿易および奴隷制への賠償請求運動《リパレーションズ》に反対を唱える人々が持ち出す根拠の一つに、奴隷狩りを現地で担っていたのはヨーロッパ人ではなく、アフリカ人であり、ヨーロッパ系商人は現地で「商品」を購入したにすぎない、という主張がある。これは正しいのだろうか。

日本でも有名な経済人類学者カール・ポランニーの著書『経済と文明』で明らかにされたのは、まさにアフリカ人によるアフリカ人奴隷狩りであった。ポランニーによる、最終的に隆盛を極める軍人国家ダホメの興亡の歴史的分析は、衝撃的な歴史的事実を突きつけた。西アフリカ諸国の王侯貴族はヨーロッパ人商人のもたらす商品、とりわけ銃と交換するために奴隷を売り、さらに奴隷狩りを進めるために銃を買い求める悪循環に陥ったというのである。

ではアフリカ人も共犯者なのだろうか。ここでは敢えて一九八〇年に暗殺された南米ガイアナの黒人政治家にして歴史家のウォルター・ロドニーの言葉を、このような言説への反証として引用したい。

……アフリカ人はヨーロッパの商品に弱みをみせ、本当に強迫観念を抱いており、この欠点のゆえに、悲劇は仮借なきまでに展開されたのである。奴隷狩りという行動が、ヨーロッパの商品と交換することができたのが奴隷だけだったという事実の結果であるとアフリカ人が認めたときにこそ、アフリカ社会がヨーロッパ経済に関わることによって圧倒されていったとする印象は、最も強くその意味を明らかにするのである。それでもそのようにして得られたヨーロッパ産の消費財は、アフリカの生産活動の発展には何ら貢献しなかったのだ。最良の衣服と、アルコール飲料を得て、さらに威厳を持たせるための様々な耐久財の収集などで、支配者だけがかろうじて恩恵を受けたにすぎなかった。アフリカ人のアフリカ人に対するこのような、ともすれば理解し難い行動を説明しうるのは、この自己利益の認識という要素に他ならない。［Walter Rodney, *A History of the Upper Guinea Coast : 1545–1800* (New York : Monthly Review Press, 1970), p. 253］

奴隷貿易が始まり本格化するころ、一六世紀末から一七世紀初頭の日本は戦国時代であった。戦国大名たちは「南蛮人」商人から入手できる火縄銃を求めて競合した。もし交換商品として銀貨や絹織物ではなく奴隷を求められていたら、日本も西アフリカ諸国と同じ運命をたどっていたかもしれない。両者の進路を分けたのは「新世界」からの距離にすぎなかったのではないだろうか〔図3参照〕。近代的な「自己利益」の正当化論で西アフリカ諸国の王侯貴族を奴隷狩りの「聖戦」に駆り立てた欧米商人の責任は重い。

ラテン・アメリカとアングロ・アメリカはどこまで違うのか？　今日ではほぼ否定されるようになってしまったが、かつてブラジルは「人種的民主主義」のモデルとされ、アメリカと対比されることが多かった。その違いは旧植民地宗主国の文化の違い、とする説が有力だった。一九九一年末まで続いたアパルトヘイトと呼ばれる堅固な「人種」隔離体制を有した南アフリカ共和国の例とも相俟って、アングロ・サクソン系の文化の影響とされ、「おおらかなラテン系文化」との対比がなされる傾向があったのである。とりわけ注目されたのは、黒人と白人の混血の人々を表すムラート（mulatto）という単語が本来的には英語にはない事実である。そして、「先祖に一滴でも黒人の血が混じっている者は黒人と分類する」という、北米植民地の堅固な「血の一滴の掟《ワン・ドロップ・ルール》」に発し、独立後もずっと、たとえばケニア人の父とカンザス出身の白人の母との混血である現職大統領を「黒人初の大統領」と呼ぶように、現在に至るまで持続する堅固な慣行がアングロ・アメリカにあるのに対して、ブラジルをはじめラテン・アメリカ諸国には確かにムラートが社会的に存在しているのである。

これに対して二つの有力な反論がなされている。一つ目は一九六八年に出版されたウィンスロップ・ジョーダンの著作〔Winthrop D. Jordan, "American Chiasrosuro : The Status and Definition of Mulattoes in the British Colonies,"

Edward Countryman, ed., *How Did American Slavery Begin* (Boston, MA : Bedford/St. Martins, 1999), pp. 99-117〕で展開された、同じイギリス領同士のカリブ海植民地と北米大陸植民地の「人種」関係を比較した研究である。カリブ海の英領植民地の、たとえばジャマイカには社会階級としてムラートが存在し、中間的な地位を占めていた。その「人種」関係はかつての同じ英領植民地としてのアメリカとはかなり違い、むしろラテン・アメリカ的である。その理由をジョーダンは、ジャマイカとヴァージニアの植民目的と居住民の「人種」および性別割合の違いから説明しようとした。すなわち、不在地主が所有する西インド諸島の「砂糖植民地」の大農園《プランテーション》では、大規模な黒人奴隷制が導入され、英国人白人男性が監督者として現地に滞在した。彼らの目的はあくまでも金儲けであった。英国人女性の数は限られており、正妻か否かにかかわらず、男性監督者が現地女性と親しい関係になることは頻繁にあった。その結果として混血の子どもが生まれ、成長後には少数派の白人人口を補う、いわば中間管理職的役割を担うことが期待された。

　これに対して一六〇七年に植民が開始されたヴァージニアや、一六二〇年にメイフラワー号に乗船した人々が開設するニューイングランドなど北米大陸の英領植民地は、宗教上の自由や経済的自立のための永住地を求めて植民する人々のために開設された。後に黒人人口の大半が集中するようになるヴァージニアでも黒人奴隷の導入が本格化するのは一六七〇年代以降であった。当初労働力の大半を占めたのは白人男性単身者（年期奉公人）であり、一六一九年に二〇人ほどの黒人奴隷が上陸して以降少しずつ増えていた黒人女性との間に子どもの生まれる例があとを絶たなかった。混血の子どもが増えることを懸念した植民地当局は、まずメリーランド植民地で一六六一年に白人と黒人との結婚が犯罪とされ、次いで一六九一年にヴァージニアで異人種間結婚禁止法が立法化され、これが一三植民地の「標準」となった。これより前、一六六二年一二月には、白人男性と黒人女性との間の混血児の身分を母親の身分とすること、すなわち、白人男性単身者の大半を占めた期限付き奴隷というべき年期奉公人と黒人女性奴隷との性的な交際を抑制する法が成立していた。こうして一六九〇年代に奴隷制が法制面で確立するとともに、一滴でも黒人の血が入っている血統を持つ者すべてを「黒人」と見なして奴隷とする、堅固な「血の一滴の掟」がヴァージニアで確立され、それが一三植民地の「標準」とされていった。その結果として、独立宣言で「人は誰でも生まれながらに平等である」として英本国への武力行使による独立を正当化した、後の第三代大統領にしてヴァージニアの大奴隷主であるトマス・ジェファソンと黒人女性奴隷サリー・ヘミングズとの間に生まれた子どもたちの少なくとも一部は、「黒人」で「奴隷」であるとされたのである。ちなみに、近年のＤＮＡ鑑定でこの「伝説」の科学的裏付けが得られ、正妻とヘミングズ系の両子孫の和解がなされた［シャノン・ラニア『大統領ジェファソンの子どもたち』晶文社、二〇〇四年］。

「国民国家」と「人種」差別　もう一つの有効な反論は、アンソニー・マークスによる、アメリカ・ブラジル・南アフリカの「国民国家」確立史に関する比較研究である。マークスが注目したのは、旧宗主国の「文化」の違いではなく、極めて深刻な損害を生んだ白人同士の「内戦」の有無であった［アンソニー・マークス『黒人差別と国民国家――アメリカ・南アフリカ・ブラジル』春秋社、二〇〇七年］。すなわち、アメリカは南北戦争（一八六一～六五年）を経験した。総人口が現在の十分の一にすぎなかった当時において、戦死者（多くの戦病死者を含む）は青年男性を中心に六二万人を数えた（最新の研究成果による推計値では七五万人）。この悲惨な戦争の後、西欧列強に伍して急速な「国民」統合を目指す北部が、南部との「和解」のために、「地方分権」の共通価値観を基盤として「分離すれど平等」の名の下に連邦レベルでの承認を与えたものこそが、「人種」隔離体制である「ジム・クロウ」体制であったというのである。

南アフリカでも、初期入植者のオランダ系ボーア人と、支配的であるが数は劣るイギリス系の、白人同士の内戦であるボーア戦争が二度も起こった（一八八〇～八一年、一八八九～一九〇二年）。英本国軍の支援の下でかろうじて勝利を収めたイギリス系植民地白人は、本来の多数派である黒人に対抗すべく、やがてボーア人の主張するアパルトヘイトを支持するのであった。

一方、奴隷制の廃止後のブラジル（一八八八年と遅かった）は、このような白人間の悲惨な「内戦」の経験を免れた。これが、アメリカや南アフリカと比べて緩やかな、ブラジルにおけるその後の「人種」関係の在り方にも影響した、とマークスは結論付けた。ただし、このマークス説には、ブラジル社会は一般に「人種」の混合が進みすぎていたため、法による強制を伴った「人種」隔離が事実上不可能であったにすぎない、とするエドワード・テルズの批判も出されている〔エドワード・E・テルズ『ブラジルの人種的不平等――人種国家における偏見と差別の構造』明石書店、二〇一一年〕。

三　変容するが消えない「人種」

根深い「血の一滴の掟」　ジョーダン説とマークス説はともにかなり説得的である。加えて、確かに現在においてもブラジルに根強い「人種的民主主義」の幻想が現実の「人種」差別を隠蔽する傾向は否めない。しかしその一方で、中南米やカリブ海地域に比べてアメリカには依然として「血の一滴の掟」が根強いのも、同様に否定し難い事実である。先にオバマ大統領の例を挙げたが、一流プロ・ゴルファーのタイガー・ウッズも世間的には「黒人」のままである。ちなみに彼の父親はアフリカ系アメリカ人の血統が半分、中国系と先住民系が四分の一ずつであり、母親はタイ系が半分、中国系とオランダ系が四分の一ずつである。実際タイガー・ウッズのような複雑な混血の人の数は増えつつある。そのような人々の増加を背景に二〇〇〇年の国勢調査で「混血」カテゴリーを加えるよう要求する運動が高まったが、結局「複数人種の選択を可とする」ことで論争は落ち着いた。日本ではあまり知られていない事実として、黒人の間でも混血の人々を嫌悪する傾向があることを、筆者は留学やその後の現地調査の最中に当人たちから随分と聞かされてきた。とりわけ「アファーマティヴ・アクション」が「優先枠設定」を意味するようになって以降、その確保のためにこの傾向は強くなっているものと推測される。ただし、近年の非白人でかつ非黒人の新移民、とりわけ既に当事者も分からないほどの混血が当たり前になっているラテン・アメリカからの移民が急増する中で、「血の一滴の掟」の基準が揺らぎつつあることも否めない。この点については第8章で少し詳しく分析しよう。

歴史的に構築・再編される「人種」　これまで見てきたごとく、また次章以降で詳述する通り、乳児の成長過程における「人見知り」に見られるように、確かに人間には本能的に外見で人を区別する傾向があることは否定できないが、それが奴隷制と重ねられるようになるのは近代以降、とりわけイギリスの大西洋世界での覇権確立過程において「新世界」の開発が本格化してからである。「人種」は奴隷制の法制化とともに社会的に構築され、奴隷制の廃止後の法的隔離差別体制の中で再構築され、二〇世紀半ば以降の厳格な差別禁止法の制定以降にも再定義されて生きながらえ、皮肉にも一九七〇年代以降に始まった「人種」を特定した「優先枠設定」の制度化以降に、さらに再構築されて生き延びている。

ただし、差別対象となる「人種」集団を分け隔てる「肌の色の境界線《カラー・ライン》」は時代とともに再定義され、新たに引き直されて今日に至っている。アメリカ史はある意味で「肌の色の境界線」の変遷の歴史でもある。ヴァージニア植民地で見られたように、当初英国系有力貴族ないし地主層に限られていた、政策決定過程に参与する資格を有する「市民」カテゴリーは、その後WASP（白人アングロ・サクソン系プロテスタント教徒）全般に拡大された。続く各章において詳述するように、当初「人種」が違うとして差別された、一九世紀末から二〇世紀初頭に大量流入したイタリア系やユダヤ系など南・東欧系「新移民」の二・三世が「白人」に統合され、今やアジア系やヒスパニック系を主とする二一世紀の新移民を「非黒人」に統合することで、近未来の白人の少数派への転落の事態に備えている感さえある。しかし、歴史的に変化する情況に応じて「肌の色の境界線」は引き直されるが、消え去ってはいないのである。

多文化主義の限界　「人種」に基づく法的な強制を伴う隔離や差別が横行した二〇世紀前半までの時代とは異なり、厳格に差別が禁止され、各種の「優先枠設定」など「アファーマティヴ・アクション」が実行されてきた現在でもなお、明らかな「人種」間の格差が解消されないままであることは既に見たとおりである。しかも、二〇世紀後半には格差是正のための大胆な諸政策を試みたアメリカだったが、今やアメリカ社会からその熱意は失せてしまっており、「人種」間の格差が解消されない理由はかつてとは違った形で、つまり個々人の価値観を基盤とする「文化」の違いとして説明される傾向が強くなっている。貧困や高校中退《ドロップアウト》や犯罪の多発はおしなべて「文化」の問題とされ、それは個々人の選択に基づく「自己責任」に帰される傾向にある。一九六〇年代後半に高揚した「ブラック・パワー」の叫びに触発された多文化主義の主張は、確かにWASPを中心とした伝統的な主流派の価値観の相対化を迫り、少数派諸集団にそれぞれの祖先の文化的尊厳の回復をもたらした。しかしその一方で、都心部ゲットー地区の貧困と犯罪にまみれた「アンダークラス」の苦境を放置する論理ももたらしたことは否定できない。最終章で詳述するように、彼ら彼女らの苦境は主体的に選択された「文化」ではなく、多分に世襲されたものと解釈されるべきである。それゆえ「アンダークラス」の苦境が端的に提示する格差の問題を「自己責任」の論理を基に放置するのではなく、むしろ彼ら彼女らが「自己責任」を果たせる条件を整備する方向でそのような「文化」のしがらみを解消すべく支援することこそが、社会と国家の責任として求められているのである。

第2章　奴隷制が支えた初期アメリカの発展

一　北米における奴隷制の誕生

「人種」偏見と奴隷制のどちらが先か？　アメリカにおける「人種」概念の確立過程を振り返るために、本章ではまず初期のヴァージニア植民地における「人種」に基づく世襲的奴隷制の成立過程を跡付ける。その際の中心的な問いは「偏見や差別と奴隷制のどちらが先行したのか」である。人類に生得的に備わっている自己防衛本能と重なる「異質なもの」への警戒心に根差す、外見を異にする人々の集団への偏見と相俟って、ヨーロッパには古代以来長きにわたって培われてきた「黒い肌」を持つ人々への偏見や差別感情があり、それが「新世界」にもたらされ、「人種」に基づく世襲的奴隷制の確立を促したのであろうか。それとも「近代」初期における様々な経済的必要のゆえに、支配者たちが意図的に「新世界」にアフリカ系の人々を奴隷として大量に導入し、その体制を維持し正当化するために「人種」偏見を「上から」政策的に構造化したのだろうか。

現在の歴史学の成果によれば、せんじ詰めれば次のように結論付けられる。つまり人間の防衛本能に関わる偏見や、キリスト教的背景とも重なるヨーロッパに根差した「黒い肌」の人々に対する伝統的差別の影響は全否定できないものの、今日もアメリカに解消され難く残るアフリカ系の人々に対する「人種」偏見は奴隷制の確立以降に顕著になった、ということである。

　人間の自己防衛本能に起因する異質なものへの偏見と、支配階級による経済的利益追求と民衆の分断支配のための政策としての「人種」に基づく奴隷制の導入とは、もちろん単純な二者択一的な問題ではない。次に見るように両者は相補的な関係にあった。しかしそれでも、支配者の側に立つ人々は利益の確保のために必要に応じて一般民衆の「偏見への傾向」を煽ったのである。その意味でやはりこの問いの答えは後者である。つまり、「人種」にまつわる偏見の少なくとも主要部分は、政策的に「上から」制度化されたのである。

　それは、真に民主的で自由な社会原理に基づいて条件の平等化の制度的確立を目指す今日のグローバル市民社会において、次のことを意味するだろう。すなわち、歴史的に構築された偏見は、積極的な政策的働きかけによって、かなりの程度解消することを期待しうるということである。

「最初の二〇名あまりの黒人」は奴隷だったのか？　後にアメリカ合衆国となる英領北米植民地のヴァージニアに最初の「黒人」が上陸したのは一六一九年と言われている。もちろんそれ以前にも黒人たちの来訪はあったであろうが、まとまった人数についての歴史的記述としてはこれが最初期の例である。この時、オランダの武装商船《シップ・オヴ・ウォー》で「二〇名あまりの黒人」が「商品」としてもたらされた。彼らは奴隷だったが、英国には奴隷制を規定する法体系はなく、ある意味で彼らは同植民地における主要労働力であった英国系白人の年期奉公人《インデンチャード・サーヴァント》と同じ扱いとされた。白人の年期奉公人とは、通常四年から七年ほどの期限を定められて労働に従事する、いわば「期限付き奴隷」のような人々であった。ただし年期が明ければ、彼らには土地の分与を含む自立支援が約束されていた。

他のヨーロッパ諸国と同様に、トウモロコシやポテトなど「新世界」産の新作物の導入による食糧増産や、ペスト(「黒死病」と呼ばれて恐れられていた)が沈静化して人口が急増したことと相俟って、とりわけ英本国では、領主や地主による農耕から牧畜への転換政策で農村を追われた民衆が、都市に集住するようになり、問題化していた。羊の放牧は集約的労働力を不要としたからである。一六〇七年から植民がはじまったヴァージニアに都市の「浮浪民」を年期奉公人として追いやることで、英本国内の「社会問題」の解決と同時に植民地開発が展望できた。年期奉公人制度はいわば一石二鳥の政策となり、イギリスは西欧諸国の中で「新世界」植民地に文字通りの組織的植民を行った唯一の国となったのである。

もちろん黒人と白人年期奉公人とは次の二点で異なっていた。すなわち、黒人たちは自主的に「新世界」にやって来たわけではなかった。また、労役に期限はなく、多くは一生涯の労役に服す、文字通りの奴隷だった。しかし、彼らはまだ後の奴隷たちと違って、結婚したり子どもを養育したりすることができ、子どもの「自由を買い戻す」ための貯金さえもできたのである。最初の黒人奴隷が来訪して二一年後の一六四〇年においても、制約はあったが、他の主人の所有する女性奴隷との間に生まれた子どもの自由を買い取ることが認められた判例が残されている。その結果、黒人奴隷の中には慈悲深い主人の下で解放されて土地の分与も受け、経済的に自立するばかりでなく、黒人奴隷や白人の年期奉公人を所有する者さえ現れた。けれども、黒人奴隷が第二世代になるにつれ、その子どもたちの「身分」をめぐって法の整備が課題となっていった。

「アメリカン・パラドックス」の始まり　連邦第三管区控訴審裁判所（日本の高等裁判所に当たる）主席判事を務めた後にイェール大学法科大学院教授を歴任した法制史家A・レオン・ヒギボザム・ジュニアの緻密な分析によれば、他の一三植民地の範となるヴァージニアにおいて奴隷制の法制化の準備段階となった植民地裁判所の判例は、一六四〇年代に至っても依然として流動的だった。彼が分析の対象としたのは白人の年期奉公人と黒人奴隷の関わる裁判だった。当初から両者は完全に同等とは言えず、黒人が白人年期奉公人と同等と見なされるためにはキリスト教徒としての洗礼を受けることが条件とされる例が目立った。「人種」間の性的交わりについては、特に女性が他の主人に所有される黒人奴隷であるときには、性的関係を結んで妊娠させてしまった場合、白人男性年期奉公人は妊娠による不就労期間の民事的損害賠償ではなく、公衆の面前で鞭打たれるなどの「辱め」の刑罰を受けることが多かった。これは当然のことながら、黒い肌の人々への偏見に基づく当時の社会的「常識」の反映であり、同時に民衆に対するメッセージとなった［A. Leon Higginbotham, "The Ancestry of Inferiority," in Edward Countryman, ed., *How Did American Slavery Begin?*（Boston, MA : Bedford/St. Martins, 1999), pp. 85–98］。

ヴァージニア植民地における世襲的「人種」奴隷制の本格的導入の転機となったのは、一六七六年の「ベーコンの反乱」であった。この、「新世界」の英領植民地全体を震撼させた、植民地総督に対する暴力的反乱は、ちょうど百年後に起こる独立戦争の先駆けと従来見なされてきた。これに対してエドモンド・モーガンは、むしろ「人種」に基づく世襲的奴隷制の確立と「インディアン」領土への侵略が本格化する契機となった事件とする新解釈を提示した。このころまでに条件の良い土地は有力者が独占し、年期が明けたばかりの白人下層民に分与される土地は「インディアン」領に近接しており、紛争が絶えなかった。彼らはバークレー総督に「インディアン」の討伐を要求したが、不要な出費を懸念する総督府には聞き入れられなかった。不満を募らせた下層民衆は、渡米後間もなく総督から参事会議員に抜擢された若きナサニエル・ベーコンを指導者に担いで、ついに武力による反抗に及んだ。反乱はベーコンの病死もあって、翌年かろうじて鎮圧された。英本国の調査団を最も懸念させた事実は、最後まで降伏しなかった六〇名の黒人と二〇名の白人下層民の混合反乱部隊だった。そしてこの反乱の後、本国での就労機会の増加もあって流入が減少していた白人年期奉公人制度に代わって、植民地政府はそれまで控えられていた黒人奴隷制の本格的導入を決断し、合わせて白人下層民の要求を入れて「インディアン」領土の侵略と階級を超えた白人住民の権利の平等化に努める方向へと大きく舵を切った。白人内部の民主化と黒人の奴隷化と先住民の迫害がセットになった発展様式は、以後一三植民地のモデルとなった。このような、特定集団内での「自由」とその他の集団における「不自由」の同時展開を、モーガンは「アメリカン・パラドックス」と名付けた［Edmund S. Morgan, "Slavery and Freedom : The American Paradox," *Journal of American History*, Vol. 59, No. 1 (Jun., 1972), pp. 5–29 ; Edward Countryman, ed., *How Did American Slavery Begin?* (Boston, MA : Bedford/St. Martins, 1999), pp. 119–145］。

北部人は無罪か？　景気の停滞に悩んでいたヴァージニアの支配層は黒人奴隷制の導入後間もなくタバコ栽培の拡大によって大いに潤った。農作物の栽培技術を有するアフリカ系奴隷たちの貢献によってサウスキャロライナ植民地では藍や米が主要輸出産物となり、やがて南部全土で綿花栽培が開始された。一八世紀に入ると英本国ではかねてから砂糖生産で蓄積されてきた資本が投入されて、他国に先駆けて工業化が進んでいた。こうして間もなく「産業革命」が急速に進行するイギリスに安価で大量の原料（綿花）を供給するようになった英領北米の南部植民地は、奴隷制のさらなる発展と拡大を伴いつつ、一三植民地全体の繁栄を牽引したのである。

この英本国と一三植民地の発展を底辺で支えた奴隷貿易には、英本国の商人だけでなく、マサチューセッツ植民地の要であるボストンや、当初はオランダ領で英蘭戦争後の一六六四年に英領となったニューヨークの商人たちも参入し、彼らは比較的短期間に巨万の富を蓄積できた。そもそも英領植民地で最初に奴隷法を確立したのは、砂糖生産の初期の本拠地の一つであったバルバドス島であるが（一六三六年）、北米本土では奴隷貿易商人が集中したボストンを有するマサチューセッツ植民地だった（一六四一年）。ちなみに、神の前での人間の平等を信じるピューリタンである同植民地の人々は、アフリカ人奴隷を「商品」とすることの正当化の論拠を、当時ヨーロッパ諸国間で当然視された「戦争捕虜の強制労働」正当化論に求めた。奴隷化の根拠が「人種」に変じるのはもう少し後のことである。

北部植民地の一般の白人民衆に目を転じてみよう。大規模奴隷制の下で砂糖生産に特化した西インドの島々に食糧その他の必要資材を供給したのは、奴隷制や奴隷貿易とは直接かかわりのない白人民衆だった。北部植民地の自営農民たちが生産した余剰作物や、漁民たちが水揚げした海産物、さらには木こりたちが切り出した木材は、地元市場で必要資材と交換されただけでなく、その多くが西インド諸島の奴隷制大農園向けに輸出された。このようにして北部植民地の白人一般民衆も、大西洋交易システムの枠組みの中で、間接的に奴隷制と奴隷関連貿易の受益者の側にあったのである［図3および図4参照］。

さらに北部の商人たちは西アフリカ諸国との直接の奴隷交易にも関与した。彼らの場合、奴隷との主要交易品はラム酒だった。英本国の商人が銃を売ることができたのに対して、植民地では武器の生産が制限されていたからである。飲酒を慎むニューイングランドのピューリタンたちがアルコール度数の高いラム酒の生産に従事したのは何とも皮肉である。もちろん原料の糖蜜を供給したのはカリブ地域の奴隷たちであった。

こうしてアメリカが独立を達成する一七七〇年代末までに、英領北米植民地の人々はおしなべて一九七〇年代のケニア人の二倍の収入を得ることが可能となったが、その利益の根幹を支えたのは奴隷制であり、北部の人々も含め、植民地時代のアメリカ白人は奴隷制の受益者であったと結論付けられるのである［図4参照］。

独立戦争の理由　では英領北米一三植民地の人々は、どうして祖先の故郷であり当時世界最強の軍事力を誇る英本国に対して、戦争の危険を顧みずに独立を目指したのであろうか。その理由は前にも触れたように、最初はスペインと、次にオランダ、そしてその後一世紀にわたってフランスとの長期の国際的抗争の下で、植民地商人による奴隷貿易を含む公然たる「密貿易」を黙認してきた英本国が、一七六三年のパリ条約に伴う大西洋世界における覇権の確立とともに「有益なる怠慢《サリュータリー・ニグレクト》」政策を再考し、戦費の返済に向けて植民地に対する密貿易取り締まりや課税強化策に転じたためである。フランスとの最後の戦争はヨーロッパでは「七年戦争」と呼ばれたが、北米においてそれは「フレンチ・アンド・インディアン戦争」と呼ばれた。英領植民地の白人たちはこの戦争に駆り出され、フランス軍およびそれと連合した「インディアン」との過酷な戦いを経てイギリスの勝利に貢献した。にもかかわらずその代償が課税という戦費負担だった時、一三植民地の人々は独立を決断したのである。独立宣言の起草者はヴァージニアの大奴隷主であったトマス・ジェファソンであり、武力行使による独立を目指す愛国《ペイトリオッツ》派の将軍に抜擢されたのもヴァージニアの大奴隷主でフレンチ・アンド・インディアン戦争の英雄であるジョージ・ワシントンだった。

二　独立宣言と奴隷制の共存

独立宣言の最初の草稿から削られた字句　近年再注目されている歴史的事実として、トマス・ジェファソンによる独立宣言の当初草案における次の一節が、他の一三植民地の代表たちにこぞって反対されて最終文案において削除されたということは、実に示唆的である。その一節では、武力による独立を正当化するための論拠として、英国王の「権力の乱用や略奪」が列挙されたが、ジェファソンが中でも腹に据えかねたのは、ジョージ三世と歴代英王室が奴隷貿易と奴隷制の基礎を作った責任に無自覚なことと、今般の独立革命戦争において奴隷たちに反革命側への参入を煽動していたことであった。ジェファソンによれば、ジョージ三世は、

　人間の本性そのものに対する残虐な戦争を行ってきた。彼を攻撃したこともない遠隔地の人々の生命と自由という最も神聖な権利を侵し、その人々を地球上の別の半球へ奴隷として捕えて運び、そちらへ移送する際に悲惨な死に至らしめた。この海賊的な専横行為は異教徒の諸権力の手になるものと非難され

ているが、まさにキリスト教徒である大英帝国《グレート・ブリテン》の国王によってなされてきた戦いである。……この恐怖に駆られた集団は、威厳のある死という事実など望んでいなかったが、今や彼はまさにそのような人々を煽り立てて、我々のなかで武器を持って立ち上がらせ、彼らから奪った自由をこれまた彼が侵犯した人々の殺害によって買い取らせようとしたのである。このように、一団の人々の自由を侵犯した罪を、国王が彼らを促してもう一団の人々の生命を侵犯させようとする罪で清算しようとしているのである。［デイヴィッド・アーミテイジ『独立宣言の世界史』ミネルヴァ書房、二〇一二年、五九頁、一部原文参照の上改訳］

奴隷制に直接依存する度合が低い北部では多くの黒人たちも愛国派として武器をとった。その功績により、マサチューセッツなどでは独立後の州憲法で奴隷制が廃止された。その他の北部諸州ではニュージャージーのように段階的に、新たに生まれる子どもから解放される場合が多く見られた。他方、南部の黒人奴隷たちにとっては「自由」の約束もあって、逃亡して英国軍に参戦する黒人も少なくなかった。最新の研究では逃亡奴隷は三万から四万人にのぼり、最終的に敗北した彼ら彼女らは他の白人の国王忠誠派《ロイヤリスツ》とともにカナダへ逃れ、後に一部はイギリスのアフリカ植民地化に協力して、シエラレオネに赴くことになるのだった。このような事情は独立後の南部で黒人への反感が強まる一因ともなった。

アメリカ独立革命と奴隷制の共存　独立運動を先導した人々にヴァージニアの大奴隷主が多く含まれていたことや、「人は誰でも生まれながらに平等である」という独立宣言の謳い文句にもかかわらず、独立後のアメリカに奴隷制が一世紀近くも残存した矛盾を、どう説明したらよいのだろうか。

一言で述べれば、全人類の平等を含む「自然権」原則と、それと明らかに矛盾する世襲的奴隷制の共存が可能だったのは、当時の人々にとって「自然権」原則に関して平等な人権以上に重視されたのが「私有財産の不可侵」だったからである。ヴァン＝クレーヴによれば、初期連邦共和国における「自然権」にまつわる西欧啓蒙思想の影響で最も重視されたのは、奴隷を含めたすべての国家構成員のための「自由権」というよりも、奴隷主を含む富裕者の「所有権の保障」であった。さらに法制面において、奴隷制に関しては近代的な自然法《ナチュラル・ロー》よりも、英国における伝統的な実定法《ポジティヴ・ロー》がより重視された。そして、英帝国支配下における世襲的で生得的な身分制度から「生まれながらに平等」原則に基づく新共和国への移行に伴って、奴隷は、かつて限定付きとはいえ認められていた人間としての存在を全否定され、所有者の「財産」すなわち「物」や「家畜」と同等の存在にむしろ貶められたのである。奴隷は「人」である以上に、極めて高価な「財産」であった。北部においてさえ、新たに生まれる子どもから解放する段階的な奴隷制の廃止が選択された州が多かったのもこのためである［George William Van Cleve, "Founding a Slaveholders' Union, 1770-1797," in John Craig and Matthew Mason, eds., *Contesting Slavery* (Charlottesville, VA: University of Virginia Press), pp. 117-137］。

そして何よりも、既述のごとく英本国だけでなく北米植民地も、直接ないし間接的に、奴隷制と奴隷貿易によって潤ってきた事実がある。アメリカが領土を拡大し諸産業の発展の礎を築いた一八三〇年代半ばまでの初期歴代七人の大統領は、マサチューセッツ出身のジョン・アダムズ（第二代）とジョン・クウィンシー・アダムズ（第六代）親子を除いて、全て南部の大奴隷主たちであり、近年しばしば指摘される用語を援用すれば、初期連邦共和国は「奴隷主権力」に基づいていたのである［安武秀岳『自由の帝国と奴隷制——南北戦争前史の研究』ミネルヴァ書房、二〇一一年〕。

　独立後の連邦体制下で主に南部諸州で奴隷制の存続が許容されたもう一つの根拠は、アメリカ民主主義における「地方自治」の根強さである。根強い「地方自治」の原則が州ごとの「特殊な事情《ペキュリア・コンディションズ》」に対して、連邦政府を含む「外部」からの「内政干渉」を阻んだのである。新たに誕生した連邦制に基づく共和国では、その憲法の条文に一切「奴隷」ないし「奴隷制」という言葉が用いられないままに、それでも奴隷制が容認された。ちなみに、「奴隷制」という語が合衆国憲法に用いられている箇所は、南北戦争後に成立する奴隷制廃止を謳った修正第一三条（一八六五年成立）のみである。

奴隷貿易の廃止はなぜ実現できたのか？　しかし一方で、大英帝国は、アメリカの独立を求める愛国派との八年に及ぶ戦争における敗北後それほど時をあけず、一九世紀初頭までに奴隷貿易の廃止の約束を余儀なくされた。旧北米英領植民地から独立を果たした初期共和国でも、既述のごとく、愛国派軍隊に参加した黒人も少なくなく、独立の達成後に彼ら彼女らの請願で北部諸州は徐々に奴隷制の廃止《アボリション》を余儀なくされ、南部諸州でも奴隷主が個人レベルで行う私的奴隷解放《マニュミッション》のための法制化を進めざるを得ず、一七八七年に南北の妥協によって成案を得たアメリカ合衆国憲法には二〇年後の事実上の奴隷貿易廃止の約束が明言され、それは一八〇七年に、時の大統領（第三代）にしてヴァージニアの大奴隷主でもあった、そして何よりも人間の「生まれながらに平等」原則を高らかに謳った独立宣言の起草者であるトマス・ジェファソンによって実行された。

　大西洋の両岸での奴隷貿易の廃止は、奴隷貿易を中心的に担った人々の一部でもあった英米両国のクウェーカー教徒（フレンド派）が国際的に連携して盛んに運動を展開した結果であったとともに、国内での「自然増」によって奴隷需要が賄われるようになっていたことも、廃止実行の重要な背景となった。

三　初期共和国の発展を支えた奴隷制

「綿花王国」の発展　独立後間もないアメリカ合衆国の発展を支えたのは南部の奴隷たちが生み出す綿花だった。綿花は南北戦争が勃発するまでには輸出総額の三分の二近くを占めるようになった。アメリカ南部の奴隷たちが生み出す綿花はイギリスやそれに続いたフランスなど西欧諸国の「産業革命」を支えただけでなく、北部大西洋岸のニューイングランド諸州で始まるアメリカの工業化のための原料も供給した。その先駆けとなったマサチューセッツ州のローウェルにある水力を動力とする工場は、現在も内務省の国立公園局の監督下で博物館として動態保存されており、同博物館では奴隷たちがアメリカの初期工業化の原料供給を担った事実を伝える展示が行われている。

奴隷たちが稼ぐ外貨は、かつて奴隷貿易で蓄積された資本とも相俟って、北部での運河建設や鉄道建設を伴う西部開拓を促し、新興国アメリカはいち早く経済発展を遂げることができたのである。こうして「人種」に基づく奴隷制は植民地時代に繁栄の基礎をもたらしただけでなく、独立後の発展も可能にした。それゆえに、やがて南部が連邦離脱を試みた際に北部はこれを許さず、「内戦」に至るのである。

増加する「自由黒人」と消えない偏見　連邦憲法の発効時点で約七〇万人在住していた黒人の八割は奴隷であったが、北部を中心に自由黒人が増加した。その数は一七九〇年の六万人から一八〇〇年には一〇万八〇〇〇人に急増した。前述のごとく南部諸州でも私的奴隷解放が合法化され、自由黒人の増加の背景となった。だが同制度は、人道主義やキリスト教信仰を背景としていただけでなく、高齢化し労働できなくなった奴隷の保護義務を免れることを意図した経済的動機からも行われた事実を付言しておきたい。

南北両地域で共通していたのは黒人に対する差別と偏見であり、それは一八一六年に自由黒人の西アフリカ移送とリベリア建国を目的とするアメリカ植民協会（American Colonization Society）が設立される背景の一部ともなった。南部ではもとより、大半の北部諸州でも自由黒人の投票権を含む市民的諸権利《シヴィル・ライツ》が認められなかったり制限が課されていたことは周知の事実であろう。一八三一年四月から翌年二月までアメリカ各地を訪れたフランス人アレクシ・ド・トクヴィル（一八〇五〜五九年）が名著『アメリカの民主政治』で、むしろ奴隷制のない北部における黒人への偏見の強さを指摘し、将来への懸念を表明していることは、極めて示唆的である。

　連邦の中で黒人《ニグロ》がもはや奴隷でないところでは、彼らは白人に近づいただろうか。合衆国に住んだ人間は誰でも、逆の結果が生じたと言うであろう。

　人種的偏見は、私には奴隷制を廃した州の方が奴隷制がなお存在する州よりも強いように思われ、奴隷制を一度も経験したことのない州ほど非寛容な偏見がまかり通っているところはない。

　たしかに連邦の北部では、黒人《ニグロ》と白人が正式に結婚契約を結ぶことを法律は許しているが、白人が黒人の女性と結婚すれば、世論は彼に破廉恥漢の烙印を捺し、実際に結婚した例を引くのは極度に困難であろう。

　奴隷制を廃止したほとんどすべての州で、黒人《ニグロ》は選挙権を与えられた。だが投票に行けば命が危ない。抑圧に対して訴訟に訴えることはできるが、裁判官は白人ばかりである。法律はそれでも陪審員の席を彼に開いているが、偏見のためにそこからも締め出される。子供は、ヨーロッパ人の子弟が学びに来る学校から排除される。劇場では、大枚をはたいてもかつての主人の隣に座る権利は買えまい。病院では病室が別である。黒人にも白人と同じ神に願うことは許されるが、同じ祭壇に祈ることは許されない。黒人には黒人の聖職者と聖堂がある。天国の門は彼にも閉ざされていないとはいえ、不平等はあの世の門口でやっとやむかどうかである。黒人《ニグロ》が死ぬと、その骨は別の場所に捨てられ、境遇の違いは万人に等しく訪れる死の中にさえ現れる。

　このように黒人《ニグロ》は自由であっても、権利と娯楽、仕事と苦痛、否、墓場についてすら、対等であると宣言された相手と同じものを共有することはできない。生きている間も死んでからも、これと隣り合うことはどこにいてもありそうにない。〔アレクシ・ド・トクヴィル『アメリカのデモクラシー・第一巻（下）』岩波文庫版、二〇〇五年、三〇二〜三〇三頁〕

奴隷制の南西部への拡大と南北戦争への道　既述のごとく、連邦憲法成立の折に、「地方自治」の大原則とイギリス譲りの実定法的伝統の下で、奴隷制の可否は、各州レベルでの処理事項とされ、連邦レベルでの政治的論点とするのは回避されることが、独立革命指導者の間で暗黙の合意とされた。この独立革命時の南北の合意は、間もなく西部領地の州昇格問題を契機に南北の利害をめぐる争いが顕在化する中で反故にされていった。一八二〇年および五〇年の二度の南北妥協の試みもやがて揺らぎ始め、一見真っ当な「住民《ピープルズ・》主権《ソヴリンティ》論」の隆盛により一八五四年に、それまで北緯三六度三〇分で自由州と奴隷州を分けていた境界線が否定され、奴隷制の是非の決定を住民投票に委ねたカンザス＝ネブラスカ法が成立すると、民衆レベルでの暴力的な対立が西部領地で常態化し、一八六〇年一一月の選挙で北部の少数派政党に過ぎない共和党の大統領候補アブラハム・リンカーンが当選したのを機に南部一一州が独立を宣言し、これを認めない北部との間で南北戦争（一八六一～六五年）が勃発した。前述のように、北部政府が南部の独立を認めなかった一番の理由は、南部の奴隷の生み出す綿花が、輸出総額の三分の二を占めるに至っていた当時最大の輸出産品であり、さらには北部の綿工業の原料も供給していたためであった。

自営農地法の衝撃　奴隷制廃止はイギリスのカリブ海の砂糖植民地で先行した。一八三三年の立法措置で翌年の奴隷制の廃止が決まり、一八三八年には年期奉公人制度も廃止された。アメリカでもニューイングランドを中心に奴隷制廃止運動《アボリショニズム》が徐々に拡大した。しかし、奴隷制廃止論が全国レベルで政治的に意味を持つようになるのは、北部の白人民衆が「五年間の定住耕作による西部公有地一六〇エーカーの無料払い下げ」を内容とする自営農地法《ホームステッド・アクト》の成立を求めたからである。奴隷制農園で定住し耕作するのは言うまでもなく黒人奴隷であった。南部の奴隷主にとって奴隷制の否定につながりかねない同法の成立は断じて許せなかった。それ故に同法の成立を公約する共和党のリンカーンが、民主党の分裂を背景に主として北部のみの支持によって大統領に当選すると、南部一一州は次々と「連邦離脱《セセッション》」を宣言し、それを認めない北部との間で戦闘が勃発し、南北戦争となった。他方、いつかは西部で自営農となる夢を抱く北部の白人民衆にとって、自営農地法案に反対する南部の奴隷主権力は容認し難い存在となった。民主的な選挙結果を南部の一一州が無視し、「連邦離脱」を宣言したことに起因するこの戦争は、北部にとっては「内戦」であったが、南部にとっては「独立戦争」だった。既述のごとく、現在の一〇分の一にすぎない当時の総人口に比して、南北双方で合計六二万人（最新の研究では七五万人）に達する、男性青年層を主とした戦死者（多数の戦病死者を含む）は、独立戦争から両大戦、朝鮮戦争とベトナム戦争、さらには近年の二度の湾岸戦争などアメリカが関わったすべての対外戦争の戦死者累計を上回っている。しかしその結果、奴隷制は将来のアメリカ領土も含めて永遠に全廃されることとなったのである。南部諸州選出の議員の大半が欠席であった、戦争のさなかの一八六二年五月に自営農地法は成立した。言い換えれば、南部の議員たちの大半が欠席の議会でしか同法は成立しえなかったのである。

「奴隷解放宣言」の政治性と真の解放者　リンカーンが戦時大統領大権によってあくまで臨時措置として「現在反乱中の諸州」に限定して奴隷制の廃止を命じたのは、開戦から二年近く経った一八六三年一月一日であった。それは道徳的文書というより、膠着状態に陥った戦争に勝利するための戦略的文書であった。リンカーンはそれまで一貫して戦争目的を「連邦の維持」と言明してきたし、奴隷制の廃止は、戦時臨時措置として課された所得税等の連邦税の滞納に対する「差し押さえ《コンフィスケーション》」措置として正当化されたのだった。例外は、連邦に残留した四州（デラウエア、メリーランド、ケンタッキー、ミズーリの各州）および、ヴァージニアから戦争中に分離したウェストヴァージニア州、そして既に北軍が占領済みの地域であった。リンカーンには外交的目論見もあった。同じころ南部連合国《コンフェデレート・ステーツ・オヴ・アメリカ》の外交的働きかけを受けて英仏など西欧諸国が独立承認に動きつつあったのを道徳的に牽制する意図もあったのである。これらの国々は南部から供給される綿花への依存度が高かったために、かなり真剣に南部連合国の承認を考慮していた。もしそれが実現していたら、南北戦争は「内戦」から、「自決権」の主張に基づく「独立」に関わる国際的戦争へと発展し、北部にとってより多くの困難が生じていたであろう。

図5　マサチューセッツ第54志願歩兵連隊によるワグナー要塞攻撃

　もう一つの戦略的意図は、黒人兵士の北軍へのリクルートと、それまで憲法上禁じられていた奴隷の逃亡を認めることで、南部社会の後方撹乱を図ることであった。実際、北部の自由黒人五万二〇〇〇人と南部の逃亡奴隷一三万四〇〇〇人、合計一八万六〇〇〇人の黒人兵士の北軍への新規参入と、五〇万人を上回る逃亡奴隷の出現による南部の混乱は、北部の勝利を決定づけた。一八六四年一一月に再選を果たす頃までに、リンカーンは憲法修正による奴隷制の例外なき永久廃止を決意した。連邦最高裁が一八五七年の「ドレッド・スコット」判決で、連邦憲法は（「奴隷」ないし「奴隷制」に言及していないにもかかわらず）明確に奴隷制を是認しているのみならず、黒人には建国以来、自由黒人も含めて市民としての権利を否定していると宣言していたため、奴隷制を廃止するには憲法を修正する必要があったのである。ともかく、リンカーンが条件付き和平の誘惑にかられながらも最後まで南部の「無条件降伏」による「連邦復帰」の方針を堅持できたのも、そして何より奴隷制の廃止を定めた憲法修正第一三条の成立に努力して暗殺されることになるのも、映画『グローリー』（一九八九年）で描かれた、マサチューセッツ第五四志願歩兵連隊が象徴する、黒人兵士たちの生命を賭した奮闘による戦況の好転の故だったと言えよう〔図5参照〕。

「インディアン」の「文明化」と奴隷制　本章の最後に、南北戦争のもたらした従来忘れられがちだった二つのエピソードに触れておこう。まず、先住民のうちでも「文明化五部族」と言われたチェロキー、チョクトー、チカソー、クリーク、セミノールの諸民族のことである。彼らは、白人文明を模範とする中で、奴隷制も導入していたが、そのことが民族内の血縁者同士の殺し合いという悲劇をもたらした。たとえばチェロキー国家内で奴隷制の導入を推進したのは白人との混血の人々だったが、支配権を握った彼らは南北戦争で南軍についた。他方、民族内の伝統を重んじる純血派の人々はその動きに武力で反発したため、戦闘となったのである。結局、戦後に各民族国家の自立性は否定され、奴隷制も廃止されたが、現在に至るまで元奴隷たちへの補償をめぐる法的争いは未決着のままである。

もう一つは、ルイジアナ州の「クレオール」の運命である。一八〇三年のアメリカ編入後もフランス的伝統の色濃く残った同州で、フランス系白人との混血である彼らは独特の地位を占め続け、南軍で唯一の「黒人部隊」を形成した。奴隷を所有する者も少なからずいたためである。しかし戦後彼らは「血の一滴の掟」に従って「黒人」に分類され、次章で論じる法的隔離差別《ジム・クロウ》の対象とされた。彼らの多くは「ジム・クロウ」に反対する熱心な活動家となるのであった。

第3章　奴隷制廃止から「ジム・クロウ」へ

一　奴隷制と憲法の修正

恒久的な奴隷制の廃止へ　南北戦争末期のリンカーンは、スピルバーグ監督の映画『リンカーン』（二〇一二年）でも描かれたように、憲法修正第一三条の成立に力を傾注した。あくまでも戦時中の臨時の大統領大権として、北軍の勝利のために発した、例外地域を多く含んだ「奴隷解放宣言」をどうするのか。例外なき恒久的な奴隷制の廃止のためには憲法の修正を不可避とした。それにはまず上下両院のそれぞれで三分の二以上の賛成を必要としたが、最初の試みは上院の可決後、一八六四年六月一五日に行われた下院での採決において挫折した。反対したのは保守派ばかりではなかった。奴隷制の廃止のみならず解放民の経済的自立を促すべく土地の分配も求めるサディウス・スティーヴンスら共和党急進派の議員をも、リンカーンは説得しなければならなかった。映画『リンカーン』が集中的に描いたのは、まさに「奴隷解放宣言」以降、暗殺死（一八六五年四月一五日）までの、新たな理念と制度の下で国家の再統合を目指す政治指導者としてのリンカーンの苦悩だった。リンカーンはこの年一一月の選挙では、民主党のテネシー州選出上院議員で南部一一州の連邦離脱後も連邦議会にとどまった、保守派のアンドリュー・ジョンソンを副大統領候補に指名し、共和党の枠組みさえ再編して、北軍の勝利への不退転の決意を示すことで再選を果たした。そのリンカーンの指導の下、一八六五年一月三一日にようやく下院は一一九対五六という、議会の発議に必要な三分の二以上の賛成という条件を僅差でクリアーして憲法修正第一三条を承認した。その後、州ごとの批准（憲法の修正が成立するまでにはなお四分の三以上の州の賛成が必要であった）を経て、憲法修正第一三条は同年末までに成立した。次にその条文を引用する。既述のごとく、アメリカ合衆国憲法には本体や修正条項も含め、「奴隷制」の言葉が表記されているのはこの部分のみである。

第一節　奴隷制もしくは自発的でない隷属は、アメリカ合衆国内およびその法が及ぶ如何なる場所でも、存在してはならない。ただし犯罪者であって関連する者が正当と認めた場合の罰とする時を除く。

ちなみに、奴隷州でありながら北軍に味方したデラウエア州では一九〇一年二月一二日、また同じく連邦に残留した奴隷州のケンタッキー州では一九七六年三月一八日に、ようやく批准が果たされた。差別の牙城の一つだったミシシッピ州がこの修正提案を批准するのは、驚くべきことに一九九五年三月一六日である。上記三州では奴隷制の廃止が、形式的とはいえ、否認され続けていたことになる。それはともかく、憲法の定める修正に関する規定に従い、批准州が四分の三に達した一八六五年一二月六日に憲法修正第一三条は成立した。これによって奴隷制は将来編入される領土を含め、アメリカ国内で全廃された。

三つの憲法の修正の意味　南軍降伏の六日後の一八六五年四月一四日、リンカーンは首都ワシントンで観劇中に銃撃を受け、翌朝死亡した。六二万人以上の戦死・戦病死者と大統領の暗殺を代償に、「奴隷解放宣言」と憲法修正第一三条の成立によって四〇〇万人の黒人が自由の身となった。リンカーンの暗殺後に大統領に昇格した南部人アンドリュー・ジョンソンの穏健な「南部再建政策《リコンストラクション》」には北部世論の反発がつのり、それを背景に連邦議会下院が主導する、より急進的な再建政策が進められた。翌年四月九日、「人種」や民族や信教に関わりなくアメリカ生まれのすべての人および帰化者に平等に市民権を付与する市民権法《シヴィル・ライツ・アクト》が成立した。続いて黒人に付与される市民権を各州が侵害する立法を封じる意味を持たせた憲法修正第一四条が提案され、一八六八年七月九日に批准が達成された。なおこの修正に含まれた「法の下での平等保護」原則は、皮肉にも後年「アファーマティヴ・アクション」の合憲性をめぐる論点ともなる。さらに一八七〇年二月三日、「アメリカ合衆国市民の投票権は、人種、肌の色あるいは以前の隷属状態を理由に、アメリカ合衆国または如何なる州によっても否定または制限されてはならない」とする、憲法修正第一五条が成立した。こうして、奴隷制のくびきから解き放たれた南部の「解放民《フリードメン》」はもとより、南北戦争前に平等な選挙権を認めていたマサチューセッツ州など一部を除いた、平等な参政権を認められていなかった北部の大半の州の「自由黒人《フリー・ニグロズ》」も含め、「人種」に関わりない男子普通選挙権が実現されたのである。

北部政府が憲法を二つ修正して解放民に市民権、とりわけ投票権を是認するに及んだのは、「再建政策」と呼ばれた北軍による南部占領政策が、第二次世界大戦後の米軍による対日占領政策と同じく、間接占領であった点に大いに関わる。確かに「無条件降伏」とともに南部連合国《コンフェデレート・ステーツ・オヴ・アメリカ》は消滅した。しかし大日本帝国が消滅しても日本政府が残ったように、南部各州の政府は残存し、北軍は軍事的威力を背景としながら間接占領政策を行ったのである。日本を占領した米軍がまず行ったのが女性参政権の是認（一九四六年一〇月一〇日に幣原内閣で決定し翌日占領軍総司令部が命令伝達）で、翌年四月の戦後初の衆議院選挙で日本女性たちの投票行動を通じて米軍の意図がかなり実現されたのと同じく、北部政府の意図する急進的な「再建政策」を支えたのは黒人（男性）票だった。各州での新たな州憲法の制定をはじめ、北部の勝利を実質化するための様々な政策を実行する上で、黒人票が有力な手段となったのである。ＫＫＫ（クー・クラックス・クラン）などの過激な差別主義者による暴力的なものを含む妨害活動にもかかわらず、北部の意図する南部旧体制の解体が黒人の果敢な行動で実現されていったのだ。

反古にされた「四〇エーカーとラバ一頭」の約束　奴隷制と奴隷貿易に対する損害賠償請求訴訟《リパレーションズ》運動で今日においてもなお言及されることの多いものの一つに、反古にされた「四〇エーカーとラバ一頭」の約束がある。それは奴隷制のくびきから解放された人々に一世帯当たり四〇エーカー（約一六ヘクタール）の土地とラバ一頭を分配するというもので、サウスキャロライナとジョージアおよびフロリダの占領軍司令官ウィリアム・テクムセ・シャーマン将軍の下で沿岸部の一部の黒人に対して戦争終結前から実行されていた（一八六五年一月一六日付の作戦命令《フィールド・オーダー》第一五号による）。南北戦争中に北部民衆に認められた自営農地法による一六〇エーカーの公有地分与の黒人版だったとも言える。ただし「ラバ一頭」は噂によって広まったものだった。北軍政府で元奴隷の人々への対応を一手に担った解放民局《フリードメンズ・ビューロー》が一八六五年三月三日に陸軍省管轄下に新設され、このシャーマンの戦時下の作戦上の措置を戦後の土地政策として引き継ぎ拡大して実行し、サウスキャロライナとジョージアで合計約一万世帯、四万人に土地の分配（当初は貸与し、後に無償払い下げ予定とされた）が行われた。間もなく連邦議会も立法化による後押しを図ろうとした。しかしながら、ジョンソン大統領の拒否権によって特例措置取り消しと白人地主への土地の返還が強行された。こうして元奴隷たちの経済的自立への希求は踏みにじられ、元奴隷たちは小作人《シェアクロッパー》として、かつての奴隷主が転じた地主による経済的従属構造の下に組み込まれた。

そして「四〇エーカーとラバ一頭」の「未完の約束」は、現在に至るまでアフリカ系アメリカ人の心に集団的に深く刻印された「記憶」として消え去ることがない。もちろん、たとえ零細自営農となれたとしても、解放黒人たちが結局のところ経済的自立を成し遂げられたかどうかは、歴史における「イフ」に属する問いでしかないであろう。しかし「連邦政府による未完の土地分配」への反省は、後述するごとく連邦政府内での「南部再建政策の失敗」の理由の一つとして、その後に教訓化されたのではないかと筆者は考えている。たとえば第二次世界大戦後の対日占領における大胆な「農地改革」による日本民主化政策にも生かされたと見なしうるのではないだろうか。たとえ敗戦後の元小作人たちの多くが結局は零細農家として農業での十分な自立を図れなかったとしても、農地の分配と小作制度の解消が、戦後日本の民主化と経済発展の礎になりえたことは否定できないであろう。

一八六六年の南部自営農地法も、対象となった公有地が沼地など利用不可能な土地が主であったために、ほとんど解放民の自立化に役立たなかった。公有地の払い下げが南部で効果を上げたのはむしろ鉄道建設分野であった。南北戦争における北部の勝利は、植民地時代以来の「アメリカン・パラドックス」の解消よりも、北部の資本家たちにより多くの機会を提供したのである。

奴隷制廃止は無意味だったのか？　奴隷から小作人への変化しかもたらされなかったことを考慮すれば、「自

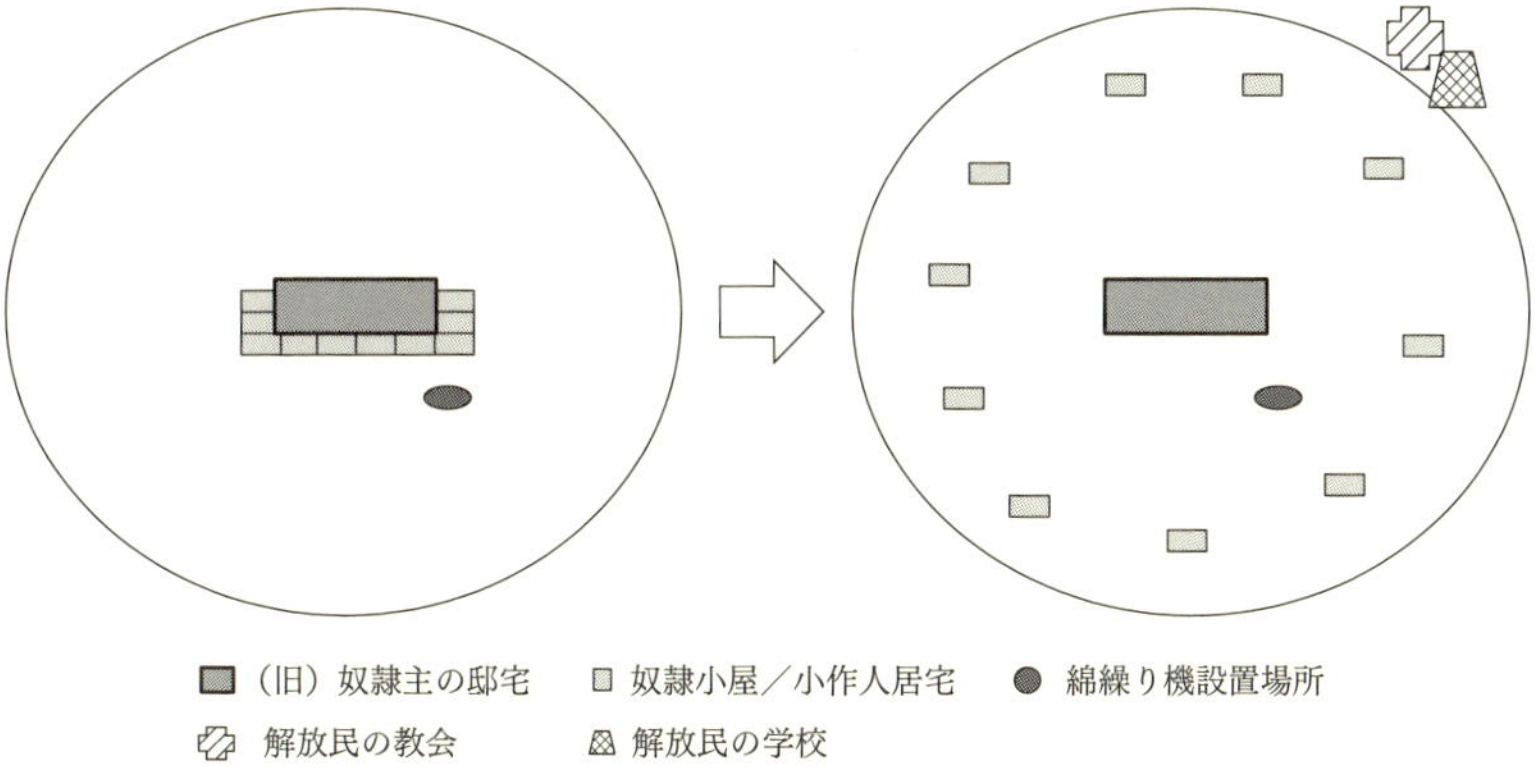

図6 奴隷制の前後での典型的プランテーションの変化

由」の意味はあまりなかったように思われるであろう。しかしながら、物や家畜と同等の、人に所有される「財産」から、白人と同等の市民への変化は、曲がりなりにも結婚や子供の養育権など基本的な自由をもたらし、奴隷制の下で様々な工夫によって維持されてきた家族の再結合を促した。また、小作人という従属的な立場ではあったが、より条件の良い地主を選んで移動する権利が認められたことも大きな前進であった。こうして黒人小作人たちは、かつて奴隷主の邸宅に隣接して建てられた奴隷小屋《スレーヴ・クウォーターズ》が解体された後に、農園《プランテーション》内に家族単位で分散して家屋を建設し、それまで秘密の存在だった教会や学校も公然と建設した〔図6参照〕。やがて一八七七年に前年の大統領選挙における南北の「妥協」に基づいて最後の北軍占領軍が南部から撤退すると、黒人たちは旧奴隷主の「復権《レデンプション》」を支持し、一八七〇〜八〇年代にかけて保守的な南部各州の政治は、よきにつけ悪しきにつけ安定的に推移した。

しかし、一八九〇年代前半期を頂点に南部を中心として高揚した、アメリカ史上最大の第三政党運動である人民党《ポピュリスト・パーティー》の運動に集った中・下層白人農民が黒人に「連帯」を訴え始めると、この「安定」が大きく揺れ動き、結果的に「ジム・クロウ」、すなわち黒人からの参政権の剥奪《ディスフランチャイズメント》を伴う、州法や自治体条例等の地方法体系に基づく強制的差別的隔離体制が確立される。南部における白人内部での「和解」と「人種」に基づく差別体制の強化という「アメリカン・パラドックス」の再来だった。それは同時に、後述するように、海外での植民地支配を含む帝国主義の時代に入ったアメリカが連邦レベルで「国民的統合」を達成するための、南北を超えた白人内の「和解」の重要部分となったのである。

二　「ジム・クロウ」

「ジム・クロウ」の争点は鉄道　「人種」関係にまつわるアメリカ史における有名な連邦最高裁判所判決の一つに「プレッシー対ファーガソン」判決（一八九六年五月一八日）がある。詳細については後述するが、ここではなぜ鉄道をはじめ公共交通機関という分野が「人種」隔離体制の是非をめぐる争点の中心となったのかについて述べる。隔　離《セグリゲーション》（英語では単なる「分離」を表すseparationではなく、差別を含意するsegregationという語が用いられる）という「慣習」の発端は、何よりもまず南北戦争後の南部にも訪れた都市化の影響だった。大半の黒人が大農園の奴隷だった南北戦争前には、南部の都市に居住する自由黒人は私的奴隷解放《マニュミッション》による例外的存在であり、わずかな数にすぎなかった。しかし奴隷制廃止後、移動の自由を得た解放民の一部が少しずつ都市に進出するようになるにつれ、彼ら彼女らの扱いが問題化していった。路面馬車がまず「人種」間衝突の場となったのは当然であった。そして鉄道網の整備とともに「人種」間の衝突は頻発した。

南北戦争を契機とした鉄道建設の発展は、公有地の提供をはじめ連邦政府や州政府の支援の下、目を見張るものがあった。主にかつての自由黒人出身の、極めて少数にすぎない黒人富裕層が、ごく例外的に長距離鉄道の一等車ないし寝台車を利用する際には、鉄道会社は当初「同一料金による同一待遇」の原則で白人と平等に対応した。だが、次第にそうした富裕な黒人が目立つようになるにつれ、「人種」間の衝突が頻繁に起こるようになった。南部各州は州法で施設の中身が平等である限り、「人種」で分離してもよいという判断を下すようになったが、採算の面から利用客の少ない黒人専用一等車を設ける会社はなく、間もなく鉄道会社は予め予想しうる問題を回避すべく黒人もしくは「有色人」に一等車ないし寝台車の乗車券を販売することを拒否するようになった。当然ながらこれは平等な市民的権利の保障を謳った憲法修正第一四条に違反するとして法廷闘争を試みる者も現れ、ついには連邦最高裁判所の判断を仰ぐ事態となった。それが「プレッシー対ファーガソン」判決である。

慣習から法による隔離の強制へ　南北戦争後の北軍の占領下における慣習的な制度として始まった「人種」で分離された公共施設は、一八九〇年代を境に州法や地方条例によって法的に強制された隔離体制に移行した。後述するように、慣習的隔離が法による隔離の強制へと移行したことの解釈については、歴史家の間にその強制力の違いに注目する「断絶」説と、むしろ「連続性」を強調する立場とがある。ここで強調したいのは慣習や「エチケット」の社会的圧力の強さを侮ってはいけないということである。たとえば男女の言葉遣いや服装や仕草は法によって強制されてはいないが、近年は弱まったとはいえ、それを強いる世間の圧力は、とりわけ日本社会では依然として極めて根強いものがある。「人種」隔離についても同様であり、奴隷

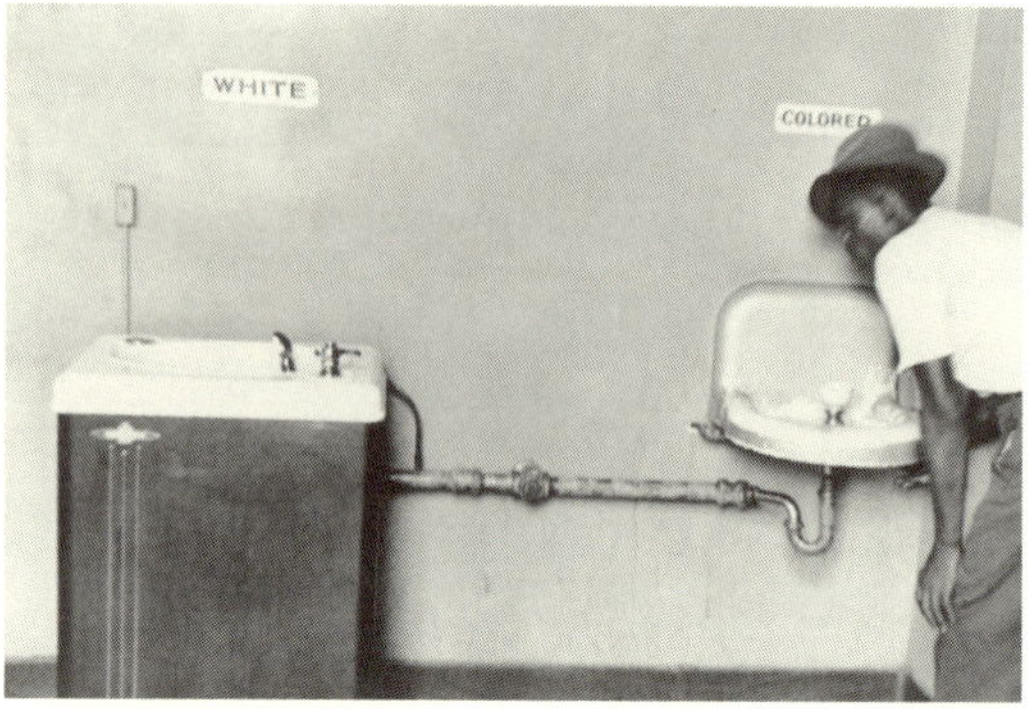

図7　ノースキャロライナ州の水飲み場（1950年）

制の下での慣習による非公式の社会的圧力が十分に強い影響力を発揮したうちは法による強制は不要だった。しかし、次第に奴隷制廃止後の若い黒人世代が増えるにつれ、法による強制の必要が生じてきたのである。

「分離すれど平等」論理の北部による是認　一八九六年五月一八日、連邦最高裁判所は七対一（一名は家族の死去で不参加）で、同一料金の下での同一待遇の原則で一等寝台車への乗車を求めたホーマー・プレッシー（黒人の血は八分の一で見た目は白人のルイジアナ州ニューオーリンズのクレオール）の訴えを退けた。この「プレッシー対ファーガソン」判決の正当化の根拠は「分離すれど平等《セパレート・バット・イコール》」と呼ばれた。つまりたとえ「人種」で分離された施設であっても、設備の中身が平等であるなら、憲法修正第一四条が要求する平等な市民としての権利を侵害しない、という判断だった。

確かにこの判決はそれが下される一〇年ほど前までだったら「両人種に平等な施設」の設置命令と読むことも可能であった。しかし一八九〇年代後半以降の情況下においては、もはや「平等な分離」は存在しなくなっていた。この判決はとりもなおさず「人種」に基づく「分離し、かつ不平等《セパレート・アンド・アンイコール》」な公共施設を国家レベルで是認する判決として、とりわけ当時の南部では広く解釈された。それは「人種」に基づく単なる分離ではなく、黒人の劣位を強制し、彼ら彼女らの心に刻印する意図でなされたものであった。その象徴的な例が、南部の都会における水飲み場であり、これは二〇世紀半ばまで存続していた〔図7参照〕。確かに同じ水道管から流れ出る水は同質であるが、黒人たちが水を飲むことを許されたのは明らかにみすぼらしく不衛生な設備だった。

なぜ北部は南部の「人種」隔離体制を容認したのだろうか。それはアメリカがとりわけ米西戦争（一八九八年の対スペイン戦争）の結果、フィリピンやプエルトリコなどの海外領土を併合することになった事実と不可分である。アメリカ政府は戦争での勝利によって併合した海外領土における肌の色や言語を異にする人々を「植民地」に閉じ込め、彼ら彼女らに本土の人々と同じ市民権を認めようとはしなかったのである。また北部の主要都市では南・東欧系の「新移民」の入国を、後述する南部での立法化によるものと同じく「読み書き試験」で規制しようという動きが高まっていた。主にカトリック教徒のイタリア系や当時ロシア領だったウクライナからのユダヤ系の「新移民」に対する移民禁止法を求める動きが本格化するのは二〇世紀に入ってからだが、既に一八八二年にはアメリカ史上初の移民禁止法として中国人移民を禁じる立法措置が連邦レベルで成立していた。「人種」は南部だけの問題ではなくなっていた。帝国主義の時代の到来とともに、海外に「有色人」の植民地を領有するにいたったアメリカは、「人種」を基軸に白人内部での「和解」を進めつつ「国民国家」としての結束を図ろうとしたのである。

ジェンダーと「人種」　法による隔離を強制する「ジム・クロウ」制度の確立が促された背景にジェンダーの要素があったこと、すなわち白人女性を「性的にみだらな黒人男性から守る」必要性が叫ばれた事実を指摘しておかなければならない。とりわけ南北間の長距離鉄道便における白人女性と黒人男性の同一寝台車両の利用の是非に関して問題視する傾向が顕著になった。

ミネソタ大学法科大学院のバーバラ・ウェルケ教授によれば、白人世論に州レベルでの「人種」隔離諸立法を呼びかける運動が長距離鉄道の寝台車の問題を皮切りに拡大する上で、「白人女性の純潔を守れ」というスローガンが果たした役割は大きい［Barbara Y. Welke, "What Role Did Gender Play in Railroad Segregation?" John David Smith, ed., *When Did Southern Segregation Begin?* (Boston, MA：Bedford/St. Martins, 1999), pp. 133–152］。「女性に認められた権利」の一環として、当初もっぱら「女性用」とされた一等寝台車への乗車を認められる判例も少なくなかった黒人女性は、一八八〇年代後半以降「喫煙車両《スモーキング・カー》」と名付けられた「人種」を超えて男性中下層民が利用する一般車両に押し込められてしまう傾向が顕著となった。寝台車に限らず一等車はかつて「女性専用車両《レイディーズ・カー》」と呼ばれていたが、一八九〇年代を境に「白人専用車」と呼ばれるようになり、「喫煙車両」は「黒人専用車」または「有色人専用車」と表示されるようになった。

「断絶」か「連続」か？　一八九〇〜一九〇〇年代に次々と南部の州や地方自治体レベルで法制化される「人種」隔離体制、すなわち「ジム・クロウ」の確立に関して、歴史家たちは、奴隷制時代から「再建期」を経てこの時代に至るまでの政治と社会の歴史的推移を「断絶」的にとらえるか、「連続」的にとらえるかで、これまで盛んに学問的論争を重ねてきた。

「断絶」説の中心に位置するのは、イェール大学教授でアメリカ南部史の大家C・ヴァン・ウッドワードの代表作『ジム・クロウの奇妙な歴史』（邦題は『アメリカ人種差別の歴史』）であった。同書は、「プレッシー対ファーガソン」判決を、五八年ぶりに、しかも九名の最高裁判事全員一致で否定した、歴史的な「ブラウン対カンザス州トピカ市教育委員会」判決の翌年、ヴァージニア大学の「人種統合」された教室で行われた特別講義をもとに、一九五五年に出版された書物である。同年末に市民権運動を開始するキング牧師は、同書を「市民権運動のバイブル」と絶賛した。そのウッドワードによれば、「南部再建期」は「人種」平等を追求する極めて革命的な諸政策が試みられた時代であり、その後の堅固な「ジム・クロウ」体制が成立する一八九〇年代以降に「忘れ去られた選択肢」となった。一九世紀末から二〇世紀初頭にかけて北部の共和党急進派や南北両地域のリベラル派だけでなく、南部の旧体制の「復権」をもたらした保守派すら、世代交代の中で影響力を低下させた。その一方、南部で人民党が結成され、下層白人と黒人との「人種」を超えた階級的連帯が標榜されて、ノースキャロライナのように一時的に州権力を掌握するほど「ポピュリズム」が高揚した例さえ見られた。そしてこれを機に白人との連帯を掲げる急進的な右派の差別主義者が台頭し、「ジム・クロウ」の法制化による妥協が白人内部で図られた、とウッドワードは結論付けた。「忘れられた選択肢」を思い起こすことを呼びかけたウッドワードの学説は、一九五〇〜六〇年代の「第二の再建期」において、「人種」を超えて北部人のみならず南部人の良心を大いに鼓舞した〔C・V・ウッドワード『アメリカ人種差別の歴史』福村出版、一九九八年〕。

これに対して、奴隷制時代から「再建期」を通して一八九〇年代の「ジム・クロウ」体制確立に至る四〇年ほどの時期の歴史的な「連続性」を強調する歴史家の中心に位置したのが、ノースキャロライナ大学チャペルヒル校教授のジョエル・ウィリアムソンであった。彼はより綿密な実証的見地から、「ジム・クロウ」に先行する時代からの、差別的隔離を強制した慣習的な社会的圧力の持続性に注目し、奴隷制廃止後の歴史的な「連続性」を強調した。そして黒人の側からの「自主的分離」の動きも評価した。白人のみならず黒人側の反応も、一貫して「人種」間の「精神的距離」が隔たったままであった事実は無視し得ないというのである［Joel Williamson, "Was Segregation the Creation of Custom or of Law?" John David Smith, ed., *When Did Southern Segregation Begin?* (Boston, MA : Bedford/St. Martins, 2003), pp. 59–84］。

これらに対して、ニューメキシコ大学教授だったハワード・ラビノウィッツは、ウッドワードが前提とした「ジム・クロウ」の前史が「人種統合《インテグレーション》」ではなく「人種排除《エクスクルージョン》」であった事実を実証的に掘り起こし、ウッドワード説の劣勢は確定的となった。すなわち、元奴隷の黒人たちが解放後に直面したのは「人種統合された公共施設」ではなかったばかりか「人種で隔離された施設」でさえなく、そもそも「排除」に他ならなかった。奴隷解放後の「再建期」初期に解放民が利用できる病院や救貧院などは存在しなかったのである。解放民の側に立った時に、たとえ白人施設に比べて劣った、「人種」で隔離された施設であったとしても、黒人が利用できる公共施設が新たにできたことは「前進」と評価された。彼ら彼女らが現実的にせいぜい望めたのは「平等な隔離施設」であったのだ［Howard Rabinowitz, *Race Relations in the Urban South, 1865–1890* (New York : Oxford University Press, 1978)］。

「読み書き試験」と「祖父条項」　しかしながら、一八九〇年代に台頭した白人の急進的な「人種」差別主義者《レイシスト》たちがもくろんだのは、黒人に対する「劣位の刻印」であった。最高裁による「プレッシー対ファーガソン」判決が根拠とした「分離すれど平等」の理屈は、そのレトリックを超えて「ジム・クロウ」を連邦レベルで容認する合憲判決に他ならなかった。それを五八年後に覆した「ブラウン」判決で評されたように、

「法的な隔離の強制」が意図し実際にもたらしたのは、差別以外の何ものでもなかったのである。そのような白人側の意図を端的に表しているのが、州法や地方自治体条例による隔離体制の法制化と軌を一にして実行された、実質的にもっぱら黒人からだけ投票権を奪う州法による巧妙な参政権剥奪の一連の動きだった。それは一八九〇〜一九〇〇年代に確立され、実に一九六五年に連邦レベルの投票権法が成立して厳格に禁じられるまで、半世紀以上も南部諸州で続けられ、アメリカ民主主義の「地方自治」重視の価値観の下、連邦国家全体として正当化ないし放置され続けたのである。後述するごとく、連邦政府が本腰を入れて対処を考慮するようになるのは、「冷戦」下で有色人の多い「第三世界」諸国からの支持獲得をめぐってソ連との競争が激化してからであった。「冷戦」と「第三世界の興隆」の時代を迎えて、ようやく従来の「地方《ローカル・》主権《ソヴリンティ》」重視の無原則的アメリカ民主主義は再考されるに至るのである。

さて、「人種」による投票権の差別を明確に禁じた憲法修正第一五条に違反しないように、南部諸州は参政権剥奪を意図しつつ、そのための州法および地方条例における条文では、巧妙に「人種」という用語の使用を回避した。黒人を排除する第一の方法は「投票税」の付加だった。第二の方法は「読み書き試験《リテラシー・テスト》」または「理解力試験《アンダースタンディング・テスト》」の実行だった。前者の納税額は年二ドルほどにすぎなかったが、これが払えない下層白人の場合には地域の白人有力者がまとめて立て替える例が少なくなかった。黒人で投票税を支払う者もいるにはいたが、白人の収税官が私的に懐に入れてしまうケースが横行した。他方、後者の「読み書き試験」ないし「理解力試験」においては、次第に整備された黒人大学を卒業した少数の者でさえ答えるのが難しい、州憲法の一節の細部の意味を問う難問が意図的に出題された。合否を判断する試験官は皆白人だった。それでも投票権を奪われるかもしれない下層白人のためには、それを救う方法が編み出された。それが、祖父が有権者または南北戦争を含む戦争の従軍者であった場合には、投票権を制限するこれらの措置の例外とする「祖父条項《グランドファーザーズ・クローズ》」であった。こうした諸々の法制化の結果、一九世紀末から二〇世紀初頭にかけて、南部諸州ではほとんどすべての非白人有権者から投票権が奪われ、この情況が一九六〇年代半ばまで続いたのである。

三　三つの道

「融和」か「抵抗」か、それとも「アフリカ帰還」か？　黒人指導部は、一八九〇年代に本格化する南部「ジム・クロウ」体制確立の動きにどのような対応をし得たのであろうか。黒人指導者たちは大きく分けて「融和」と「抵抗」、そして「アフリカ帰還」の三つの選択肢を、黒人民衆に示した。

　第一の「融和《アコモデーション》」の道を黒人民衆に説いたのは、『奴隷から身を起こした《アップ・フロム・スレイヴァリー》』という自伝的立志伝中の人物として名高い黒人大学の学長ブッカー・T・ワシントン（一八五六〜一九一五年）であった。奴隷を母に、そしておそらくは白人を父親にして、奴隷制下に「黒人」として生まれ育ったワシントンは、苦学の末、「南部再建期」に黒人の中等・高等教育機関として北部の白人篤志家がヴァージニア州に開設した黒人用職能学校であるハンプトン校を卒業した。同校のモットーは「自助《セルフ・ヘルプ》」だった。間もなくアラバマ州タスキーギに州立の黒人師範学校が開設されると、ワシントンは校長に抜擢された。やがてワシントンは校務の合間を縫って北部ニューイングランドの白人篤志家や資本家宅を訪れ、「南部再建期」に着手されながら未完のままの、北部の言わば歴史的責任を代行する自らの活動への支援を訴えた。その甲斐あってタスキーギ大学《インスティチュート》は黒人の「自助精神」を体現する総合大学に発展した。一八九五年にアトランタで開催された「綿花万博」で黒人代表として演説したワシントンは、折からの「ジム・クロウ」の法制化の流れに対して「抵抗」よりも「自助」努力による克服を黒人民衆に説いた。それは「アトランタ妥協」演説と呼ばれた。

　これに対して、南北戦争後に次第に台頭しつつあった若き黒人知識人を主な対象に差別的隔離体制への「抵抗」を呼びかけたのが、W・E・B・デュボイス（一八六八〜一九六三年）だった。デュボイスは、テネシー州ナッシュヴィルに北部の白人篤志家によって南北戦争後に開設されたフィスク大学を経て、ハーヴァード大学で最初の博士号を取得した黒人となった。デュボイスは一九〇九年に創設された全米有色人地位向上協会（NAACP《エヌダブルエーシーピー》）の貴重な黒人メンバーとなった。同協会は「ジム・クロウ」諸法に対抗する法廷闘争を支援し、後に南部の法的隔離体制を違憲とする「ブラウン」判決をもたらすことになる。

　最後に登場したのが、アフリカ系アメリカ人に西欧の植民地支配下のアフリカ諸民族との連帯を訴え、「アフリカ帰還《バック・トゥー・アフリカ》」運動を主導した、ジャマイカ生まれのマーカス・ガーヴィー（一八八七〜一九四〇年）である。第一次世界大戦期にガーヴィーがジャマイカで設立した世界黒人地位向上協会（UNIA）は、彼の渡米後、最盛期には会員数二〇〇万とされるほどの盛況を示し、全国のアフリカ系アメリカ人民衆から多大な資金を調達して黒人による大西洋航路開設を目指したブラック・スター・ライン社を創設、実際に大型汽船も購入した。しかしながら間もなく、第一次世界大戦下で高揚した「民族自決《セルフ・デタミネーション》」の主張に基づく有色人、とりわけ黒人の国際的な連帯の動きを危険視する当局の介入により、ガーヴィーは国外退去処分となった。ガーヴィーはジャマイカでは独立運動の創始者として高く評価され、肖像がコインに刻印されるほどで

図 8　マーカス・ガーヴィーの肖像が刻印されたジャマイカの 25 セントコイン

ある〔図8参照〕。

以上の三つの選択肢は黒人思想史および運動史において、排他的に「択一」されるべきものとしてよりも、相補的なものとして見なされるべきであろう。たとえばガーヴィーに多大な影響を与えたブッカー・T・ワシントンは秘密裏にNAACP的な反「ジム・クロウ」の法廷闘争を支援していたのである。黒人思想家・運動家における相互補完的性格は、従来は相互に敵対的にとらえられがちだった、「非暴力主義」に基づく「人種統合」を目指すキング牧師と、「暴力を辞せず」に「黒人ナショナリズム」を説いたとされるマルコム・Xの関係を考察する際にも念頭に置かれるべき点であろう。

アジア系への差別　ところで、南北戦争後の「南部再建期」が終わり、アメリカが米西戦争（一八九八年）を機に海外に植民地を領有する時期は、北部諸州や西部では南・東欧系の「新移民」に対する迫害や、その少し前からは中国系移民に対する排斥運動が、連邦レベルでの立法措置を伴うほどに高揚した時代でもあった。既述のごとく、南北戦争後にアフリカ系移民にまで拡大された移民一世に対する帰化権の枠がアジア系にまで拡大されるのは「冷戦」下の一九五二年まで待たねばならなかった。排華移民法（一八八二年）の成立後に、移民排斥運動の次なる対象の一つは、「帰化不能」のアジア系である日系移民だった。カリフォルニア州では日系人は土地の取得が州法で禁じられた上に、白人との結婚を禁じる異人種間結婚禁止法の対象ともされた。後者が州最高裁による違憲判決を得て廃棄され、日系人と白人の結婚が合法化されるのは、一九四八年になってからである。一九二四年の移民法は当時の日本では「排日移民法」と呼ばれた。同法で同じく事実上排斥された南・東欧系の「新移民」は、世代を経るごとに拡大された「白人」カテゴリーに包摂されていったが、それとは対照的に日系人に対しては二世や三世の「アメリカ生まれ」の市民権取得者が主流となって以降も、排斥が続いた。その最たる例は第二次世界大戦中の強制収容《インターンメント》だった。この明らかな憲法修正第一四条違反に対して連邦政府が謝罪し、生存者一人当たり二万ドルの賠償金を支払うことになったのは、ようやく一九八八年のことである。これは、戦後のドイツ政府によるホロコーストへの賠償と並ぶ、過去の国家的な不法行為に対する賠償の例として、後述の奴隷制と奴隷貿易に対する賠償請求訴訟運動の根拠となっていく。

日本との接点　ここでアフリカ系アメリカ人と日本ないし日系人との関わりに関連して、三人の日本人に言及しておきたい。まず、第一次世界大戦後のパリ講和会議における日本の全権代表として講和条約に「人種差別撤廃条項」を付加することを果敢に主張し、米国黒人からリンカーンと並んで称揚された牧野伸顕である。中国に対しては悪評高い二十一箇条要求を突きつける一方、日本政府は欧米諸国を相手に国際連盟規約に「人種差別撤廃条項」を付加するように執拗に要求したのである。それは当時アメリカやカナダで日系移民が排斥の対象とされていたことへの対抗措置でもあった。この日本の要求にとりわけ強く反対の意向を示したのが、「黄禍論《イエロー・ペリル》」が高揚しアジア系移民への排斥が激化していたカナダやオーストラリアといった自治領を抱えるイギリスであった。とりわけオーストラリアでは「白豪主義」が確立されようとしていた。この日本の提案は欧米諸国でも報道され、とりわけアフリカ系アメリカ人の共感を得た。長年にわたりアフリカ系アメリカ人の、「有色人の新興国家」としての日本への眼差しを研究してきた、ヴィラノバ大学のマーク・ガリキオ教授によれば、ウィルソン政権の冷たい反応に比して、この日本による「人種差別撤廃条項提案」に対するアメリカ黒人指導層の反応は極めて好意的だったという〔マーク・ガリキオ『アメリカ黒人から見た日本、中国 一八九五―一九四五――ブラック・インターナショナリズムの盛衰』岩波書店、二〇一三年〕。しかし同提案は、一一対五の賛同を得ながらも、ウィルソンによる「全員一致原則」の主張の前に実現をみなかった。代わりにウィルソンは山東半島における旧ドイツ権益を日本が引き継ぐことを認め、日本による上記提案の主張は収まった。

次に触れたい日本人は、北一輝や大川周明とも親交のあった大アジア主義者の満川亀太郎である。興味深い事実として注目したいのは、彼が一九二五年に出版した『黒人問題』と題する書物の巻頭扉ページを飾る、当時としては珍しい多色刷りの「国旗」である。それはマーカス・ガーヴィーのＵＮＩＡと「アフリカ共和国」の旗、つまり上から赤・黒・緑の三色旗であり、後にケニアの国旗にも用いられることになるものであった。満川はこの本で、アメリカの南部で横行する黒人男性を標的とした「私刑《リンチ》」事件の多発傾向を強く非難した〔満川龜太郎『黒人問題』二西名著刊行會、一九二五年〕。このような太平洋を挟んだ「有色人」同士の連帯を模索する動きを、創設後間もないアメリカ連邦捜査局（ＦＢＩ）が監視の対象に加えていたことが、近年公開された政府関係文書で確認できる。

最後に疋田保一にも一言触れておきたい。日系移民排斥やワシントン条約による海軍軍縮を経て、やがて中国市場の支配権をめぐる競合からさらに日米関係が不安定化する一九二〇～三〇年代にかけて、一部の日本人諜報関係工作者がアフリカ系アメリカ人の対日協力工作に努めていた事実がある。その中心にいたのが疋田だった。ガリキオ教授の研究によれば、疋田は一九二〇年から日米開戦後に退去処分となる一九四二年までアメリカに滞在して個人宅の料理人として雇用されていたが、FBIは限られた資金で疋田がNAACPの終身会員の会費を払えたことに疑問を抱いた。とりわけ「満州国」成立以降に日米関係が悪化するにつれ、疋田はおそらくは日本政府の意向と支援を背景に、アフリカ系アメリカ人指導層を通じて日本の「アジア・モンロー主義」に基づく中国大陸における「特殊権益」の擁護への支持をアメリカ国内で拡大する方途の模索に従事したのである。もちろんアフリカ系アメリカ人は同じ「有色人」としての共感を示しつつも、次章で見るように第二次世界大戦の勃発以降、「祖国アメリカ」への忠誠を示して国内での地位の向上に期待する道を選ぶのであった［ガリキオ、前掲書］。

第4章　差別隔離体制の動揺と法的平等の達成

一　「大移動」とゲットーの形成

第二次世界大戦のインパクト　一九三九年九月一日のドイツ軍のポーランド侵攻に端を発した第二次世界大戦にアメリカが参戦するのは、四一年一二月七日（現地時間）の日本軍による真珠湾攻撃によってであった。第二次世界大戦は、アフリカ系アメリカ人にとって国内の差別解消へ向けた戦いの好機を与えた。まだアメリカが参戦していなかった一九四一年六月一八日、フランクリン・D・ローズヴェルト大統領は、大不況に対する一九三〇年代の「ニューディール」の諸政策の中でも依然として差別されていた黒人労働者を代表して、差別に抗議する一〇万人規模の「ワシントン行進」を計画していた黒人労組指導者A・フィリップ・ランドルフを、ホワイトハウスに招いて会談した。七日後、ローズヴェルトは軍需産業における「人種」に基づく雇用差別を禁じる大統領行政命令八八〇二号を発した。それは「アファーマティヴ・アクション」の最初の例となった。同命令に基づいて間もなく公正雇用実行委員会（FEPC）が創設され、ランドルフは「ワシントン行進」の中止を指令した。

暗殺されたケネディ大統領の遺志を引き継ぐテキサス生まれのリンドン・B・ジョンソン政権を住宅都市開発長官として支えることになるロバート・コールドウェル・ウッド（一九二三～二〇〇五年）は、筆者によるインタビュー（一九九六年四月二一日に彼のボストンの事務所で実施）において、テキサスの人々を含めた南部白人に対する第二次世界大戦のインパクトの一端について、自らの経験に基づき次のように語ってくれた。ミズーリ州セントルイス生まれのウッドは欧州戦線の激戦地に派遣された。一九四四年末から翌年初頭にかけてのフランス北部のバルジの戦いにおいてナチス・ドイツの精鋭軍に包囲された折に、彼らを救ったのは日系米国人兵士だった。日系人で構成された第四四二戦闘団はその直前に、同じくナチス・ドイツ精鋭軍に包囲され「見捨てられた大隊」と呼ばれたテキサス大隊を、救出兵士数以上の、部隊の半数に及ぶ損害を出しながら、勇猛果敢にも救出していた。同胞が本国内で憲法上の権利を否定され強制収容されていた日系人に救われたウッドは、人を「人種」で差別することは許されるべきではないと、この時深く誓いを立てたのである。同じく日系人に救出されたテキサス大隊の兵士たちにもこの思いを共有した人が多かったのではないか、とウッドは推察している［図9参照］。

図9　ロバート・コールドウェル・ウッド

戦後の北部都市における労働運動の高揚　前線であれ銃後であれ、第二次世界大戦中のアフリカ系アメリカ人の貢献は連邦政府および全国民から高い評価を得た。「人種」差別的な傾向の見られた熟練工組合であるアメリカ労働総同盟（ＡＦＬ）に代わって、「人種」を超えた労働者の連帯を標榜する産業別労働組合会議（ＣＩＯ）が拡大し、それに伴って組織労働内部での黒人の発言権は増大していった。ただし、ＣＩＯも当初は黒人労働者の雇用拡大に反対していた。とりわけＣＩＯの中心労組の一つであった全米自動車労連（ＵＡＷ）の反差別活動への転向過程は困難を極めた。大戦中のデトロイトには戦車や飛行機生産に従事する五万人の黒人労働者が集中し、ＣＩＯ本部の方針は「人種平等」だったが、ＵＡＷ地方支部の白人労組員はこれに抗議して数千人規模で職場放棄に走った。それはわずか八名の黒人同志労組員の昇格に対する「抗議」が口火となった、労組本部の認めない「山猫スト」だった。一九四二年二月には、連邦政府の支援を得て建設されたソージャナー・トゥルース公営住宅団地《ハウジング・プロジェクト》に黒人家族が三世帯引っ越して来ると、地元ＵＡＷ支部組合員を多く含む白人住民が抗議の暴動を起こした。翌年六月、デトロイト市内のとある公園で起こった暴力沙汰がきっかけとなり、黒人住民と白人住民の間で大規模な衝突に発展した。連邦軍が六〇〇〇名以上動員されて、暴動はようやく鎮圧された。

しかしながら、真の危機は終戦とともに訪れた。九〇万人の黒人を含む兵士の復員と再雇用は、戦中のオートメーション化の導入によって不熟練部門の職が減少したこととも相俟って、さらに労働市場の悪化をもたらした。雇用を確保していた者も賃金カットや突然のレイオフにさらされ、これに抗議してストライキに参加した労働者は一九四六年だけで五百万人にものぼった。南部ではＫＫＫのような暴力的差別団体が勢いを得る一方、海外で実戦に従事した帰還兵を含む黒人民衆による集団的抗議行動も目立つようになった。

南部農村から北部都市への二波の「大移動」　二つの世界大戦を経験する中で、アメリカの黒人人口分布における大きな変化が起こった。それは南部の農村地帯から北部や西部の工業都市への黒人の移動であった。一九一〇～七〇年にかけて、六六〇万人もの黒人が移動したと推定される。その流れは二波に分かれ、とりわけ第二次世界大戦中から戦後にかけての三〇年間の「第二次大移動《グレート・マイグレーション》」期には、南部の農村地帯から北部や西海岸の大都市に移動した黒人は五〇〇万人に及んだ。

第一波で移動した人々に比べ、第二波の人々はより貧しい階層に属する黒人だった。というのも、第一次世界大戦期の移民の流入の停止や戦後の「新移民」への排除の傾向に伴う労働力需要が高まった時期に、言わば「引き寄せ《プル》」要因によって南部を自らの意志で去った人々の場合と比べ、綿摘み機《コットン・ピッキング・マシーン》の導入による南部農業の機械化のせいで「追い出し《プッシュ》」要因で労働の場を失った人々が北部や西海岸の大都市を目指した時は、目的地の大都市は、戦後の軍需から平時への生産体制の再転換《リコンヴァージョン》に伴う不況の真っただ中にあったからである。ともかくも黒人人口の北部への大量移動によって、投票権のある黒人人口は急増した。一九七〇年までに南部外の州に居住している黒人は、黒人総人口の四七パーセントに達し、全国レベルでの戦後政治、とりわけ大統領選挙においては、この急増した黒人有権者を無視することができなくなったのである。

白人中産階級の郊外化現象と大都市中心部の黒人居住区　「第二次大移動」の結果として黒人のうち都市居住者が占める割合は八割にもなり、北部や西海岸の大都市では例外なく黒人居住区《ゲットー》が形成された。そこはそれら大都市で製造業分野の労働力需要が拡大した第一次世界大戦期に形成された黒人居住区と比べ、貧困や犯罪といった社会問題がより一層集中する場所となった。どの大都市でも、「第二次ゲットー化」が引き起こした問題は旧来の黒人居住区の問題以上に深刻だった。

一九五〇年代に入るとアメリカ経済は、戦後の「ベビー・ブーム」が全般的需要増をもたらすようになったこともあり、「冷戦」下での繁栄を謳歌するようになった。そして、一九三〇年代の「ニューディール」期の諸政策以来、連邦政府主導の持家政策による公的住宅資金の貸し付けを受けた主に白人の労働者階級の大都市居住者は、折からの政府による高速道路網建設と自動車の普及も相俟って、郊外に開発されつつあった一戸建ての住宅団地に移り住んでいった。だが、こうした郊外化現象も、連邦住宅局（FHA）による公的住宅資金貸し付け時の「人種」差別に伴って、その一戸建て住宅所有という「アメリカの夢」の受益者はもっぱら白人に限定され、大都市中心部に建設された公営の集合住宅《ハウジング・プロジェクト》にはもっぱら黒人が居住する結果となった。こうして大都市中心部の貧しい黒人居住区と、豊かで清潔な郊外の白人中産階級の一戸建て居住区との棲み分け傾向が顕在化していったのである。

二　アメリカも外圧で変わった？

「冷戦」下で問われた「アメリカの正義」　既述のごとく、第二次世界大戦はナチズムのホロコーストに象徴されるような「人種」差別の行き着く果てを全人類に刻印した。新たにニューヨークのマンハッタンに本部を置いて創設された国際連合は、その憲章の第五五条の「目的」に「人種、性、言語又は宗教による差別のないすべての者のための人権及び基本的自由の普遍的な尊重及び遵守」を明言した。そして戦後まずアジア、そして一九五〇年代後半以降にはアフリカの、旧西欧植民地帝国統治下の国々が独立後間もなく国連本部や首都ワシントンに大使を派遣した。しかし、これらの非欧州系の新興独立諸国の外交官たちはアメリカの、とりわけ南部における法的拘束力を伴った隔離体制の負の影響にさらされた。驚くべきことに、南部に位置する首都ワシントンでは、非欧州系外交官たちは隔離居住区への居住を、その子どもたちは隔離学校への通学を強いられた。折からの「冷戦」下でこれら「第三世界」諸国の支持確保をめぐるソ連との熾烈な競争の中で、戦後のアメリカ連邦政府の若きエリートたちにとって、南部諸州の「ジム・クロウ」を「地方自治」や「内政不干渉」の原則で放置することが、次第に限界に近づいていった。このような「外圧」の高まりは、先に触れた黒人有権者の増加という「内圧」の高まりとも相俟って、連邦政府主導での対応の必要性を増大させていったのである。

スポーツ界と軍隊の隔離廃止　こうした中、スポーツ界や軍隊では「人種」統合への先駆的な動きも見られた。まずスポーツ界の例だが、ジャッキー・ロビンソンはカリフォルニア大学ロスアンジェルス校（UCLA）在学中から様々な種目においてスター選手として名を馳せていた。ロビンソンは少尉として兵役中にテキサス州キャンプフッド近郊でバスの「人種」隔離座席を無視したために、無罪となったとはいえ、軍法会議にかけられた経験もあった。ドイツ人捕虜が白人であるがゆえにバスの前方座席を優先的に割り当てられるのに、黒人兵士が後方座席に追いやられることへの反発は、南西部に集中的に駐屯していた黒人部隊兵士たちの共通の不満だった。除隊後ロビンソンは野球界に身を投じる決意をし、プロ野球が南部の事情に合わせて「人種」隔離されていたためにニグロ・リーグのカンザスシティ・モナークスを経て、当時ニューヨークに本拠のあった名門ブルックリン・ドジャーズ傘下のＡＡＡ《トリプル・エー》のモントリオール・ロイヤルズに入団した。ロビンソンは、デビューした一九四六年にいきなり同球団新記録となる高打率をマークし、ロイヤルズのマイナーリーグ優勝に貢献した。その後ロビンソンは一九四八年にドジャーズと契約し、「黒人初の大リーガー」となった（実際には一八八四年のモーゼズ・フリート・ウォーカー以来二人目）。翌年首位打者と盗塁王に輝き、ＭＶＰに選出されたジャッキー・ロビンソンの子どもたちへの影響は、「人種」を超えて絶大だった。ロビンソンはその高潔な人柄とも相俟って、「人種」偏見の解消に大きな貢献を果たした。

第二次世界大戦中の軍隊の「人種」統合《インテグレーション》は、日系人兵士はもとより黒人兵士もより多く投入されたヨーロッパ戦線において先行した。アイゼンハワー総司令官は戦死者が多く出た部隊の「人種」統合に踏み切った。そして終戦後間もない一九四八年、トルーマン大統領は黒人諸団体の抗議行動の影響下で、ついに軍隊の「人種」統合に踏み切った。朝鮮戦争は連邦軍の「人種」統合後初めての対外戦争となった。それまでは野戦病院すら「人種」で分かたれており、しばしば白人用輸血用血液が不足して救命できない白人負傷者が出るような事態もあったが、これ以降は回避されるようになった。

「ブラウン」判決と「上から」の「人種」統合の限界　ソ連との「冷戦」下で内外の圧力にさらされて「ジム・クロウ」への何らかの対応を迫られた連邦政府を助けることになったのが、共和党アイゼンハワー政権の下で新たに最高裁判所長官に指名されたアール・ウォーレン（一八九一〜七四年）だった。彼はカリフォルニア州司法長官として大戦中の日系人強制収容を指揮し、その後同州の知事も務めていた。一九四八年の大統領選挙の折には共和党の副大統領候補にも指名されたウォーレンは、五二年の大統領選挙では共和党の有力候補者の一人となったが、ドゥワイト・アイゼンハワー支持に転じた。その見返りの政治的指名として、前任者の急死に伴い、一九五三年に最高裁長官の職に就いたのである。本来現実主義的な保守派政治家である彼の一六年にわたる在職期間は「ウォーレン・コート」と呼ばれ、ウォーレンは一連のリベラルな判決で歴史に名を残すことになった。

前任者から残された案件のうち、ウォーレン主席判事（日本の最高裁長官に相当）が最重要視して取り組んだのが、南部諸州の公立学校における「人種」隔離に関する一連の訴訟だった。このとき同裁判を担当し、後に黒人初の最高裁判事に就任することになる、NAACP主任弁護士サーグッド・マーシャルは、悩んだ末に「人種」隔離の「改善」要求ではなく、「人種」による隔離の違憲判決を目指す弁論を展開した。これに対して一九五四年五月一七日、ウォーレンは他の八人の判事を直に説得したうえで得た判事の全員一致で、「人種」に基づく隔離の強制を本質的に不平等として、NAACP主任弁護人のマーシャルが求めた「違憲」の判決を下したのである。これが歴史に残る「ブラウン」判決であった。

しかしながら、南部各州はこの最高裁判決を無視した。しかも翌年の補足的な「ブラウンII」判決（一九五五年）で、ウォーレン・コートは判決の実行を「慎重な速度で《ウィズ・デリバレート・スピード》」進めることを助言し、このような南部諸州の動きを助長した。南部の黒人民衆と差別体制の解体を願う人々の落胆をさらに深めたのが、一九五七年秋のアーカンソー州リトルロックの名門セントラル・ハイスクールへの黒人生徒九名の入学をめぐる白人住民による暴動だった。既に触れたように、アイゼンハワー大統領は、連邦軍最精鋭部隊の第一〇一空挺団を投入したにもかかわらず、たった九名の黒人生徒を一年間通学させることしかできなかった。翌年に同校がオーヴァル・フォーバス州知事によって閉校され、州の補助を受けた「私学」として「人種」隔離されて再開校されたためである。次節に見るように、「人種」差別体制の解体をもたらすためには、広範な社会運動の展開によって、最高裁判決の実行を果たさせる強力な二つの連邦法を成立させる必要があったのである。

三　非暴力的社会変革の高揚

ローザ・パークスを支えた黒人女性たち　リトルロック事件の二年近く前の一九五五年一二月一日木曜日午後六時ごろ、場所はアラバマ州都モントゴメリー、市内のデパートでの仕事を終えて帰宅途中の四二歳のローザ・パークス（一九一三〜二〇〇五年）は、同市条例で警察官と同等の権限を認められていたバス運転士の命令を無視して、白人男性に座席を譲らなかった。運転士は警察署前までバスを走らせ、彼女は直ちに逮捕された。すぐに保釈されるが、裁判が開廷される月曜日に「一日だけのバス・ボイコット」を呼びかけるビラが市内の黒人家庭に即座に配布された。中心的な役割を演じたのは女性政治会議（ＷＰＣ）の黒人女性メンバーたちだった。間もなくモントゴメリー改善協会（ＭＩＡ）が組織され、赴任したばかりで、ボストン大学の博士号を持つ若き牧師マーティン・ルーサー・キング・ジュニアが指導者に選出された。こうして一年と一六日間のボイコットが開始された。確かにバスの「人種」隔離座席を命じる市条例の廃止をもたらしたのは連邦最高裁判決（一九五六年一一月一三日）だったが、彼ら彼女らは判決実行命令が伝達され執行されるまでボイコットを続けたのである。この静かな闘争の主要な参加者は、市内の白人家庭でメイドとして働く黒人女性たちだった。その時の地元黒人女性たちの心意気は映画『ロング・ウォーク・ホーム』（一九九〇年）で感動的に描かれている。

学生たちの直接行動　今日まで市民権運動《シヴィル・ライツ・ムーヴメント》の起点として語られる「モントゴメリー・バス・ボイコット」だが、その後、前述のリトルロック事件で見られたように、地元白人住民の集団的反発の高まりが各地で拡大し、むしろその後しばらく運動は停滞を強いられた。NAACPが、キング牧師を指導者として結成された南部キリスト教指導者会議（SCLC）と協力して、その主要な戦術を法廷闘争から街頭での大衆的抗議活動に移行させるのは、一九六〇年代以降だった。運動の停滞情況を打破したのは、一九六〇年二月一日にノースキャロライナ州グリーンズボロで四名の黒人学生によって本格的に始められ、瞬く間に南部中に波及した、「人種」隔離ランチ・カウンターでの「座り込み《シット・イン》」闘争だった。その中から学生非暴力調整委員会（SNCC《スニック》）が結成され、市民権運動はようやく新たな歴史を拓く力量を示し始めるのだった。SNCCは、一九六〇年代に世界各地で高揚した学生運動の先駆けとなった。

翌一九六一年、第二次世界大戦中の一九四二年に創立された人種平等会議（CORE《コア》）の指導の下、黒人と白人の混合部隊による「自由乗車運動《フリーダム・ライド》」が展開された。それは、州境を越えて運行される長距離バスに北部から集団で乗り込み、「ジム・クロウ」座席が法律上実行され続けたままの南部まで「隔離座席」を無視して乗車し続ける実力行使の運動であった。途中南部に入って以降、地元白人過激派の暴力的妨害を受ける様子がテレビでたびたび報道され、連邦政府の断固たる対応を求める内外の圧力が高まった。

「私には夢がある」　「奴隷解放宣言」の百周年の年である一九六三年の春から夏にかけての闘争の焦点となったのは、「人種」隔離体制の牙城と目されたアラバマ州バーミングハムであった。キング牧師のＳＣＬＣにおける盟友フレッド・シャトルズワース牧師が長らくバス・ボイコットを展開していたが、地元黒人民衆は警察署長ユージン・「ブル」・コナーの強圧的な取り締まりに抵抗して、四月以降市内中心部で連日デモ行進を行い、シャトルズワースとキングは大量逮捕戦術で地元の「監獄を埋め尽くす」と宣言していた。四月一二日にはキング自身も逮捕者に加わった。「法の遵守」を求める全米の宗教関係者の批判に反論して、キングは獄中から「差別的な地元の法よりも神の法に従う」と宣言する「バーミングハム監獄からの手紙」を公表した。五月に入り連日の小学生も交えたデモ隊には警察犬がけしかけられ、その模様がテレビのニュース番組で全世界に報じられた。ついに地元財界が市当局に圧力をかけるに至り、連邦政府司法省の介入もあって、事態は収拾へ向かった。六月一一日、ジョン・Ｆ・ケネディ大統領は連邦議会に包括的な市民権法《シヴィル・ライツ・アクト》を上程することを発表した。

一九六三年八月二八日、首都ワシントンのリンカーン記念堂前に集った二五万人の聴衆を前に、キング牧師は「私には夢がある」と題する演説を行い、「奴隷解放宣言」の一世紀後に「最も民主的な国」であるはずのアメリカに「合法的隔離体制」と黒人からの投票権をはじめとする市民権の剝奪がまかり通っている現実を、アメリカの内外にさらけ出した。

この前後、南部の白人至上主義者《ホワイト・シュプレーマシスト》たちの暴力は頂点に達した。ミシシッピ州のＮＡＡＣＰ支部長メドガー・エヴァーズが自宅の玄関で銃撃を受けて殺されたのは六月一二日だった。ちなみに、その容疑者が有罪の陪審員評決を受けるのは、なんと一九九四年になってからである。また九月一五日日曜日、バーミングハムの抗議デモの拠点だった第一六番通りバプティスト教会が爆破され、四名の聖歌隊員の少女が殺された。容疑者のロバート・シャムブリスら四名の地元ＫＫＫメンバーの本格的捜査が開始されたのは、一九七一年にウィリアム・バクスレーがアラバマ州司法長官に就任して以降だった。一九七七年一一月、シャムブリスは終身刑の判決を受け、後に獄死した。また、二〇〇一～〇二年に、存命中の二名にも終身刑が下された。

ＪＦＫ暗殺と「第二の再建」　一九六三年一一月二二日、テキサス州ダラスを訪問中のジョン・Ｆ・ケネディ大統領がオープンカー乗車中に銃撃を受け、死亡した。衆人の眼前での暗殺だった。リー・ハーヴェイ・オズワルドが犯人として逮捕されたが、二日後ジャック・ルビーに射殺され、動機や背景の究明は不可能になった。一九六〇年一〇月、アトランタで座り込み中に逮捕されたキング牧師の妻コレッタ・スコット・キングに電話でお見舞いの言葉を告げ、また弟のロバート・Ｆ・ケネディが判事に電話をかけてキング牧師の釈放を働きかけた結果、黒人有権者の多くがケネディ支持に変わり、彼は僅差で勝利を得たと言われている。さらに六三年六月には、南北戦争後の「再建期」以来となる強力な市民権法の議会上程も行ったケネディは、伝統的に、彼の所属政党である民主党支持者の多い南部白人の不評を買っていた。既述の「私には夢がある」演説後に、キング牧師を招いて「私も夢を見ている」と語ったことも、南部の白人至上主義者たちの反感を掻き立てていた。ＪＦＫ暗殺の日、彼らは祝杯を挙げた。暗殺の一部始終は使用可能となったばかりの同時中継で日本のテレビでも放映された。

衆目の中での若き理想主義的大統領の暗殺は当初南部の「ジム・クロウ」維持派を勢いづかせたが、テキサス出身の副大統領のリンドン・B・ジョンソンが大統領に昇格して市民権法の成立に邁進する姿勢を明確にしたことで、一世紀前と同じく大統領の暗殺が「第二の再建」も加速することになった。最初の「再建」と同じく、国民の多くは大統領の突然の死を無駄にすまいと決意したのだった。

四　百年遅れの法的平等の達成

市民権法と投票権法の画期性　市民権法は「最長の論争《ザ・ロンゲスト・ディベート》」の末に一九六四年七月二日にジョンソンの署名によって成立した。上院民主党院内総務として長年にわたって議会対策の経験を積んだジョンソンでも、異例の長期間の討論を避けては通れなかったのである。しかし、同法によって「人種、肌の色、宗教、性別、または出身国に基づく差別」が明確に禁止された。翌年八月六日、選挙権に関するあらゆる差別を厳格に禁止する投票権法《ヴォーティング・ライツ・アクト》も成立した。その結果、南部における黒人有権者の数は飛躍的に拡大した。そのもっとも顕著な例は、差別の牙城とされたミシシッピ州で見られた。同州の黒人有権者登録率は六・七パーセント（一九六五年三月）から七四・二パーセント（一九八八年一一月）に増加したのである。忘れてはならないのは、この投票権法をもたらす上で一九六四年夏のSNCCによるミシシッピ州での命がけの「有権者登録運動」や、翌年三月にキング牧師を先頭にSCLCが主導してアラバマ州セルマで展開した地域闘争が果たした役割の重要性である。これらの多大な犠牲を伴った非暴力的社会変革運動によって、アメリカ国内および世界各国の広範な世論の支持が拡大し、アメリカ連邦議会に対する効果的な圧力が内外で生まれたのである。

こうして憲法修正第一四条と一五条は約一世紀を経て実現されることになった。「地方自治」ないし「地方主権」の論理で正当化されてきた、連邦憲法と南部における州法など地方法体系との「捻じれ」は、ようやくその大部分が解消された。国民すべてが等しく市民としての権利を認められたのである。換言すればアメリカにおいて史上初めて「国民国家」の条件がようやくにして整ったのだ。

次章で詳述するように、この後ジョンソン大統領は、単なる「法の下での平等」では三世紀半にわたる奴隷制と「ジム・クロウ」の遺制を正すには不十分であるとして、「結果の平等」への言及にまで踏み込み、包括的な貧困対策の実行を宣言する。そして、それより少し前にケネディが「法の下での平等化の実現」を意味して使用した「積極的差別是正措置《アファーマティヴ・アクション》」という言葉が、その本来的意味の実現を目指して、これ以降徐々に使用されるようになるのであった。

キング牧師とマルコム・Xの相補性　キング牧師が名実ともに指導者となった市民権運動がもたらした前述の連邦二法（市民権法と投票権法）の恩恵を受けたのは、もっぱら南部の黒人民衆であった。既に黒人の半数近くが北部や西海岸の大都市中心部のゲットーに押し込められていた一九六〇年代半ば、このような「変革」の不十分さを批判し、ゲットー住民の支持を集めるようになっていたのが、マルコム・Xだった。マルコムは、刑務所で服役中にネーション・オヴ・イスラム（NOI）の教えに影響を受けて黒人回教徒《ブラック・ムスリム》となり、奴隷制の名残の「リトル」というかつての主人から与えられた苗字を捨てて「X」と称していた。マルコムは暴力的手段の行使権を留保し、「人種」統合を幻想として排撃するなど、キリスト教指導者のキング

図10　1964年3月26日に連邦議会で握手するキング牧師（左）とマルコム・X

牧師と表面的には対立していた。しかしマルコム・Xが一九六四年三月二六日に連邦議会でたまたまマーティン・ルーサー・キングと出会ったとき、両者はにこやかに握手した［図10参照］。マルコムは間もなくNOIを離れ、メッカ巡礼を果たしてスンナ派イスラム教徒となって「黒人至上主義」の傾向を修正するに至るが、これがかつての同志から反感を買い、翌年二月二一日にハーレムで銃撃されて死亡した。

黒人神学者のジェームズ・H・コーンは、従来対立的にとらえられてきたマルコム・Xとキング牧師を、アメリカの「悪夢《ナイトメア》」と「夢《ドリーム》」の両面性を象徴する相補的な存在と見なすことを主張する。今日その枠組はアフリカ系アメリカ人だけでなく、広く受け入れられるようになっている［ジェイムズ・H・コーン『夢か悪夢か――キング牧師とマルコムX』日本基督教団出版局、一九九六年］。実際、キングの「最後の聖戦」は南部以外の大都市中心部のゲットー地区を象徴する場所であるシカゴのウェストサイドで展開されるのであった。

初等中等教育法　こうした一九六〇年代前半の広範な市民権闘争の広がりの結果、既述の二法以外にも重要な連邦法が成立した。一九六五年に成立した初等中等教育法もその一つである。無償の公立学校制度は世界に先駆けてアメリカで確立された。一八四〇年代にマサチューセッツ州で、急増するアイルランド系移民の同化を促進するべく、主に地方自治体によって不動産課税を財源に無償の公立学校制度が確立されたのが、その発端であった。その後南北戦争を経て南部諸州にも広まるが、それは厳密に言えばあくまでも「権利」概念に基づいており、先進諸国では当たり前の「義務教育制度」ではなかった。しかも財源も運営も地方自治体を背景とした各教育委員会に大きく委ねられ、そのため「地方自治」の利点とともに欠点も目立っていた。たとえ「人種」隔離の廃止《ディセグリゲーション》が実行されても、地域間の格差は続いていた。また通学が義務ではなかったので、マルコム・Xのように刑務所で服役するまで非識字の状態に置かれる子どもも少なくなかったのである。このような問題の解決を目指して、ジョンソンが宣言した「貧困との戦争《ウォー・オン・ポヴァティ》」の一環として一九六五年四月九日に成立したのが、初等中等教育法である。同法が目指したのは「質の高い教育への平等なアクセス」であり、その具体的な実現手段とされたのが、貧困者が集中する主に大都市の教育委員会への連邦政府の財政支援であった。併せて、統括責任を負う州教育委員会への財政支援策も講じられることになった。

アメリカ史を俯瞰して言えることは、「機会の平等化」への広範な支持の伝統である。その象徴としての教育制度の拡充を図るための連邦法である初等中等教育法には、その後の財政事情の逼迫を背景としたアメリカ政治の一貫した保守化にもかかわらず、たびたび補強的措置が講じられている。アメリカ人の広範な支持が得られる公正さを追究する本書の目的に関連して、重要な示唆を含む歴史的事実であろうと思われる。

非暴力的社会変革の可能性の再評価とそのコスト　一般的に言って、多数派の意見が実行される民主主義において、少数派への差別を是正するなどの正義実現の可能性を担保することはどこまで展望しうるのであろうか。確かに市民権運動が示した「非暴力的社会変革」の潜在的可能性は一つの希望を与えてくれるかもしれない。しかしながら、その歴史的教訓が与えるもう一つの側面である、あまりにも多大な代償に比して得られた成果の少なさを考慮に入れたとき、かつてのような広範な社会運動の再現を目指すことは、真剣な関与の決意をした人々《コミティッド・ピープル》にさえ少なからぬ躊躇をおぼえさせるであろう。それは「人種」をめぐる格差是正の課題が、通常の代議制に基づく政治過程に委ねられるように変化した理由ともなっている。だが代議制は効率的であると同時に、正義や公正さをめぐる十分な議論が民衆レベルで欠如する傾向を不可避とし、その結果として民主主義が単なる数合わせの政治ゲームに陥る危険を伴っている。第II部で明らかにするように、それは「アファーマティヴ・アクション」が次第に「優先枠設定」と同義になる過程でも見られたのである。

第Ⅱ部　未来への試み

第5章 「貧困との戦争」から「優先枠設定」へ

一 「都市暴動」と「結果の平等」への試み

「ブラック・パワー」の叫び　キング牧師が率いるデモ隊が、南部諸州で白人住民からの暴行や嫌がらせ、そして公権力による暴力的弾圧を受けながらも「非暴力」による「人種統合社会」を目指す姿がテレビで報道されて内外の良心的な人々の感動を誘うことで、重要な二つ目の連邦法である投票権法（一九六五年）が成立し「法の下での平等」が達成された。しかしそのわずか一年後にミシシッピ州グリーンウッドでＳＮＣＣ《スニック》の中心メンバーの一人が発した言葉が全米に衝撃を与えた。ストークリー・カーマイケルは「二七回目となる逮捕」に嫌気がさしたと演説し、今後は「ブラック・パワー」をスローガンとする、と宣言した。それは一九六六年六月一六日のことだった。「ブラック・パワー」は、多分にキング牧師の「今すぐ自由を！《フリーダム・ナウ》」に対して、周囲の学生現地活動家《フィールド・セクレタリー》たちの間で高まっていた不満を代弁したものだった。同時に、その二年前の「自由の夏《フリーダム・サマー》」以来、ミシシッピ州全土で有権者登録活動をともに命がけで実行した白人学生現地活動家には、投票権法の成立とも相俟って、一つの画期が訪れたことを実感させた。彼ら彼女らは北部や西海岸の大学に戻り、激化するベトナムへの介入に反対する反戦運動へと転じていった。

「ブラック・パワー」のスローガンはその定義がはっきりしないままに、主要メディアを通じて瞬く間に広く拡散した。それが最大公約数的に意味するところは「黒人の団結」の強調であり、それは既述のマルコム・Xやマルチニーク生まれの革命思想家フランツ・ファノンらのかなり過激な言葉に共鳴する、若き黒人活動家の不満の声と共振した。ニュージャージー州ニューアークに在住する詩人で劇作家のアミリ・バラカは、この不明瞭な魂の叫びのような「ブラック・パワー」現象について、後述する都市で続発する「暴動」と絡めて「自己決定権《セルフデタミネーション》を求める黒人民衆の反逆」と定義した［Komozi Woodward, *A Nation within a Nation: Amiri Baraka (LeRoi Jones) and Black Power Politics* (Chapel Hill, NC: University of North Carolina Press, 1999)］。

かつて第一次世界大戦期に拡大したガーヴィー運動への対応に見られたように、ＦＢＩなど連邦政府公安当局は、伝統的に黒人ナショナリストの台頭に注意を払ってきたが、キングらの「非暴力」による「人種統合社会」という穏健な路線をあからさまに否定する「ブラック・パワー」スローガンの急激な高揚と拡大に対して、すぐさま対敵諜報活動（ＣＯＩＮＴＥＬＰＲＯ）で応じた。キングら穏健派を含めた市民権運動家のほとんどすべてが超法規的な諜報活動の対象とされて、その手紙は密かに検閲され、電話は盗聴された。各国語に翻訳され国際的に支持を集めていた黒人人気作家ジェームズ・ボールドウィンが一九六二年に発表していた評論集の題名『次は火だ《ザ・ファイアー・ネクスト・タイム》』が象徴する国内外の被差別民衆の連帯と過激化の動きに、ＦＢＩは超法規的な予防手段を講じ始めていたのである。だが、後述するごとく、ボールドウィンの予想とＦＢＩの懸念は的中するのであった。

「平等な機会」から「結果の平等」へ？　ところで一九六四年八月のトンキン湾事件以降ベトナム戦争への介入を深めたジョンソン政権は、他方で国内問題においてはより大胆な差別解消政策の実行を宣言していた。一連の「貧困との戦争《ウォー・オン・ポヴァティ》」による教育と福祉の分野での大胆な政策の開始であった。一九六四年一月八日、ジョンソンは連邦議会で行った年頭教書演説で初めてこの「貧困との戦争」という言葉を使用した。それは大統領が構想する「偉大な社会《グレート・ソサイエティ》」計画の一部をなしているとされた。

そして市民権法《シヴィル・ライツ・アクト》が成立して一年後、投票権法《ヴォーティング・ライツ・アクト》案が上院を通り下院でも可決へ向けて審議中の一九六五年六月四日、南北戦争後に国立の黒人大学として首都ワシントンに創設されたハワード大学の卒業式で、ジョンソン大統領は演説冒頭から大胆にも「結果の平等」の実現に大きく踏み出す意志を明言した。やや長くなるが、その主要部分を次に引用する。今日では考えられないほどにリベラルな、いやかなりラディカルな文言に、読者は驚かれるであろう。

私はこの重要で歴史的な学校でお話しする機会を得てうれしく思います。ハワード（大学）は長らく黒人アメリカ人の教育の卓越した中心でした。本学の学生は様々な、あらゆる人種からなり、世界中の国々から来ています。まさに民主主義の最良の実例です。

我々の地球は革命の宝庫です。あらゆる大陸のどの場所でも希望に衝き動かされた人々が正義を求めて旧弊に立ち向かっています。彼らは従来の夢を実現するための最新の武器を携え、自由に、誇りをもって才能を発揮し、この世の果実を享受しようとしています。

（略）

あまりにも多くの面で黒人アメリカ人は別世界におり、自由を奪われ、憎悪にさいなまれ、希望への機会の扉は閉じられてきました。

我々の生きるこの時代に、この国にも変化がやって来たのです。アメリカ黒人は人々を感動させるほどの慎み深さを以て平和的に行進し、抗議し、裁判所や役所に座り込んで、長きにわたって否定されてきた正義を要求しました。黒人の声は行動することを求めています。しかしひとたび目覚めれば裁判所も議会も大統領も、そして大半の人々も、進歩の同盟者であったというのが、この国に寄せられる賛辞でした。

我々は最高裁が人種に基づく差別は違憲であり、無効であると宣言するのを目の当たりにしました。我々は一九五七年、一九六〇年、そして一九六四年にまた、ほぼ一世紀ぶりにこの国で市民権法が成立するのを見てきました。

上院の与党院内総務として、私はこのうちの二つの法案の上院通過を助けました。そして今皆さんに大統領として選ばれ、三つ目となる法案に署名したことを誇りに思います。そして間もなく四番目の法——あらゆるアメリカ人に投票権を保障する新しい法が成立します。

（略）

投票権法は最新の立法となり、一連の勝利の中での類似諸立法のうちで最も重要なものとなるでしょう。しかしこの勝利は、チャーチルが別の勝利の際に言ったように、「終わりではない。終わりの始まりでさえない。たぶん始まりの終わりにすぎない」のです。

それは自由の始まりであり、その自由を阻む壁が倒壊し始めているのです。アメリカ社会において自由は完全にかつ平等に共有されるべき権利です——投票し、仕事を持ち、公共施設に入り、学校に通うための権利です。この国の国民生活のあらゆる場面において尊厳を持つ平等な人間として平等に扱われる権利であり、すべての人に約束されています。

しかし自由だけでは十分ではありません。さあ、あなたはもう自由です、望むどんなところへも行っていいですよ、好きな指導者を選べますよ、というだけで、何世紀にもわたって負わされた傷痕を癒すことはできません。

長年にわたり鎖につながれてきた人を解放して競争のスタートラインに立たせて「他のみんなと自由に競争できますよ」と言うのは、完全に公平であるとは言い難いのです。

機会の門を開くだけでは十分ではないのです。我が市民のすべてにこの門を通り抜ける能力を持たせねばなりません。

これは市民権闘争の次なるより深遠な段階なのです。我々は自由のみならず機会を求めています。我々は法律上の平等だけでなく、人間としての能力、権利や理論としての平等だけでなく、事実としての平等と、結果としての平等を求めているのです。

この使命を果たすために、二〇〇〇万の黒人にも、他のどんなアメリカ人とも同じく学び成長し、仕事をし、この社会に参画し、自らの才能を伸ばす機会を与えねばなりません。［President Lyndon B. Johnson's Commencement Address at Howard University, "To Fulfill these Rights," June 4, 1965］

ジョンソン大統領は演説の際に、ハワード大学から名誉法学博士号とともに授与された角帽とガウンを纏い、演説後には学生聖歌隊による「我ら打ち勝たん《ウィー・シャル・オーヴァーカム》」の合唱が同大学のフレデリック・ダグラス館に響きわたった。当時もその後も、アメリカ的信条の枠組みである「自由」や「均等な機会」の保障を超えて、社会主義的な「結果の平等」を目指す方向への転換点として捉えられがちな演説ではあるが、今日から振り返って文脈に沿った解釈をすれば、ジョンソン大統領が目指したのは「より完全な均等な機会の保障」による「より公正な社会の実現」であったと見なされるべきであろう。

「白人のためのアファーマティヴ・アクション」　ここで、なぜ南部テキサス州出身のジョンソン大統領が極めて大胆な資源再分配政策を示唆する演説を行ったのか、その歴史的背景について考えてみたい。もちろんベトナム戦争の「アメリカ化」、すなわち大規模な北ベトナムへの「北爆」のみならず大量の地上軍の投入を前に国内の結束を図る意図もあったであろうし、既述のような第二次大戦での従軍経験も影を落としているかもしれない。しかしそれ以上に重視されるべきは、それまでの「ニューディール」や「フェアディール」および復員兵援護法《ジー・アイ・ビル》といったアメリカ版の「福祉国家」を目指した諸政策が、年功権《セニオリティ》を有する南部選出議員の支持を背景にして成立した「白人のためのアファーマティヴ・アクション」に他ならず、彼らの圧力を通じて「ジム・クロウ」が反映された差別的なものであったことを、長年にわたり上院民主党院内総務を務めてきたジョンソンが熟知していたことである。アメリカ政治史の権威であるアイラ・キャッツネルソンが言うように、「貧困との戦争」や、後述するその挫折後のニクソンによる一見大胆な「優先枠設定」は、ある意味で、それまで長らく実行されてきた「白人のためのアファーマティヴ・アクション」への不十分な償いとしてなされたのである［Ira Katznelson, *When Affirmative Action Was White : An Untold History of Racial Inequality in the*

Twentieth-Century America (New York：W. W. Norton, 2005), p. x]。

さらに、一九六四年に発表された「偉大な社会」計画において最初に手を付けられた政策には、明らかに白人中産階級が主な受益者となる「社会保障」に関わるものが目立った事実も看過し得ない。たとえば高齢者用医療補助制度である「メディケアー」や大学生用の公的ローンである。それは上程中の市民権法および翌年上程される投票権法と対になった政策と見ることさえ可能である。「法の下での平等」がようやく達成されようとしているときに、白人中産階級に先行的にさらなる恩恵が施されることに、黒人民衆は不満を高めた。

これ以降「福祉《ウェルフェア》」と「社会保障《ソーシャル・セキュリティ》」の使い分け、ないし一種の隠喩化が定着する傾向が見られること に、ここで読者の注意を促しておきたい。一般世論においてこれ以降「福祉」は黒人、「社会保障」は白人を、それぞれ主な対象とした用語として理解されるようになるのである。それゆえ、一九八〇年代以降の連邦財政の危機に際して、黒人の割合が多い母子家庭への生活保護給付である児童扶養世帯扶助制度（ＡＦＤＣ）や低所得者用医療補助制度である「メディケイド」など、福祉関係予算がカットの対象とされるのに対し、白人を主要な対象者とする高齢者用医療補助制度である「メディケアー」は「聖域」とされる傾向が生まれるのである。現在でも「メディケアー」の受給者には白人が多く、「メディケイド」の受給者には非白人が多い［表I-10参照］。

ただし、初等中等教育法や就学前幼児教育支援制度《ヘッド・スタート・プログラム》のような教育の分野の政策が、政治的に「人種」に関わりのないニュートラルな領域として今日まで発展的に受け継がれてきた点に、アメリカ社会で広く支持されうる公正《フェアネス》さの追究を目指す本書にとっての重要な示唆が潜んでいると考えられる。無償の公教育制度を世界に先駆けて確立したアメリカでは、教育こそが、解決し難い生まれながらの条件の差や、本人の責任を超えた不利な条件をできる限り平等化ないし解消する、つまり真の意味での機会の均等化のための、有効な手立ての一つと見なされる傾向があるのである。

　ともあれ、ジョンソン大統領の大胆な「結果の平等」への言及は、市民権法や投票権法による一世紀遅れの「法の下での平等」の実現努力によって何ら実質的な変化を期待し得ない、当時既に黒人人口の半分近くを占めるに至っていた、一世紀前から投票権を保障されていた北部や西海岸の都市ゲットーの貧しい居住者にも希望を与えるはずであった。しかし実際には、演説後間もない一九六五年八月一一日から一週間にわたってロスアンジェルスの黒人居住区ワッツ地区で大暴動が勃発し、三四人の死者と一〇〇〇人以上の負傷者と三四〇〇人以上の逮捕者と四〇〇〇万ドル以上の物的損害を生む大惨事となった。それも、後述するように、単なる前触れにすぎなかったのである。

貧困者の自立化支援の困難　ジョンソン政権による貧困者支援政策の中心は、一九六四年八月二〇日に成立した経済機会法《エコノミック・オポチュニティ・アクト》の下で実行された地域行動計画《コミュニティ・アクション・プログラム》（CAP）の掲げる「貧困者の最大限可能な参加による貧困の解消」、つまり貧困者の自立の支援《エンパワメント》であった。CAPの実行を取り仕切った各地域の代行機関である地域行動事務所（CAA）の運営委員会は、その三分の一以上が低所得者で構成される決まりとなった。その運営資金は、連邦政府予算を主とする公的資金から支出される地域サービス支援団体補助金（CSBG）に、実際の活動は貧困者の「ボランティア」に依存した。

　だが、CAPはその理念の崇高さにもかかわらず、大半が挫折を余儀なくされた。それは何よりも貧困者の自立化支援策の困難さを物語っていることは確かである。しかし、今日まで継続されている就学前幼児教育支援制度のような例からは、民主社会の枠組みの中で、大半の人々の納得を確保しながら実現可能な「公正さ」を追求する政策の姿が垣間見えることは前述の通りである。保守派が批判してきたように、大半のCAPが杜撰な「ばらまき」に終わり、貧困者のさらなる依存性を補強する結果となった事実が全面的には否定し難いことは、筆者自身が二〇〇〇年代初頭に全米各地で行った元活動家諸氏への聞き取り調査でも指摘されたことであった。他方、就学前幼児教育支援制度のような、「機会の均等」の徹底を目指した地道な、長期的に真に貧困者の自立化促進につながりうる制度は効果を上げ、一九八〇年代以降の保守化の流れの中でも高い評価を維持し続けて今日に至っている。また貧困者の自立化支援を目指して実践されたCAAのような組織理念は、今日のNPO/NGOの隆盛に影響を及ぼしている。この意味で「貧困との戦争」の歴史的評価は、より長期的な視点からの再吟味を必要としているのである。

全国的な「都市暴動」の続発　さて、既述のごとく、まさに市民権運動が市民権法と投票権法という二つの強力な連邦法の成立で成果を上げた直後の一九六五年八月一一日に起こった「ワッツ暴動」は、北部と西海岸の大都市のゲットーに押し込められた、今や黒人人口の半数をしめる人々の不満を代弁していた。彼ら彼女らにはずっと以前から、そうした形式的な「法の下での平等」が無力であることが分かり切っていた。前年の一九六四年夏にニューヨークのハーレムや、ニューアーク、フィラデルフィア等で「都市暴動」が起こり、次いで「ワッツ暴動」、六六年のオハイオ州クリーヴランドでの騒擾と、しばらく「都市暴動」は毎夏各地で恒例化した。一九六七年夏にも一連の騒ぎが各地に広がったが、最大の惨事は七月二三日日曜日にデトロイトの黒人居住区で起こった。ジョンソン大統領は鎮圧のために武装した連邦軍の投入を決断した。事件後間もなく、ジョンソンはイリノイ州知事オットー・カーナーを委員長とする諮問委員会による詳細な背景調査を命じた。翌六八年二月二九日に「カーナー委員会報告」が発表された。メディアにも広く引用され内外に衝撃を与えた同報告の冒頭部分を引用しよう。

一九六七年夏、アメリカの各都市は再び人種暴動に襲われ、国民は衝撃を受けて恐怖に陥り狼狽した。最悪の事態は七月の初めの二週間に、まずニューヨークで、次にデトロイトで起こった。そして周辺の町に、暴動の連鎖反応を引き起こした。一九六七年七月二八日、合衆国大統領は本委員会を設置し、我々に次の三つの基本的問題に解答を与えるよう指示した。

何が起こったのか。

なぜ起こったのか。

再発を防ぐために何ができるのか。

以上の問題に答えるために、我々は広範な調査と研究を行った。暴動の起こった都市を訪れ、多くの証人に話を聴き、国中の専門家の意見を求めた。

そして以下が我々の得た基本的結論である。すなわち、我が国は、黒人社会、白人社会という二つの社会――分離し、不平等な二つの社会――に進んでいるということである。

そして「なぜ起こったのか」という問いへの解答として、同報告では次の事実が指摘された。

……あるいくつかの根本的な問題については明らかである。その中でも最も根本的なのは、白人アメリカ人の黒人アメリカ人に対する人種差別的態度と行動である。

人種偏見は我々の歴史を決定的に形作ってきたが、今それは我々の未来を脅かしている。

白人の人種差別主義《レイシズム》は、第二次世界大戦以降我が国の都市に蓄えられてきた爆発性の混合物の、主要な原因である。この混合物の成分は次のようなものである。

広がる差別と分離……

黒人の都市流入と白人の都市脱出……

黒人ゲットー……　[*Report of the National Advisory Commission on Civil Disorders* (New York : The New York Times Co., 1968), pp. 1-2]

同報告が公表されるのと前後して一九六八年四月四日にキング牧師が、六月六日には有力大統領候補のロバート・F・ケネディが、相次いで暗殺された。三月三一日に既にジョンソンは大統領選不出馬を表明していた。八月二六〜二九日にシカゴで開催された民主党全国大会では、ベトナム戦争をめぐって左右両派が激突し、さらに民主党は求心力を失った。後述するように、一九六九年以降の保守化した共和党政権によって、むしろ「結果の平等」の実現が目指されたのは、歴史の皮肉というべきであろう。

ベトナム戦争の泥沼化　一九六五年の「北爆」(北ベトナムに対する大規模爆撃)と総計五四万八〇〇〇名の主に地上軍の投入にもかかわらず、ベトナム戦争は泥沼化した。一九六八年春先のサイゴン(現「ホーチミン」

市）のアメリカ大使館の一時的占拠を含むテト攻勢を契機に米軍の撤退を決意したジョンソンは、既述のごとく三月三一日にテレビ放送で再出馬の断念を発表した。莫大な軍事支出は国家財政を圧迫し、「偉大な社会」計画のうち多額の財政支出を伴う「貧困との戦争」を継続することは困難となっていた。

徴兵制によってベトナムに駐留したアメリカ兵のうち、黒人兵は一九六七年には一六パーセントを占めた。総人口に占める黒人の割合（一一パーセント）を大分上回る数字だった。とりわけ最前線の戦闘部隊には黒人兵士が目立った。他方、徴兵免除者には白人が多かった。これは黒人に大学進学者が少なかったことと大いに関係があった。ベトナム戦争に従軍した、後に黒人初の国務長官となるコリン・パウエル少佐（当時）も、黒人兵士、とりわけ徴兵された黒人たちが不当に多く実戦部隊に従軍させられていたとの印象を持ったことを言明している。彼を含めた黒人兵士は、ベトナム戦争の現実の中で、例外なくアメリカの理想に幻滅感を味わっていたのである。

二　バス通学論争と「白人の逃亡」

ニクソンによる「法と秩序」への転換　一九六八年一一月の大統領選挙において勝利したのは、「法と《ロー・アンド・》秩序《オーダー》」を掲げた共和党候補のリチャード・ニクソンだった。一般投票におけるわずか一・六パーセントの差という稀に見る接戦をニクソンが制することができたのは「南部戦略《サザン・ストラテジー》」によってだった。すなわち、従来、堅固な民主党支持層だった南部白人に共和党支持への転向を迫ったのである。その際のスローガンが

「法と秩序の回復」だった。「ジム・クロウ」体制の維持を掲げて独立候補として出馬したアラバマ州知事ジョージ・ウォレスが深南部《ディープ・サウス》五州で勝利した一方、ニクソンは他の南部諸州を含む広範な支持を得て、「偉大な社会」政策の継続を訴える現職副大統領で民主党候補のヒューバート・ハンフリーを破ったのである。これ以降、南部は共和党の支持基盤に変じ、全国レベルでも共和党は保守化傾向を強めて現在に至る。

ここで一九六〇年代に起こる、後に全国レベルの政治にも影響を及ぼすことになる南部の政党再編について俯瞰しておこう。長らく奴隷を解放したリンカーンの共和党を支持してきた黒人が民主党支持に転換するきっかけは、一九六〇年の大統領選挙でケネディが「人種」差別批判を鮮明に表明したことだった。その流れは「人種」差別撤廃を目指す二つの強力な連邦法を成立させたジョンソン政権下で決定的となった。他方、南北戦争前から一貫して民主党を支持してきた南部白人は、同じ南部人（テキサス州出身）でありながら「黒人の味方」としての立場を鮮明にするジョンソンに異和感を覚えていた。それに目をつけたのがニクソンだったのである。

一九五〇年代にアイゼンハワー政権下で二期にわたって副大統領を務めたニクソンは、こうしてようやく念願の大統領となることができた。それにしても、「法と秩序の回復」を掲げた共和党の保守派大統領によって、どうして一見大胆な「優先枠《クウォータ》」の設定を伴う「アファーマティヴ・アクション」の制度化がなされたのだろうか。以下ではその秘密に迫りたい。ただし、この問いに答える準備として、「ブラウン」判決以降、とりわけ北部大都市圏で教育をめぐる「人種」統合《インテグレーション》ないし「人種」隔離廃止《ディセグリゲーション》の動きが政治問題化する一九六〇年代末から七〇年代初頭にかけての推移を確認しておく必要がある。

バス通学論争　「人種」をめぐる問題が、かつての奴隷制農園が集中した南部の主に農村部の問題から、北部や西海岸を中心とした大都市の問題になるにつれ、政治的論争の焦点となったのが「バス通学《バスィング》」であった。

　アメリカでは居住空間は「人種」で明確に分離される傾向があるが、とりわけ歴史的にその傾向が顕著だったのは北部都市であった。したがって、「ブラウン」判決後の公立学校の「人種」統合の実施が効果を上げたのは、むしろ南部においてであった。住宅における事実上の「人種」隔離が進んでいた北部を中心とした大都市では、公立学校は事実上「人種」で隔離されたままであったからである。二〇世紀の二度のゲットー化の波を受け、多くの都市では伝統的な黒人居住区と、さらにそれとは別によりいっそう貧困と犯罪にまみれた「第二次ゲットー」が形成されていた。そのような地区にある公立学校はどこも例外なく「生徒が黒人のみの学校《オール・ブラック・スクール》」であった。単に「人種」の偏りが問題なのではなかった。長年にわたって放置されてきた施設や教員の質の格差がもたらす教育効果の低さこそが黒人の親たちにとっての真の問題だった。こうした中、一九六九年一〇月二九日の「アレグザンダー対ホームズ郡教育委員会」判決で、最高裁判所は「ブラウンII」判決（一九五五年）で示唆した学校の隔離廃止の猶予期間が終了したことを宣言した。さらに一九七〇年代初頭、黒人の親たちには、「質の高い教育」を目指す上で効果的な武器がもたらされた。それが「バス通学」である。

　連邦政府当局は最高裁による「人種統合学校」の実行化への圧力をひしひしと感じていた。そのため、各公立学校における児童生徒の「人種」割合の均衡化が、数値目標とともに各州教育担当部局および末端の教育委員会に課されるようになった。それを実現する方法は二つあった。一つの方法は、既存の学校を閉校し

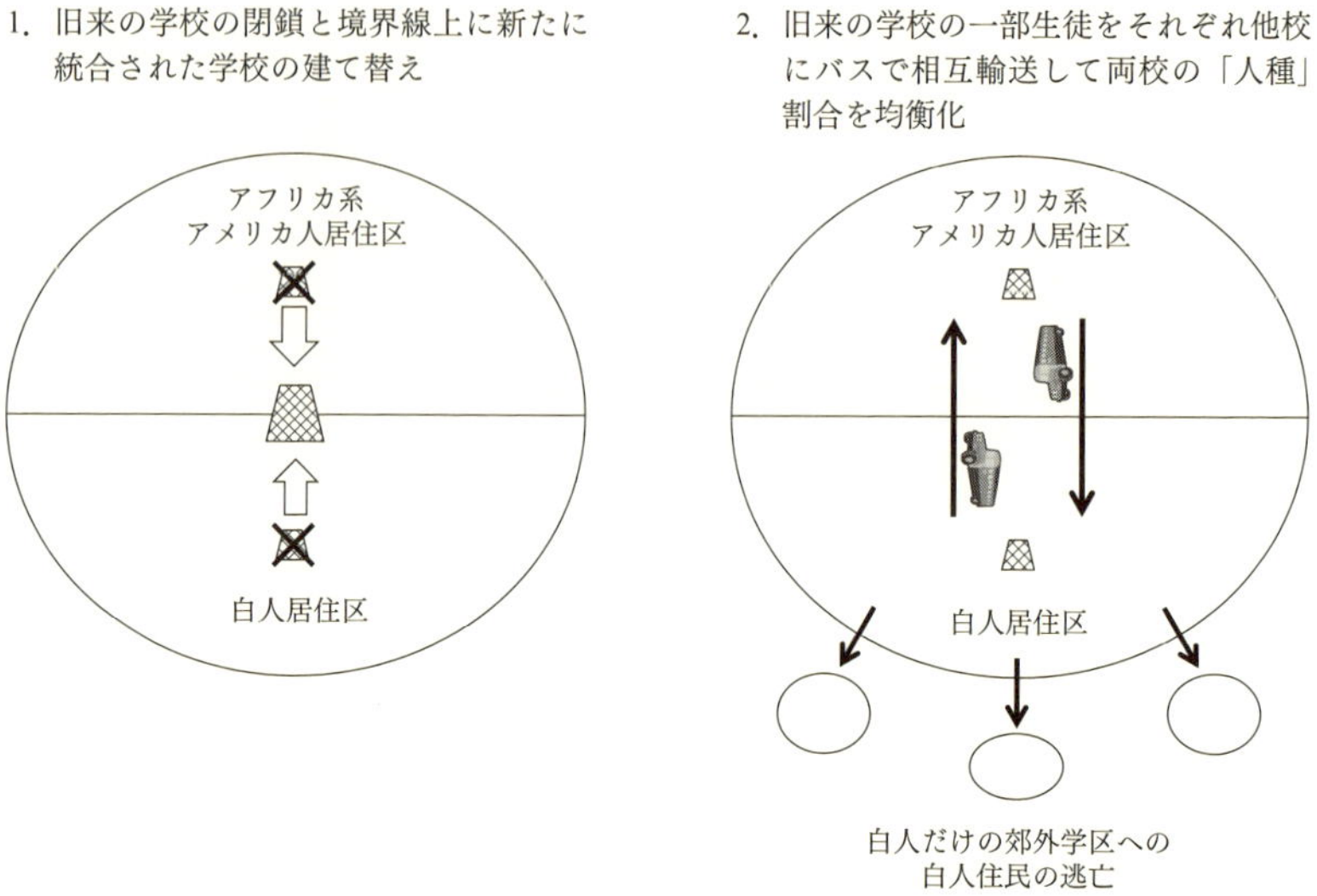
1. 旧来の学校の閉鎖と境界線上に新たに統合された学校の建て替え
アフリカ系
アメリカ人居住区
白人居住区
2. 旧来の学校の一部生徒をそれぞれ他校にバスで相互輸送して両校の「人種」割合を均衡化
アフリカ系
アメリカ人居住区
白人居住区
白人だけの郊外学区への
白人住民の逃亡

図 11　都心部「人種」隔離学校の是正をめぐる二つの選択肢

て黒人居住区と白人居住区の境界線に新たな学校を建て直すことだった。しかしそれには莫大な予算措置が必要だった。そこで、もう一つの、より安価で即効性のある手段が採られたのである。それは、本来は遠距離通学児童生徒のための援助手段であるスクール・バスを利用して、黒人地区と白人地区の双方から児童生徒を他地区の学校まで輸送して双方の学校の児童生徒の「人種」割合の均衡を図る、というものだった。ベトナム戦争への大規模な介入が招いた財政危機がなければ、ひょっとすると前者の、より本質的効果を生むであろう道が採られたかもしれないが、全国の大都市の教育委員会が採用したのは後者、つまり「バス通学」であった［図11参照］。

　黒人の親たちが望んだのは「自分の子どもを白人の子どもの席の隣に座らせること」自体というよりも、そうすることによって、黒人地区の劣悪な学校環境を改善しようという機運が高まることだった。つまり黒人活動家が狙ったのは、黒人の児童生徒に白人地区のよりましな学校に通わせることよりも、むしろ白人の児童生徒を黒人地区の学校に通わせることがもたらす世論へのインパクトだったのである。実際、それは黒人活動家の思惑通りとなった。

白人の親たちは「強制されたバス通学《フォースト・バスィング》」の「違憲性」を問題とした。「バス通学」が連邦最高裁で初めて合憲と判断されたのは、一九七一年四月二〇日にノースキャロライナ州シャーロットに関して下された判決でだった。この「スワン対シャーロット＝メクレンバーグ郡教育委員会」判決で、「バス通学」は大都市における公立学校の児童生徒の「人種」割合を均衡化する現実的手段として、ゴーサインを与えられた。同時にそれは新たな「人種」間抗争の幕開けを意味した。

北部都市の白人民族系労働者階級の反発　間もなく各地で白人の親たちの、暴力的抵抗を伴う極めて激しい反発が報じられるようになった。その代表的な例が、アメリカ独立革命の揺籃の地であるボストンで起こった。連邦地裁のW・アーサー・ギャリティ判事（一九六六年にジョンソンの指名を受けて就任）が一九七四年六月二一日に下した判決のあとで、新学期から実行するように命じたのは、黒人居住区ロックスベリー地区と伝統的なアイルランド系労働者階級の居住区サウスボストン地区の公立学校を含む、市内各地の「バス通学」だった。九月の新学期の初日、サウスボストン高校に黒人生徒を乗せたバスが到着すると、付近の白人住民による投石を含む激しい妨害が起こり、この様子がテレビのニュース番組で全国に報じられた。ジョンとロバートという二人の偉大な兄の亡き後のリベラル派政治家を象徴する一人となっていた、ボストンのアイルランド系住民が支持する地元の代表的政治家エドワード・ケネディ上院議員への、暴力を伴った抗議も見られるようになった。一九七六年四月六日には、白人男性が星条旗を持って黒人男性に襲いかかる写真が

図12　1976年4月6日のボストンにおける「バス通学」に対する暴力的反発

報じられて、全米に衝撃を与えた［図12参照］。自由と民主主義を象徴する星条旗が、黒人と白人の共学に反対する人々の武器として使用されたのは何とも皮肉な光景であった。

サウスボストンのアイルランド系住民の過激な反発が示していたのは、とりわけ白人民族《エスニック》系労働者階級の歴史的に形成された「人種」偏見の強さだけではなかった。奴隷制や奴隷貿易で最も恩恵を受けてきた、WASP《ワスプ》系白人中産階級住民が住むのは、裁判所による「バス通学」命令の及ばない郊外の居住区であり、むしろ長い「人種」差別の歴史の中で、WASPから差別され搾取される側であったアイルランド系の人々が「歴史のつけ」を払わされることへの、納得し難い、やり場のない不満の方が強かった。

「白人の逃亡」と「魅力ある学校」の試み　裁判所が下す判決による強制力を背景とした「バス通学」によって、黒人の親たちの当初の目的であった、「質の高い教育」という彼ら彼女らの本来の要求への世論の注目は確かに高まった。白人の親たちが自分の子どもが黒人地区の劣悪な教育環境に追い込まれる可能性を実感することを通じて、ようやく問題が共有化されるきっかけを得たのである。しかしながら、この「人質理論」が功を奏したのはわずかな期間にすぎなかった。少しでも経済的に余裕のある白人の親たちの多くが選択したのは、裁判所の命令の及ばない郊外の居住区への転住だった。こうして都心部からの「白人の逃亡《ホワイト・フライト》」が本格化した。最高裁の後押しも限界があった。ミシガン州デトロイトにおける郊外地区と都心部との教育委員会の境界線を跨いだ「バス通学」を求める「ミリケン対ブラドレー」裁判において、最高裁はボストンでの地裁判決のわずか一ヵ月後の一九七四年七月二五日に下した判決で、五対四の僅差でこれを否定した。「アメリカの正義」は「地方自治の壁」の前で立ちすくんだのである。こうして憲法の番人のお墨付きを得たことで白人の郊外への脱出傾向はさらに加速された。

かくして拡大都市圏《メトロポリタン》レベルでの公立学校の再隔離《リセグリゲーション》が全国的に顕著な流れとなった。そこでこれを食い止めるために考案されたのが「魅力ある学校《マグネット・スクール》」の試みだった。白人中産階級の子どもたちを、学区の壁を超えて大都市中心部の学校に自発的に呼び戻すために、連邦政府の支援を受けて、高い質の教育を提供する公立学校が各都市に相次いで開設された。ボストンの都心部に所在する、植民地時代から名門進学校として名高い、試験による選抜制の公立高校であるラテン・スクールには、一貫して白人志願者が多数派である事実が、有力な根拠の一つとされた。それは強制を否定し、自発性《ヴォランタリズム》に働きかけながら、正義《ジャスティス》の実現を促す、言わばアメリカ的価値観の伝統にかなう公正さの追求の結果であったとも言える。

マグネット・スクールが刺激した白人富裕層の都心部回帰《リアーバニゼーション》は一定程度の成果と同時に、少なくとも次の二つの新たな問題も生じさせた。一つには、白人富裕層の都心部への再転住によって都心部の不動産価格が高騰傾向を示し始め、この高級住宅化現象《ジェントリフィケーション》の結果、旧来の一部のゲットー住民が追い出されることになった。若き白人富裕層《ジェントリー》用に都心部に開発されたのは、外来者の侵入を阻む堅固な壁で囲まれた、最近日本の大都市の高級集合住宅等でも見られるようになったセキュリティの行き届いた城門共同体《ゲーティッド・コミュニティ》であった。もう一つの問題は、親たちの経済力や学歴などの「格差」に起因するものだった。マグネット・スクールに子どもを入学させることができた幸運な一部の旧来の地元ゲットー住民は、PTA活動を含む学校行事等において高学歴の白人富裕層の親たちとの違和感にさいなまれ、また周縁的《マージナル》な役割に追いやられる屈辱に耐えねばならないことが多かった。

一方、都心部の貧困地区から裕福な郊外への脱出《ムーヴィング・アウト》を支援する動きも見られるようになった。ボストン拡大都市圏では、都心部の貧しい住民の子どもたちの一部を郊外の学校に通学させるのを半ば公的に支援する、マグネット・スクールと逆方向の試みがなされた。一九六六年に創設されたMETCO《メトコー》(Metropolitan Council for Educational Opportunity)という、黒人の子どもたちの郊外地区の学校への通学支援制度は、現在でも三〇の教育委員会が参加し三〇〇〇人の児童生徒の郊外学校への通学を支援している。確かにMETCOは、一部の都心部ゲットーの子どもたちはもとより、彼らを受け入れる郊外学区の子どもたちにとっても、管理された範囲で「人種」と経済的な多様性を教育環境に付加できるという点で、ともに受益が望める持続性のある制度として評価しうる。しかし、都心部の学校に取り残される、より多くの子どもたちへの、質の確保された教育を通じた平等な機会の保障という根本的な改善にはなかなか結びついていない。

社会構造改革の断念　既述のノースキャロライナ州シャーロットの例がそうだったように、北部のように自治体レベルではなく、都心部と郊外地区を合わせた郡レベルで教育委員会を組織する傾向が強かった南部で「バス通学」が比較的に「人種」統合上の効果を生んだのは皮肉であった。しかし、一九七〇年代以降の

「サンベルト」の繁栄に象徴される南部の開発ブームを背景とした大都市圏での郊外化の進展に伴い、南部でも北部と同様に郊外自治体が新たに独立した教育委員会を組織する例が目立つようになり、さらに私学の開校増も加わり、北部と同じく拡大都市圏レベルでの公立学校の「人種」による事実上の再隔離が進行している。抜本的な格差是正策を伴わない限り、マグネット・スクールやMETCOのような対策を講じても、新たな問題が生じる結果に終わる傾向が否定できない、と結論付けられるのである。追い打ちをかけるかのように、一九八〇年代の「レーガノミクス」による「自己責任」論の強調による「福祉切り捨て」の流れの中で、「偉大な社会」計画のような抜本的な対策の再生は絶望的となるのだった。

三　ニクソン政権下での「優先枠設定」の導入

大胆で安価な「優先枠設定」の導入へ　ここで時計の針を一九六〇年代末から七〇年代初頭にかけてのニクソン政権発足の時期に戻そう。そして前に掲げた問いへの答えを模索することにしたい。すなわち、「法と秩序の回復」を掲げた共和党の保守派大統領によって、どうして一見大胆な「優先枠設定《クウォータ・システム》」を伴う「アファーマティヴ・アクション」の制度化がなされたのだろうか、という問いである。事はニクソンの政策の歴史的評価に関わるが、まずはどうしてそれを実現し得たのかを考えてみたい。

　既に見てきたように、「バス通学」命令による「強制的な人種統合学校《フォースト・インテグレーション》」への根強い反発とも相俟って、ジョンソンが掲げた「平等の実質化」の諸政策に対して、間もなく全国的に白人民衆の不満が高じることになった。内外における「冷戦」という情況下、同時に「ブラウン」判決によって「人種隔離《レイシャル・セグリゲーション》」に最高裁の違憲判断が下された時代に、二期八年間（一九五三〜六〇年）にわたってアイゼンハワー政権で副大統領を務めた、ある意味で極めて現実的な保守主義者としてのニクソン大統領は、暴力的な反応を伴う論争の的となっていた公立学校の「人種」統合の問題を回避し、雇用を中心とした経済の分野で現実的な「人種」統合の道を探ることに集中した、と言えるであろう。それは激しい対立を呼ぶ論点の回避だけでなく、莫大な財政出動を伴う一九六〇年代の社会構造改革政策から、極めて安価な政策への転換でもあった。同時にそれは、議論の中心を雇用の場へと転じることで、北部においては民主党の重要な支持母体であった労組に「人種」による分断を持ち込んで弱体化させる一方、民主党支持で南北戦争以前から歴史的に一貫していた「堅固な南部《ソリッド・サウス》」の白人保守層を切り崩して、今日の共和党支持の強固な基盤へと変える端緒となる「南部戦略」とも、巧妙に連動していた、と見なされる。

フィラデルフィア計画をめぐって　既述のごとく、久々の共和党大統領となったニクソンは、連邦裁判所が次々と命じる「人種」統合の実質化の問題に対して、まず連邦政府および政府契約業者に関わる雇用分野での、続いて大学や大学院など高等教育分野での、少なくとも表面的には極めて大胆な「優先枠設定」を伴う「アファーマティヴ・アクション」を実行に移す一方、それ以外のほとんど全分野の「市民権問題《シヴィル・ライツ・イシュー》」を棚上げにした（あるいは棚上げにしたからこそ前者を実行に移せた）。「法と秩序の回復」と「ベトナムからの名誉ある撤退」の具体的な意味は、莫大な財政出動が必要な「偉大な社会」計画の、とりわけ批判の高まっていた「貧困との戦争」の放棄を、まずは意味したのである。そしてニクソンによって「人種」をめぐる争点は、連邦政府によるフィラデルフィア造幣局の建て替え工事請負業者決定時の黒人労働者の雇用割合の設定をめぐる論争に、集約的に移行させられたのである。

ニクソンは女性票を模索して女性のための「優先枠設定」にも努めた。一九七二年には男女平等憲法修正提案（ＥＲＡ）が上下両院の各三分の二の是認を受け、州ごとの批准手続きが始まった。こうしてニクソン政権下で歴史的な「人種」差別の是正をめぐって六〇年代まで積み重ねられてきた連邦政府の政策的努力は重大な転機を迎えたのである。ジェンダー差別の解消を求める声の高まりや、後には六五年の移民法改正以降に急増する非白人系移民を背景とした多様性《マルタイカルチャリズム》の尊重要求運動の高揚とも相俟って、そして何よりもベトナム戦争の負の遺産としての連邦財政の逼迫が背景となって、「優先枠設定」をめぐる論争が焦点となる時代が始まったのだ。七〇年代以降今日に至るまで「アファーマティヴ・アクション」とは「優先枠設定」をもっぱら意味するようになった。七〇年代以降の歴代政権は、政党の枠を超えて「アファーマティヴ・アクション」の維持に努めつつ、六〇年代に試みられた本質的な社会構造改革の試みを放棄し、「人種」差別の遺制と「人種」に関わる偏見の解消という歴史的課題遂行という責任を、憲法判断を司る司法に委ねてしまった。一方司法では「法の下での平等保護」を謳った憲法修正第一四条との整合性をめぐり本質的論争が続いた。フィラデルフィア計画は元々ジョンソン政権末期に立案されたものだがニクソン政権発足後間もなく改訂され、最終的に「行政府の権限の範囲内」という論拠で最高裁の是認も得られた。その結果、公務員の採用枠や公共事業受注業者の指名、さらには大学や大学院などへの入学者選定における「人種」や性別ないしジェンダーに基づく「優先枠設定」は七〇年代以降に定着傾向を見せる。他方、このような優遇措置はとりわけ白人男性からの「逆差別」批判にさらされ、完全な平等性原理に基づいてＥＲＡの批准を目指すフェミニストたちとも衝突するようになる。それに伴って、「ニューディール」期に形成された堅固な民主党支持基盤である、組織労働と黒人および白人リベラル派、そして女性による「ニューディール連合《コーリション》」に、決定的な楔を打ち込むという、ニクソンのもくろみも果たされていった。

忘れられた居住区の隔離情況　南部と違って、州法や条例など法律による強制《デジュリ》を伴うことなく、言わば「事実としての隔離《デファクト・セグリゲーション》」を実行してきた北部の情況を中心に、一九六五年以降の「人種」をめぐる社会正義に関する議論の行方を見てきた本章の最後に、現在でも最も顕著な「事実としての隔離」が残る住宅の分野に視点を移そう。歴史的に住宅分野の「人種」隔離は、南部では州法や自治体条例などの地方法体系による強制が、北部ではそれに準じた差別的な条項を含む住宅協定《リストリクティヴ・コヴィナント》がもたらした結果だった。一九四八年、最高裁は「シェリー対クレマー」判決で、あからさまに「人種」を特定して排除する住宅協定を違憲としたが、実際には住宅をめぐる差別はとりわけ北部の都市部で公然と続いた。それを助長した要因が二つあった。

一つは悪徳不動産業者による「街区破壊商法《ブロック・バスティング》」と呼ばれるものであった。とりわけ戦後の連邦政府による様々な支援策の下で刺激された郊外地域の住宅開発に並行して、それは横行した。その典型的手口は次のようなものであった。不動産業者がある日、都心の白人居住区の一つのブロックの住宅所有者に「この地区は間もなく黒人居住区になる。ついては値下がりが予想されるので早目に手放した方が得である」ともちかける。その数日前にいかにもみすぼらしい身なりで、しばしば障がい者を装った黒人がこの地区の周辺を歩いていたことを家主は思い起こす。もちろんそれは業者に雇われた人物だったが、白人家主はそのことを知る由もない。間もなくこのブロックの白人住民は競って業者に自宅を売り、郊外で新たに開発中の住宅を購入するのである。安く買い叩かれたかつての白人地区の住宅は富裕な黒人たちに高値で売られるのであった。この「街区破壊商法」は一九五〇年代以降には黒人の都市部への流入が顕著になる南部都市でも横行し、既述した一九五七年のリトルロック事件における白人住民の過激な抵抗運動の背景ともなった。

住宅における「人種」隔離の蔓延を生んだもう一つの責任主体は連邦政府であった。「ニューディール」政策の一環で一九三三年に創設された住宅所有貸付公社（ＨＯＬＣ）は黒人への融資を事実上禁じ、また、翌年に創設された連邦住宅局が第二次世界大戦末期の一九四四年に採用した戸建て住宅買い入れ資金の公的融資の決定において使用された地図には、黒人地区での住宅取得を事実上禁止する「融資危険地域指定《レッドライニング》」が施されていた。そのため、黒人たちが自家所有の一戸建て住宅を建てる際には、悪条件の土地契約《ランド・コントラクト》によるしかなかった。そうした契約では、返済金が滞ればそれまでの返済額にかかわらず担保とされた土地も建物もすべて取り上げられた。一戸建て住宅に加えて、既述の第二次世界大戦後に本格化する「第二次ゲットー化」に拍車をかけたのが、連邦政府や地方自治体が北部を中心に大都市で盛んに建設した公営集合住宅《パブリック・ハウジング》だった。その主な住民は黒人だった。こうして都心部と郊外の「人種」による「棲み分け《ハビタット・アイソレーション》」傾向がよりいっそう顕在化したのである。

雇用差別による低所得や街路清掃などの公共サービス上の差別とも相俟って、都心部の黒人居住区の風景は白人居住区のそれと比べて明らかにみすぼらしいものとなった。白人の子どもたちはその光景を時折車で通る折に目の当たりにし、またテレビ等の報道を通じて間接的に脳裏に刻印しながら成長した。そのような集団的な心性が住宅市場に反映された結果、自らの居住区に黒人が流入することは機械的に住環境の悪化による不動産価値の下落を意味するようになり、既述のような悪徳不動産業者の跋扈を招来したのだった。

ゴートルー・プロジェクトの成果と限界　キング牧師が一九六四〜六五年の連邦二法の成立に伴う「法の下での平等」の実現後の、あまりにも早く訪れる晩年に、住宅分野の「人種」隔離の解消に精力を集中したことは、この問題の重大さを象徴して余りある。一九六八年四月四日のキング暗殺の直後、シカゴ、首都ワシントン、ボルティモア等の全国各地で、絶望的な「暴動」が続発する中で、一連の「人種」差別解消の連邦法の最後となる公正住宅法《フェア・ハウジング・アクト》が成立した。既述したように、公務員・公共事業関連職種への雇用、および大学や大学院など高等教育機関入学に際しての「優先枠設定」とも相俟って黒人の中産階級が増加し、住宅市場における差別を禁じた同法によって、彼ら彼女らの住環境がかなり改善したのは確かである。しかしながら同時に、歴史的にゲットーの指導層を形成した彼ら彼女らが劣悪な住環境から脱出するのに比例して、これらの恩恵にあずかれない他の大半の住民の情況はより悪化した。そのような中、シカゴの「公営住宅」という名のゲットーの一住人である黒人女性が、人権団体の支援を得て、シカゴ住宅公社（CHA）を相手に一九六六年に裁判を起こした。

この「ドロシー・ゴートルー対シカゴ住宅公社」裁判は長期化したが、一九七六年に連邦住宅都市開発省（HUD）が介入し、それとともに同裁判は連邦最高裁で審理され、間もなく和解協定が成立した。その結果、CHAはHUDとともに、公営住宅に居住する福祉受給者のアフリカ系アメリカ人七五〇〇名が郊外地区へ転住できるよう支援するというゴートルー・プロジェクトが開始された。一九九八年の終了時点までに、総計二万五〇〇〇名以上がゲットーからの脱出を果たし、そのうち半数以上が郊外の住宅地に転住した。彼女ら彼らの自立促進の面での成果は目を見張るものがあった。子どもたちの大半は高校卒業を果たし、その多くが大学に進学した。親たちの多くは持続的雇用を得て、福祉を受給する者は激減した。同様の

「よりよき機会への転住《ムーヴィング・アウト・フォア・オポチュニティ》」計画は一九九四年からボストンやボルティモアやニューヨーク等にも取り入れられた。政権政党が変わっても後継のプログラムが現在まで続いている。

以上のように着実な成果を上げたゴートルー・プロジェクトや前項のＭＥＴＣＯに象徴される脱出支援《アシスタンス・フォア・ムーヴィング・アウト》型の諸政策だが、ゲットー住民を支持母体とする都市部の黒人政治家の中には、有権者の減少を意味することから、複雑な反応を示す者が少なくない。またすべてのゲットー住民の転住はもとより無理であろう。やはりこれまでに触れた他の方策でも見た通り、国民間の本質的な格差是正を伴う社会構造改革的な政策が望まれるのである。少なくとも脱出支援政策と並行して、ゲットー住民の「自立化促進」の道を模索することが不可欠であろう。それはまたアメリカ的な価値観と合致しうるのである。そのような方向性は、次章以下でも見るように、厳しい情況下にありつつも、広がりと浸透を見せ、着実な成果を上げている。ただし、それがより確実な効果を生むためには、一九六〇年代末に中断された「貧困との戦争」の再開が望まれる。本章の冒頭で明らかにした通り、「アファーマティヴ・アクション」はその発端においてジョンソン大統領が目標に掲げた「結果の平等」、すなわち再分配的社会改革を意味した。ベトナム戦争の「アメリカ化」を契機とした国家財政の逼迫と全国的な「都市暴動」、そしてこのような改革を推進しうる全国リーダーの相次ぐ暗殺などが重なる中で、「アファーマティヴ・アクション」は一見大胆な「優先枠設定」を意味するように変化し、現在に至っている。その過程の中で「アファーマティヴ・アクション」の当初目的は忘れ去られていったのである。

第6章　二〇世紀後半の新移民流入と多様性の称揚

一　新しい「新移民」

「ロスアンジェルス暴動」の衝撃　一九九二年四月二九日、ロスアンジェルス市警の白人警官に黒人青年ロドニー・キングが殴打された事件で陪審員が警官に無罪評決を下したことに対する抗議に端を発して、黒人居住区のサウスセントラル地区で一部黒人住民による商店への略奪が発生した。それは六日間にわたる、単独のものとしては最大規模の暴動へと発展していった。テレビのニュース番組で連日報じられた映像で世界の人々に深く印象づけられたのは、アメリカ大都市における「人種」関係の変化だった。間もなくヒスパニック／ラティーノ系も加わった暴徒の略奪の対象となったのは、かつてのような白人の所有する商店ではなく、ベトナム戦争従軍者へのヴィザの特典付与を契機に、また後述する市民権運動のもう一つの成果としての一九六五年成立の移民法の影響で急増した、韓国系移民の所有する商店だった〔図13参照〕。日常的に「万引き」や「窃盗」や「強盗」の被害にさらされる新参の韓国系の商店の主人たち——ゲットー外部の「コリアタウン」に居を構えて通勤する言わば「不在商店主」——と、旧来の黒人のゲットー住民との間には、前年三月の韓国系女性商店主による「万引き」を疑われた一五歳の黒人少女の射殺事件をはじめ、様々な集団間の衝突が起こっていた。ニューヨークのゲットー地区でも、家族経営で地元住民を雇用しない韓国系商店への黒人住民によるボイコットが問題化していた。他方、従来は「黒人ゲットー」だったサウスセントラル地区に急増していたのがヒスパニック／ラティーノ系であり、新旧住民間の摩擦が起こっていた。

図 13　1992 年のロス暴動で全焼した韓国系移民が経営する商店

死者は六〇名以上、逮捕者は一万人以上に達した「ロス暴動」の事後分析はさまざまになされている。中でも最も詳細な報告が州議会の特別調査委員会によってなされた。それらを総合すれば次のようにまとめられよう。これは単なる「人種暴動」というよりも「階級暴動」であった。集団的略奪行為への参加者で逮捕された一万人以上のうち、約九パーセントも白人が占めていた。彼らは絶望的な生活を強いられていた者たちだった。また、暴動をきっかけとして、警察内にはびこる「人種」をめぐる偏見の根強さも問題視された。同時に、その短期間での「成功」のゆえに「模範的少数派《モデル・マイノリティ》」として称揚され、ゲットーの黒人やヒスパニック系住民と対比されがちな韓国系をはじめとするアジア系の新移民の側にも、「人種」をめぐる差別の長い歴史を理解することと偏見除去の努力に積極的に参加することが望ましいとされた。しかしながら、韓国系と黒人との溝は容易に埋まらないままである。略奪を受けたサウスセントラル地区の韓国系商店の半分以上が再建されないまま放置されている。ロスアンジェルス郊外のロングビーチの公立学校での実話に基づく二〇〇七年公開の映画『フリーダム・ライターズ』で描かれたように、アフリカ系アメリカ人とヒスパニック／ラティーノ系住民との間の軋轢も簡単には解消されそうにない。ただし両者は、最終章で詳述するように、一九九六年のカリフォルニア州民投票による州レベルの「アファーマティヴ・アクション」の廃止決議に伴う「優先枠」の廃止で、共通の損失を被る、言わば運命共同体であるという自覚を強めるに至り、地方政治指導者レベルでの協力関係は進展しつつある。しかしながら、アフリカ系アメリカ人諸団体の側からすれば、彼ら彼女らが長年の苦闘の果てに勝ち取った成果を、アジア系も含めた他の少数派諸集団が横取りしているような、割り切れない感覚が拭えないようである。

この項目の最後に指摘したいのは、市民権運動の遺産についてである。ロスアンジェルスと似た情況下にありながら、小規模な衝突は見られるものの、ニューヨークやシカゴで大規模な暴動が回避されてきた背景として挙げられるのが、アフリカ系アメリカ人が積み上げてきた反差別の長い歴史と市民権運動期の経験を含む地元民衆の組織力の強さである。それには、政財界の主流《メインストリーム》派の一翼を担ってきた伝統的なリベラル派白人と長年にわたって協力関係を蓄積してきた努力も含まれる。筆者は一九九〇年代半ばから二〇〇〇年代初頭にかけて全米各地で行ったかつての活動家たちへの聞き取り調査の結果、この点を確信するようになった。続く項目で見るように、急激に数を増しつつあるとはいえ、市民権をめぐる地域闘争を経たところでは、ヒスパニック／ラティーノ系やアジア系の新参者たちはアフリカ系アメリカ人諸組織に十分な敬意を払わざるを得なかったのである。もちろんロスアンジェルスでも市民権活動家の組織化努力には評価されるべきものが見られるが、新たな「新移民」の急激な大量流入はそれをはるかに上回る変化をもたらした。

新移民法（一九六五年）の影響　既述のごとく、市民権運動のもう一つの成果として、一九二四年以来の事実上の移民締め出し情況を修正する新たな移民法（一九六五年）が連邦議会で成立し、従来の出身国別の差別的な制限が解消された。それが効力を発し始めた六八年以降に、非白人のアジア系と、陸伝いで入国可能なメキシコからの「不法流入者」を多く含むヒスパニック／ラティーノ系を主要な構成者とする、非白人系の新移民が急増した。最新の政府統計推計値によれば、アメリカには実に四〇〇〇万人を超える外国生まれ人口が居住し、「不法滞在者」も一一七〇万人を数える。二一世紀以降、最大の少数派集団は黒人からヒスパニック／ラティーノ系に変わった。ただし、その内訳には近年若干変化の兆しが見られ、最近の入国者ではアジア系が急増中である。外国生まれ人口の出身国は、二〇〇五年以前に入国した者ではラテン・アメリカおよびカリブ海諸国が五四・二パーセントを占めていたが、二〇〇八年以降の入国者ではそれが四〇・七パーセントに低下し、代わってアジア諸国出身者が二六・九パーセントから四〇・三パーセントに急増しているのである。いずれにしろ既述のように、今世紀半ばを前に白人は数的には半数を切る見通しである。

加えて、入国後の定住開始地域は全国に拡散する傾向が明らかになりつつある。多数の「不法」就労者を含む現代の新移民の居住地は、近年まではカリフォルニア州、ニューヨーク州、テキサス州、フロリダ州、ニュージャージー州、イリノイ州など、特定地域に集中しており、二〇〇五年以前に入国した外国生まれ住民の行先の割合は前記六州のそれぞれに二六・七パーセント、一〇・九パーセント、一〇・三パーセント、九・二パーセント、四・六パーセント、四・五パーセントであった。しかし同年以降の入国者の行先はカリフォルニア州が一九・四パーセントに低下する一方、前記六州以外に定住する者が三三・八パーセントから四二・五パーセントへと急増し、全米各地への分散化傾向が顕著となっている。それはつまるところ、「移民問題」の全国化を意味していると言える。

二一世紀に入って以降の人口構成をめぐるもう一つの重要な新傾向は、混血の人々の増加である。ただし厳密に言えば、混血の人々は歴史的に多数いたが、既述のごとくアメリカでは政府も社会も独立した「混血」カテゴリーが認められてこなかったのである。二〇〇〇年の国勢調査の際に高まった「混血」カテゴリー新設の要求を前に、統計当局が「複数にわたる人種カテゴリーの選択を可能とする」という提案をすることで妥協が図られた。確かに二〇一〇年の国勢調査時においても「複数人種」を選んだ者は二・九パーセントにすぎなかった。しかしそれでも二〇〇〇年の国勢調査時に比べ、一〇年間で「その他の人種」を選んだ者（単独または複数人種として選択した者を合計）は一八五一万人ほど（総人口の六・六パーセント）から、二一七四万人以上（同七・〇パーセント）に増加している。アメリカの堅固な「血の一滴の掟」は、少しずつではあるが着実に、若年層を中心に揺らいでいる。

かつての「新移民」とどこが同じで違うのか？　二〇世紀末から大量に流入する新移民はかつての「新移民」と比較して、どこが同じでどこが違うのだろうか。まず何と言っても両者の「人種」の違いは無視し得ないであろう。かつて「人種」が違うとして差別され、一九二四年の移民法で日系と並んで排除の対象とされたイタリア系や東欧ユダヤ系を主とする一世紀前のかつての「新移民」は、世代を経るごとに次第に「白人」カテゴリーに包摂されていった。アメリカ人一般に宗教的信仰心が低下する傾向の中で、宗教をはじめとする、外見では分かりにくい「文化」に基づく違いは、より分かりやすい「肌の色」での分類、すなわち「人種」カテゴリーにとって代わられていったのである。それはかつて言語も違う様々な民族で分かたれていた奴隷たちが、「黒人」、後には混血の人々も含む「アフリカ系アメリカ人」として束ねられていったのとは似て非なる歴史過程であった。これを歴史家デイヴィッド・R・ローディガーは「白人化」(「白人性《ホワイトネス》」意識に基づく包摂過程)と呼んだ〔デイヴィッド・R・ローディガー『アメリカにおける白人意識の構築──労働者階級の形成と人種』明石書店、二〇〇六年〕。今日では「ラティーノス」とも呼ばれる「ヒスパニック系」も、そして「アジア系」も、アメリカでこそ生まれえた、「民族《トランス・エスニック》」を超えた「少数派集団」である。このような「人種化」は、各移民集団がアメリカ社会に同化する過程で一般的に起こる現象でもある。

かつての「新移民」と比べた現代の新移民を取り巻く特筆すべき条件の違いの第二は、後者には、少なくとも市民権運動の高揚がもたらした成果としての「法的平等」という基本的条件が確約されていることである。また後述するように一九七〇年代以降の「多文化主義」の高揚を経て、二世代ないし三世代目になろうとしている彼ら彼女らは、祖先の文化に対する社会的敬意を期待しうるのである。グローバル化の進展はむしろ多文化対応能力を有する若く優秀な労働力への需要を高めており、高学歴化傾向とも相俟って、社会経済的な意味でも現代の新移民の主流社会への統合が進む条件は、より一層強まっている。

二 「人種」と「文化」

「黒い肌」の移民の活躍? 改正された移民法が効力を発揮するにつれ、カリブ海や西アフリカの諸国から「黒い肌」の新移民も増加した。とりわけそのような黒人移民が目立つのは東海岸の大都市である。既に一九九〇年の段階で外国生まれの黒人の総数は一四五万人を数えるに至っていた。入手可能な最新データである二〇〇八〜〇九年時点の「アフリカ系移民」総数は三二六万七〇〇〇人である。そのうちの約半数が西インド諸島出身であり、残りの大半がアフリカ出身者である。

注目すべきは、数値化された「優先枠設定」の風潮がもたらした、従業員の見た目の「多様性」への社会的圧力を受ける大都市の商店主たちが、好んで「黒い肌」の移民を雇う傾向があることである。それは東海岸の大都市のゲットー地区でユダヤ系や韓国系が経営する商店でとりわけ顕著に見られ、たとえばニューヨークのウェストハーレムでジェニファー・リーが一九九〇年代末に行った現地調査では、ユダヤ系商店が雇用する黒人従業員の六七パーセントを占めており、韓国系商店では実に七六パーセントであった。黒人商店で雇用される黒人従業員でさえ五五パーセントが外国生まれだった。「人種」の違いを超えて、ゲットーの商店主たちは、もし「黒い肌」の従業員を雇う必要が生じた際には可能な限り「勤労意欲が高い」とされる西インド系ないし西アフリカ系移民を雇用したい、と表明した。それは筆者が一九九〇年代半ばにボストンで行った聞き取り調査でも裏付けられた事実である。新たなゲットー地区に集住する西アフリカ沿岸のカーボベルデ出身の「黒い肌」の移民の「勤労意欲の高さ」に対するボストンの地元白人雇用主たちの評判は、この集団がポルトガル語を母語としており、英語の運用能力が不十分であるにもかかわらず、意外なほど高かったのである。地元生まれのアフリカ系アメリカ人のゲットー住民は、地元労働市場で、低賃金でも意欲的に働く外国生まれ黒人との熾烈な競争にさらされるようになったのである。

大学や大学院など高等教育機関における入学者選別時の「優先枠設定」の影響で、前述の意欲的な黒人系移民の若い世代には高学歴のチャンスも広がった。その一方で、世代を経るごとに取り残される人々も出てきた。ゲットーという絶望的なまでに貧困と犯罪にまみれた居住区で、孤立を強いられる「アンダークラス」の強力な文化的な圧力にさらされた「黒い肌」の移民の若き二世や三世たちが、そうした日常的な周囲への「同化」の誘惑を断ち切ることは、難しいことであろう。このような黒い肌の人々に対する周囲からの「下方への同化《ダウンワード・アシミレーション》」圧力は、後述するように、伝統的に北部都市で顕著に見られた現象に他ならない。

一九六〇年代の激動期を経て、真にアメリカが「肌の色」にかかわらず公平に社会的上昇へのチャンスを与える国になったのか、近年の社会学者たちはとりわけ「黒い肌」の移民の二世および三世の追跡調査を重ねることで、この重要な問いへの回答を模索している。二〇〇八年にラッセル・セージ基金の後援で出版された四名（フィリップ・カジニッツ、ジョン・モレンコフ、メアリー・ウォーターズ、ジェニファー・ホルダウェイ）による共同研究の報告書から、そのニューヨークにおける調査結果を垣間見ることにしよう［Philip Kasinitz, et al., *Inheriting the City: The Children of Immigrants Come of Age* (New York: Russell Sage Foundation, 2008)］。

二〇〇五年の時点で既にニューヨークでは移民とその二世が総人口に占める割合は五二パーセントに達していた。彼ら彼女らの大半はヒスパニック系やアジア系や西インド系であり、ニューヨークは伝統的な意味での「白人」と「黒人」の二分法《ダイコトミー》から外れる人々が過半数を占める社会となっていた。その中で、社会上昇《アップワード・モービリティ》をもたらすのは「文化」か「人種」か――この問題に対する答えの一端は各移民集団の二世たちの学歴達成度の比較によって垣間見られる。まず高校中退率は地元アフリカ系アメリカ人が一九パーセントで、これを上回るのはプエルトリコ系（二四パーセント）のみで、ドミニカ系（一六パーセント）がやや近かった。黒人系だが英語が母語である人が多い西インド系では、高校中退率はわずか六パーセントにすぎず、同集団の大卒以上高学歴者率（二八パーセント）は地元黒人の同数値（一五パーセント）の二倍近かった。たしかに、それでも地元生まれ白人の同数値（五四パーセント）と比べれば約半分にすぎなかったが、黒人初の国務長官コリン・パウェルが西インド（ジャマイカ）系二世であったように、西インド系の一世はもとより、二世や三世の「勤労意欲の高さ」には定評がある。その背景には、実は一世たちの比較的高い学歴があったのである。アメリカにやって来る黒人系移民、とりわけ英語を母語とする西インド系の移民は、そもそも出身国において上層の人々だった。そして彼ら彼女らにとって、地元生まれのアフリカ系アメリカ人がかつて南部を追い出され「第二次ゲットー」に追い込まれて次第に意欲を喪失していった時代とは違って、黒人ないしヒスパニック系であることは必ずしもマイナス要因ではなく、しばしば利点でさえある。なぜなら「アファーマティヴ・アクション」の「優先枠」の恩恵に結び付くからである。加えてかつての「新移民」とは異なって、親や祖父母の文化を放棄させるような圧力は少なく、むしろ「移民ブランド」はグローバル化社会の利点でさえある。

それでは、もはや「人種」は問題ではなく、むしろ「文化」、すなわち個々人の価値観が人々の社会経済的地位を決定するようになった、と言えるのだろうか。「黒い肌」の移民は大半のアジア系や見た目が白人に近い一部のヒスパニック／ラティーノ系と同じく「モデル・マイノリティ」の仲間入りを果たしつつあるのだろうか。たしかに黒人系移民への社会的評価は高く、以前に比べて社会的上昇の機会も開かれている反面、既に見たように、最も達成度の高い西インド系黒人移民でも、その二世の大卒以上高学歴は三割未満にすぎない。他の七割以上には、かつて当初は向上心に溢れていた第二次世界大戦期以降の「第二次大移動」時の南部出身黒人が世代を経るにつれてその貴重な精神的資源を喪失していったように、周囲から強力な「下方への同化」圧力が加わっていく可能性が高い。他方、アジア系や、とりわけ白人系の中南米からの新移民は、「多文化」の風潮を背景とした「アファーマティヴ・アクション」の後押しも受けて高学歴を得て社会的に上昇し、主流派白人との混血も進む。かつての「白人」対「有色人」の間の「肌の色の境界線《カラー・ライン》」は、今や「黒人」対「非黒人」の間に引き直されるのである。この点については最終章で詳述することにして、次項では「黒い肌」の移民がまだ稀であった三〇年ほど前から展開され、いまだに決着を見ていない学術的論争を振り返っておきたい。

「アンダークラス」論争　一九七〇年代後半以降の「人種」をめぐる主要な論争の一つに「アンダークラス」をめぐるものがあった。「アンダークラス」とは、大都市中心部の「ゲットー」と呼ばれる犯罪にまみれた最貧困地区の、働く意欲さえ失った、大半が単身世帯で、非婚母子世帯《シングル・マザー・ハウスホールド》の構成員が目立つ人々である。その大半は黒人である。「アンダークラス」の苦境は自己責任か、それともそれは構造的に生み出されたがゆえに社会全体の責任なのか。前者の、文化論的に「自己責任」を強調する人々が頻繁に引用するのが、文化人類学者オスカー・ルイスが主張した「貧困の文化」であった。「アンダークラス」の人々は独自の行動様式をとり、その苦境はそれがもたらす結果である、とされた。しかしルイスの著作をよく読めば、「貧困の文化」にさいなまれた人々を救うには外部からの救済措置しかないと結論付けていることが分かるはずである〔オスカー・ルイス『貧困の文化――メキシコの〈五つの家族〉』筑摩書房、二〇〇三年〕。つまり「アンダークラス」の救済は外部社会からの働きかけを不可欠とするのである。それに対して構造的原因説の指導的立場にいるのがハーヴァード大学ケネディ行政大学院の社会学教授ウィリアム・J・ウィルソンである。ウィルソンは決して「貧困の文化」の影響を否定しない。むしろその子どもたちへの世襲的《ヘレディタリー》影響力を懸念する。しかし、「貧困の文化」にさいなまれる情況に彼ら彼女らを追い込んだもの、それこそアメリカ資本主義が進めてきたグローバル化と脱工業化がもたらす、所得と職種の二極化であるとする。「貧困の文化」は原因ではなく、このような二極化の負の影響を最も受けた結果として生じた心理状態にほかならず、それが子どもたちに世襲されているのであるから、その解消のためには外部からの強力な政策的働きかけが不可欠である、とウィルソンは主張する〔ウィリアム・J・ウィルソン『アメリカ大都市の貧困と差別――仕事がなくなるとき』明石書店、一九九九年〕。ウィルソンは『人種の意味の減少』(一九七八年)以来、さかんに「階級的」支援策の必要性を説いてきた。

ウィルソンの主張の眼目は、現行の、もっぱら黒人の内でも有利な人々のみをよりいっそう利する「優先枠設定」だけでなく、かつての「貧困との戦争」のような、包括的な社会政策の必要性を説いた点にある。それは、一九七〇年代以降のアメリカの経済的覇権の低下が招いた不況と、その後のグローバル化・脱工業化がもたらした二極化の影響下にある大半の人々の、「人種」を超えた広範な支持を期待してなされた提言でもあった。しかし、旧来の市民権諸団体の指導層はウィルソン説に警戒感を抱いた。そして後述するように、実際にも保守派は、このウィルソン説を「人種に限定しない階級を意識した政策の提言である」と歪曲して解釈し、「人種」に基づく「優先枠」の廃止運動に利用したのである。

多文化主義の興隆　こうした「アンダークラス」の原因をめぐる論争と前後して展開された主張に多文化主義があった。今日から見ると、それはそれまで否定されがちだった少数派の「文化」への敬意を求める動きであったと同時に、「アンダークラス」の苦境を「文化」の問題として結果的に放置する論理を含むという意味で、両面性があった。具体的に見てみよう。

一九六〇年代後半の「ブラック・パワー」の叫びは、黒人以外の少数派諸集団にも影響を与え、先住民の「レッド・パワー」やアジア系の「イエロー・パワー」、ヒスパニック系の「ブラウン・パワー」が主張され始めた。とりわけ大学のキャンパスでは従来の授業科目や専攻学問領域を「ヨーロッパ中心主義《ユーロセントリズム》」と批判する傾向が顕著になり、「黒人研究」や「アジア系アメリカ人研究」、「ヒスパニック研究」、「先住民研究」、「女性研究」、「ジェンダー研究」等々の新講座が開設されていった。これらの新設講座の担当者となったのは、主にそれぞれの集団のメンバーでもある若き研究者たちだった。少数派諸集団のそれぞれの固有文化の尊重という原則は世界全体に拡大し、カナダのように英仏二言語を公用語として採用する国も現れた。

並行して一九八〇年代以降、「政治的正しさ《ポリティカル・コレクトネス》」（PC）を求める運動が大学キャンパスに浸透し、今日の日本で言う「放送禁止用語《バンド・ワーズ・オン・ザ・TV》」のような「差別用語《ディスクリミナトリ・タームズ》」の使用が糾弾された。しばしばそれは行き過ぎが目立ち、集団的な物理的圧力行使による「言葉狩り《ワード・ハンティング》」現象となる場合もあり、一般社会と学界《アカデミア》を乖離させ、一般市民は特にリベラル派学者への不信感を募らせた。また所謂悪しき「少数民族集団動員政治《エスニック・ポリティクス》」をはびこらせ、各少数派集団がそれぞれ「権利」を主張し合う一方、一九六〇年代前半の「市民権革命」によって高揚した、「国民」としての一体感は喪失されていった。

増加する非英語話者の新移民が集中する大都市および大都市近郊の学区においては、移民の子どもたちのための英語支援生徒用（ESL）クラスに加え、テキサス州選出民主党所属上院議員ラルフ・ヤーボローの提案で一九六八年に成立した二言語教育法《バイリンガル・エデュケーション・アクト》を背景に、多種の言語別専門教師や施設を用意する必要も生じた。とりわけこのような傾向がより顕著に見られた大都市のゲットー地区の、財政的に苦しい学区の運営は、さらに圧迫された。

「貧困の文化」は尊重されるべきか? 多文化主義の隆盛はアフリカ系アメリカ人に尊厳をもたらしたが、同時に多様性の称揚の中で、市民権運動が長い歴史の果てに築き上げた成果への歴史的評価を相対化しもした。憂慮すべきことに、ある意味で多文化主義は一九八〇年代に隆盛した「レーガノミクス」と「市場原理主義」に対して親和性を含んでいた。「アンダークラス」の苦境がますます「文化」の問題であり、それはマイナーではあるが尊重されるべき「文化」と見なされる傾向が生じ、「多文化の平等な市場競争」の洗礼を受けるべきとされたのだった。こうして「アンダークラス」の苦境は社会経済的な関連性が希薄化され、放置が正当化されていき、折からの「自己責任」論を軸とするアメリカ独特の保守主義の復興とも相俟って、「アンダークラス」論争は、少なくとも一時的に、立ち消えとなってしまった。

ここでオスカー・ルイスの著書に立ち戻って彼の真意をもう一度確認しておくことは無駄ではあるまい。『貧困の文化』は一九四〇~五〇年代にメキシコシティに長期滞在して行われたフィールドワークに基づいた、五つの家族(うち四つは所謂「アンダークラス」と称すべき世帯)の、詳細な日常記録である。ルイスが目指したのは「貧困の文化を理解すること」であったが、そのためには「彼らの言葉と習慣を学び、彼らと生活を共にすることが必要不可欠である」と考えたのである。ルイスは確かにアメリカをはじめ「先進諸国」を含む世界各地で見られる「アンダークラス」の苦境を打開する方途を語らなかった。しかし全編を通じて『貧困の文化』は彼ら彼女らへの深い共感に満ちている。このような人々の人権の尊重の訴えである著作が、その本質的な侵害情況の放置を正当化する根拠として歪曲的に利用される傾向をもし知ったならば、今は亡きルイスはきっと怒ったであろうと筆者は確信するものである。

三　なぜアメリカでは「人種」観念が根強いのか

あるヒスパニック系作家の積極的差別是正措置批判論　一九四四年生まれのヒスパニック系作家・評論家でメキシコ移民の二世であるリチャード・ロドリゲスは、苦学して名門スタンフォード大学を卒業した後にコロンビア大学で文学修士号を取得した。二一世紀の始まりに当たって彼が出版した『ブラウン——アメリカの最後の発見』（二〇〇二年）は、その題名から想像されるような、ヒスパニック系の数的増加を背景とした「権利」の要求の本ではなかった。「ブラウン」という言葉で彼が強調したかったのは、実際には白人であれ黒人であれ、程度の差こそあっても、大半のアメリカ人が「混血」である歴史的現実を確認し、「人種」の妄想から解き放たれるべきである、という主張であった。成長期において彼は必死に英語を身につけ、「リカルド」から「リチャード」にファーストネームを変え、その間にとりわけ読み書き分野でのスペイン語を喪失しながら、作家および批評家としての名声を確立した経緯から、二言語教育の効果には懐疑的となった。二言語の習得は、大半が凡人である非英語系移民の子どもにとって、あまりに過酷な要求だった、という。

ロドリゲスは、一九八二年に刊行された前著で「アファーマティヴ・アクション」に反対していた点でもよく知られている。その理由は決して保守派の主張と重なってはいなかった。とりわけ黒人や現代の新移民への大学や大学院入学等の「優先枠」が、歴史的差別を集中的に受けてきた「下層階級《アンダークラス》の犠牲者」よりも、もっぱら「社会的抑圧による中産階級の犠牲者」を救済するのみで、「人種」問題の解決の名の下に、より深刻な貧困問題が未解決のまま放置される傾向にあることへの批判を基礎にしていた。要するにロドリゲスの「アファーマティヴ・アクション」批判は、「自らが属する人種の他の多くの人々がより不利な立場にあることを根拠に、不利な立場から最も遠いところにいる人々がまず救済され有利になる」ことへの疑問に根差していた。「より重要なのは初等中等教育における改革であった」という指摘は、重要な示唆を含んでいる［Richard Rodriguez, *Hunger of Memory : The Education of Richard Rodriguez, An Autobiography* (Boston, MA : D. R. Godine, 1982), pp. 160-162, 165］。

共通の基盤を求めて　前章と本章で見てきたように、一九七〇年代に保守的な現実主義者のニクソン共和党政権下で数値目標化され、「優先枠設定」として定式化されて今日まで存続してきた「アファーマティヴ・アクション」は、何よりも政治的な意図で確立されたのであった。それは一世紀遅れでようやく実現された「法の下での平等」の達成後に、ジョンソン政権による「偉大な社会」計画の一環としての「貧困との戦争」で試みられた「結果の平等」を目標とする広範な社会構造改革計画と比べて、一見大胆な方策として激しい論争を呼んだが、実は前政権が提示してきた広範な社会政策を伴う本来的な「アファーマティヴ・アクション」と比べて、はるかに安価な手段に基づく政策であった。ニクソンは「優先枠設定」で、「人種統合」に関わる議論を教育や住宅などのしばしば暴力的衝突を伴う論争を呼ぶ分野から、より実質的な雇用の分野に限定的に移行する意図を持ち、それは民主党の支持母体であった組織労働《オーガナイズド・レイバー》や堅固な民主党支持派だった南部の白人多数派を共和党支持へ向けて切り崩す「南部戦略《サザン・ストラテジー》」の一環であり、女性の支持も拡大し、一部の黒人の支持さえ引き寄せることができたのである。少なくとも伝統的な民主党支持母体であった労働組合の白人メンバーの多くを切り崩し、南部白人の支持を集めることには即座に成功できた。こうして一九三〇年代以来のリベラル派民主党の支持基盤であった「ニューディール連合《コーリション》」は崩壊した。

加えて、当初からニクソンが「優先枠設定」の将来的な論拠を「多様性の促進《エンハンスメント・オヴ・ダイヴァーシティ》」としていたことにも注目すべきである。政治が連邦レベルであれ、地方レベルであれ、少数民族系諸集団の権利要求のぶつかり合う場となるにいたったことは本章で既に見たとおりである。市民権運動のもう一つの成果であった、移民数制限における出身国別割当上の差別の撤廃によって、非白人系移民の大量流入が促進され、双方ともに「純潔性」を前提とした伝統的な白人と黒人の「人種」二分法が揺らぐ傾向が見られるようになったが、現実主義的な保守派としてのニクソンは、言わばそのような将来予測をきちんと受け止め、遠からず白人の数的な多数派としての地位が揺らぐ未来への布石を打っていたとも言えよう。多文化主義の高揚で全国および地方のどちらのレベルでも、政治が「人種」や民族やジェンダーで細分化が進み、少数派諸集団の利益が互いにぶつかり合う場となるにつれ、またジェンダーの要素が絡むことで、従来は少数派諸集団が本来的に共有し得た、白人の歴史的な優位への批判は、その力を低下させていった。とくに歴史的な「人種」にまつわるすべての問題の焦点を「優先枠設定」の問題をめぐる論争に一元的に収斂させていく上で、ニクソンが蒔いた種は効果を上げていったように思われる。

もちろん「優先枠設定」の継続や多文化主義の高揚が、ある面で平等化の実現に貢献してきたのは事実である。これによって一部のアフリカ系アメリカ人は恩恵を受けた。何よりもそれなくしてはオバマ政権の誕生はあり得なかったであろう。しかしこの間に「アンダークラス」の苦境はますます深まる一方で、解決の展望は立たないまま放置されている。本章の最後に「アメリカ人であるとはどういうことか」という言い古された問いに敢えてこだわり続ける、プリンストン高等研究所教授で哲学者のマイケル・ウォルツァーの言葉を引くことは、大いに意味のあることであろうと筆者は確信する。ウォルツァーは独立革命から市民権革命までの長い歴史を経たアメリカの政治に現在課されている命題を次のように明示した。つまり「多様性を否定したり抑圧したりせずに国民的統一《ナショナル》を作り出すこと」である、と〔マイケル・ウォルツァー『アメリカ人であるとはどういうことか』ミネルヴァ書房、二〇〇六年、一〇一～一〇三頁〕。残された二つの章では、その具体的な方策を模索するアメリカの現在に連なる苦闘を跡付けたい。

第7章「逆差別」と「肌の色の無差別」による差別正当化

一　過去の不正の解消から未来の多様性の準備へ

「バッキ」判決のインパクト　一九七八年六月二八日、連邦最高裁は「カリフォルニア大学経営理事会対バッキ」判決（「バッキ」判決）において五対四の僅差で、既婚者で三〇代の白人男性であり、一九七三年と七四年の二度にわたってカリフォルニア大学デーヴィス校医学部の入学を拒絶されたアラン・バッキの「逆差別《リヴァース・ディスクリミネーション》」の主張を認め、同校への入学許可を命じた。だがこの時点までに目標値としての「優先枠設定」とその実行を事実上意味するようになっていた「積極的差別是正措置《アファーマティヴ・アクション》」が、同判決以降否定された訳ではなかった点には注意を要するであろう。結果的に、「人種」や性別等に基づく「優先枠設定」は、理由付けや諸条件を微妙に修正し対象枠を広げながら、存続を許されたからである。

別表で示したように、九名の最高裁判事の意見は極めて複雑だった。バッキの入学に関しては確かに五対四の僅差とはいえ認められた。またカリフォルニア大学デーヴィス校医学部の当時の「特別入学制度」も同じく五対四の僅差で再考を余儀なくされた。しかしその一方で、条件付きではあるが、入学許可者の決定に当たって、将来にわたって「人種」を含めた特定集団を対象とした人数枠を設定することの妥当性が直ちに否認された訳ではないのである［表II-1参照］。鍵を握ったのはパウェル判事だった。一九七二年にニクソン大統領の指名を受けて最高裁判事となった彼は、バッキの入学を支持する一方で、次のような理由から「あらわな形での人種分類」を含むのでない限りにおいて何らかの優遇措置を講じることの妥当性に関しては認めたのである。

> 高等教育機関において、学生の多様性を確保するための方策を講じることは……明らかに憲法上許容されうる。……
>
> 誰に入学の許可を与えるかに関する微妙な決定を下す際に大学当局は極めて慎重でなければならないが、個人の権利を保護する上での憲法上の制限は無視されてはならないであろう……多様性の利益は喫緊のものであり……本プログラムの人種分類がこの利益を増進するものであるかどうかが問題として残されるのである。……要するに、デーヴィス校の特別入学プログラムは本法廷で是認されたことがなかったあらわな形での人種分類を含んでいる。それは黒人《ニグロ》やアジア系やチカーノでない志願者に、彼ら彼女らが入学者のうちで特定の割合で別枠とされることがないと明言している。……
>
> 原告側（大学当局）による特定対象優先《プリファレンシャル》プログラムの致命的な弱点は、憲法修正第一四条で認められている個人の権利を無視していることである。［The U.S. Supreme Court, *Regents of the University of California v. Bakke*, June 28, 1978］

こうして僅差とはいえ、「多数派」である白人男性に対する「逆差別」を認めた「バッキ」判決によって、

「ブラウン」判決（一九五四年）以来の連邦最高裁が主導した「人種統合社会」を目指す公共政策の流れが再考を迫られるとともに、「優先枠設定」を意味する「アファーマティヴ・アクション」は、過去の「人種」差別とその遺制に対する補償から、より多様な人々が共存する未来社会の準備へとその理由付けを変更することを通じて存続することになった。その一方で「バッキ」判決によって、当初の「人種」をめぐる過去の差別への補償についての国家と社会の責任の議論は、少なくとも当面は収束《セットルド》へと向かったのである。

「過去の差別是正」から「未来の多様性の確保」へ　「バッキ」判決で特に重要なのは、バッキの入学不許可の取り消し（合格の是認）よりも、むしろ事実上「積極的差別是正措置」と同義とされるに至っている「優先枠設定」を是認する理由の変化、すなわち「過去の差別《パスト・ディスクリミネーションズ》の遺制の解消」から「現在および将来の社会で増進する多様性《ダイヴァーシティ》への対応準備」への変化にこそあったと言うべきである。言わば集団的な「血統」から諸個人が取捨選択しうるとされる「文化」への、優先基準の変化である。

ところでアメリカの一般世論は「バッキ」判決の折に「アファーマティヴ・アクション」に対してどのような受け止め方をしていたのであろうか。当時行われたアンケートの結果を示す別表の数値をまとめれば、次のような「着地点」が見えてくるであろう。つまり、大半の人々は機械的な「優先枠設定」に反発しつつも、「本人の責任ではない生得的もしくはやむを得ぬ事情による後天的ハンディキャップの除去ないし克服を公的に援助することを通じて、諸個人の自助努力を促進し、それに報いる公的支援制度を整備すること」を支持している、ということである。このように、伝統的なアメリカ的価値観に沿った何らかの特別支援策には、大半の人々が基本的に賛同の意向を示していたと判断しうるのであり、その傾向は今でも大きな変化はないものと思われる［表II-2参照］。

ともかく、パウェル判事の貴重な一票のお蔭で「アファーマティヴ・アクション」は「未来のますます多様化する社会への準備」という新たな存在意義を与えられてかろうじて存続することになった。しかし既に見たように、当初の対象であったアフリカ系アメリカ人の、とりわけ大都市中心部のゲットー地区に集住を強いられる最貧困層の「アンダークラス」と呼ばれる最も不利な立場に置かれた人々の試練は、地域社会《コミュニティ》のリーダー層が「アファーマティヴ・アクション」の恩恵を受けてゲットー地区を脱出する一方で、脱工業化に伴って従来の悪条件の雇用でさえ減少する中で大量流入しつつある非ヨーロッパ系新移民との競合にさらされることで、より深刻化していったのである。

女性優先枠をめぐって　ところで、歴史的に公然と差別されてきた最大の集団は女性だったといえる。性別による市民の投票権の否定がアメリカ合衆国憲法の上で明確に禁じられるのは、一九二〇年八月一八日に成立した憲法修正第一九条によってだった。この間、とりわけ南部の白人を中心とした女性参政権運動家と「ジム・クロウ」に反対する黒人たちとの間には、共闘の契機とともに、分断の亀裂も生じていた。南部の白人女性活動家たちの主要指導層は「人種」差別主義者と妥協して同修正提案の南部諸州での批准を目指したが、それは結果的にほとんど無駄な努力に終わった。元奴隷州のデラウエア、メリーランド、ヴァージニア、アラバマ、サウスキャロライナ、ジョージア、ルイジアナ、ミシシッピの各州は、同提案の批准を否決した。同時に北部、とくに女性参政権運動の中心地だったニューイングランドでは長らく、アイルランド系や東・南欧系「新移民」の男性に選挙権を付与する一方で、主流派のはずのWASP女性を含むアメリカ生まれ女性総体から、どんなに高学歴でも一律に参政権を剝奪している情況に対する不満がくすぶっており、それが女性参政権運動の高揚を支えてきたという事実がある。その結果、残念ながら生じ、拭い切れなく残った、北部の女性参政権運動史における排外主義的傾向は、南部における前述の「人種」差別的傾向と親和的であった。以上の否定的な事実は、その後一九六〇年代以降に高揚するフェミニズムと黒人市民権運動との間に、少なからずわだかまりを残す結果となった。

プロローグでも触れたように、既にジョンソン大統領は一九六七年一〇月一三日に発した大統領行政命令一一三七五号で優遇措置の対象に女性を加えていた。また女性票を取りこみたいニクソン政権は女性のための「優先枠設定」にも努め、一九七二年には男女平等憲法修正提案（ＥＲＡ）が上下両院の各三分の二の是認を受け、州ごとの批准手続きが始まるのだった。ＥＲＡは結局三つの州による批准が不足して挫折するが、一九八二年までに三五の州で批准が達成され、現行憲法下で女性に対する歴史的差別の解消へ向けて積極的努力が払われるべきことは、国民レベルにおいて是認された連邦政府の方針となったと言ってよいであろう。

一九八七年三月二五日、連邦最高裁判所は「ジョンソン対カリフォルニア州サンタクララ郡運輸局」判決（「ジョンソン」判決）において六対三で、地方公務員採用（昇格を含む）時の女性に対する優遇制度を是認した。同裁判は、カリフォルニア州サンタクララ郡運輸局による操車係《ディスパッチャー》の採用試験で女性のダイアン・ジョイスが男性である自分より点数が低いにもかかわらず優先的に採用されたのは「性別による差別である」とする「逆差別」論に基づいて自らの採用を求めるポール・ジョンソンが、市民権法第七編の実行を目指して創設された政府機関である雇用機会均等委員会（ＥＥＯＣ）の是認を受けて訴えた裁判である。多数派の六名の判事による判決文では、女性に対する優遇措置を講じることの合憲性について、次のように理由が説明された。

ジョイスの雇用の決定は、特定集団の採用人数不足《アンダーリプリゼンテーション》を是正することを意図して性別または人種を考慮することを定めた運輸局の計画に従ってなされたものである。運輸局の計画は特定の職務において雇用を求める女性にとって……「過去において機会の制限があった」ことを認めたものである。……女性は役職者と管理職二八名のうち二名、五八名の専門職者のうち五名、一二四名の技術者のうち一二名を占めるのみであり、熟練職労働者には皆無で、道路保全労働者には一名――ジョイスだけである。……熟練職における明らかな不均衡のゆえに、そして運輸局によるこのような不均衡の是正への責務のゆえに、運輸局がジョイス氏の性別を採用決定の一つの要素と決定したことが非合理でないことは明らかである。〔The U.S. Supreme Court, *Johnson v. Transportation Agency*, March 25, 1987〕

ちなみにこの「ジョンソン」判決において敢えて公表された三名の判事（アンソニー・スカリア、ウィリアム・リーンクウィスト、バイロン・ホワイト）の反対意見では、多数派判事の判決が市民権法第七編を逸脱するものであると断じられた。何よりも注目すべきは、同意見書が、原告のような「おしなべて名もなき、裕福ではなく、組織を持たない諸個人が、政治的に無力な人々の擁護者であることを自負する本法廷によってなされる不正義に苦しむことは、皮肉である」という、異例なまでに強い糾弾的言辞で結ばれていることであろう。先にもふれたように、カリフォルニア州における最初の州民投票による「アファーマティヴ・アクション」の州レベルでの廃止に向けた運動の広がりを予感させる言葉と見なしうるのである。

多様性の礼賛の中で　「アファーマティヴ・アクション」の対象が元来のアフリカ系アメリカ人や「インディアン」など先住民系から、他の非ヨーロッパ系、そして女性、さらには障がい者にまで拡大される傾向が顕著になるのは、民主党クリントン政権下においてであった。一九九二年一一月の大統領選挙で勝利したのは、折からの多文化主義の礼賛傾向に追い風を受けて、またアーカンソー州知事としての実績によって再確保してきた南部白人の支持と、ヒラリー夫人の人気による女性票も固めた、ビル・クリントン（一九四六年〜）だった。短命のカーター政権を挟んで、ジョンソン政権以来久々の民主党の安定政権復活への期待を担った若きクリントンは、次のように就任演説でアメリカの歴史的な、そして将来のさらなる多様性に内在する普遍的価値と効用を称揚した。

今日我々はアメリカを大いに称賛しています。我々はまさにアメリカの理念に再び献身するのです。それは革命から生まれ、二世紀にわたる試練を経て再生されてきた理念であり、宿命ではなく、幸か不幸か我々が得た知見によって調整されてきた理念であり、我が国民が稀に見る多様性から深遠な統一性を呼び起こす信念によって高められてきた理念であり、アメリカの長きにわたる英雄的な旅は永遠に続けられねばならないという確信に鼓吹された理念なのです。〔William Jefferson Clinton, Inaugural Address, January 20, 1993〕

四年後の一九九六年一一月に再選されたクリントンは翌年初頭の二期目の就任演説で、米国の「豊かな人種的、宗教的、政治的な多様性は二一世紀における神からの賜物なのです」と多文化主義の称賛を繰り返すのだった。つまり多様性は一部の人々が懸念するような「アメリカの弱点」ではなく、むしろ「アメリカのエネルギーの源」として礼賛されたのである。しかしその一方で一九九六年一一月に大統領選挙と同時に行われたカリフォルニア州民投票提案二〇九号では、五四パーセントの支持を得て州レベルでの「アファーマティヴ・アクション」が廃止され、それは徐々に他州にも波及していく。この点については次の最終章で詳述する。久し振りに民主党政権が二期八年続いたクリントン政権(一九九三〜二〇〇三年)下で共和党は保守的傾向をさらに強め、自らの政権が実行に移した限定的な「アファーマティヴ・アクション」にさえ反対していくようになるのだった。

その後の最高裁判決の動向　ここで、「逆差別」の主張を認めた「バッキ」判決(一九七八年)と女性への優遇措置(人数枠の設定)を是認した「ジョンソン」判決(一九八七年)以降の、「アファーマティヴ・アクション」に関連する主要な連邦最高裁判決の動向をまとめておこう。

まず大学や大学院などの高等教育機関における「優先枠設定」をめぐる最高裁判決の動向を確認しよう。「バッキ」判決後の連邦最高裁判決の「揺れ」を端的に示すのが、ミシガン大学の優先的措置に関する、二〇〇三年六月二三日に下された二つの一見矛盾する判決である。この日最高裁は、「グラッツ対ボリンガー」判決において、六対三でミシガン大学の学部レベルの優先的措置を「違憲」として退ける一方、「グラッター対ボリンガー」判決では、ミシガン大学法科大学院が実施してきた優先的措置を含む入学者選抜制度を五対四の僅差で「合憲」と認めた。「バッキ」判決に基づいて学部レベルでは「優先枠設定」を否定する一方で、社会的に影響力の強い法科大学院における実質的な「優先枠設定」の持続的意義を認めた形である。ブッシュ(子)大統領は既に一月一六日に最高裁に対して、「人種」差別の解消の必要性を認めつつも、優遇措置に反対する意見書を提出していた。「グラッター」判決に反対する人々はミシガン州憲法修正運動を開始し、二〇〇六年の州民投票でミシガン州は「アファーマティヴ・アクション」の廃止を決定するのである。

次に取り上げるのは、ヴァージニア州リッチモンド市の公共事業発注における地元黒人業者への「優先枠設定」をめぐって一九八九年一月二三日に下された「リッチモンド市対クロソン」判決である。当時黒人人口が過半数を上回っていたリッチモンド市では、公共事業の発注先のうち三〇パーセントが黒人系企業に割り振られるという「優先枠」が設定されていた。しかし、六人の判事による多数派意見によって、残存する過去の差別の是正のために「設定された、もっぱら人種に基づく、公共事業の契約業者の、固定されたパーセンテージ」は、憲法修正第一四条で定められた「法の下での平等保護」原則に反するとして、違憲判決が下された。サーグッド・マーシャルら三名の判事は遺憾の意を表明する少数意見を付した。

地元ヴァージニア・コモンウェルス大学政治学科のW・エイヴォン・ドレイク教授らによると、しかしながら、地元黒人社会の「クロソン」判決の受け止め方は否定的なものばかりではなかったという。少なからぬ「地元黒人業者」の経営者たちが公共事業の受注後に下請けに出していたのが白人系の外部業者であり、「優先枠設定」が必ずしも地元黒人一般民衆にとって有利な雇用の拡大に結び付いていなかったからである。ある意味で「アファーマティヴ・アクション」は地元黒人エリートのみを利する傾向が否定できなかったのである。黒人市民からこのような批判が高まっていた中で、もっぱら「人種」の問題は個々人の「アイデンティティ」の高揚を目指す「文化的行事」で扱われるようになり、経済的格差是正の問題は放置される傾向にあったのである。

「クロソン」判決は、しかしながら、地元黒人民衆の大半を占めるゲットーの貧しき人々の生活をさらに悪化させる一方、黒人エリート層の団結を強化し、判決の出た一九八九年の一一月の選挙では僅差ながら、ダグラス・ワイルダー候補を全国初の黒人州知事にする結果となった。主要な問題である都心部と郊外地区の格差の拡大は南部の伝統都市でも共通の問題となっていたが、郊外の白人中産階級居住者と、「ゲットー住民」の票を基盤とする都心部黒人エリート政治家との奇妙な利害の一致の中で、大都市のゲットーの「アンダークラス」の苦境は顧みられないままの情況が続くのである。

「バッキ」および「ジョンソン」判決後の最高裁判決の動向に関する付加的論点として、連邦政府と連邦議会の主導による障がい者への「優先枠設定」の拡大についても触れておかなければならない。それはクリントン政権下で進められ、連邦最高裁判所の是認も受け、ブッシュ（子）共和党政権においても受け継がれた。その発端は、議会が一九九九年に社会保障法の改正という形で立法化した、障がい者に対する雇用促進プログラムだった。この点にもアメリカに特徴的な、本人に非の見出しにくい、生得的ないし後天的なマイナス条件をできるだけ平準化しようという、そして特定の「人種」を超えた優遇措置という、人々に広く受け入れられやすい「公正さ」の特徴が見られる。他方、次節に見るように、一九六〇年代以降に特定「人種」の隠喩となった「福祉」予算には、一九八〇年代以降の連邦財政の逼迫とともに、白人主流派《メインストリーム》世論の「自己責任」論や「福祉依存」論に基づいて、集中砲火が浴びせられるのである。

二　「自己責任」論と競争原理の中で

クリントン政権下での「働く福祉」　一九六〇年代後半のジョンソン政権下で「貧困との戦争」政策の柱の一つとして設けられた、アメリカ版の生活保護給付制度である児童扶養世帯扶助制度（ＡＦＤＣ）に対しては、国家財政の悪化とともに、一九八〇年代のレーガン政権下において進められた保守改革の中で、むしろ「貧困者の福祉依存《ウェルフェア・ディペンデンシー》を助長している」として、白人主流派を中心に批判が高まっていた。その傾向は後継のブッシュ（父）政権下でも続き、大統領選挙における民主党の対抗候補にあっても、このような多数派世論を無視し得なくなっていた。一九九二年一一月の大統領選挙で「福祉改革」を掲げて民主党の勢力挽回を企図したのがビル・クリントンであった。クリントンによる久々の民主党の長期政権への期待の高まりの一方で、選挙戦中に掲げられたが政権獲得直後に頓挫した国民皆保険制度と並んで、白人主流派からも支持されたもう一つの政策的柱が、福祉受給者の自立を促進するとして唱道された「働く福祉《ワークフェア》」（「労働《ワーク》」と「福祉《ウェルフェア》」の合成語）だった。英国や日本をはじめ世界各国の福祉政策の「改革」にも影響を与えた「働く福祉」だが、そのアメリカにおける内実はかなりあからさまな「福祉切り捨て」に他ならなかった。既述のごとく、このころまでに「福祉」と「社会保障」は特殊な隠喩表現として使い分けが確立されていた。つまり前者がもっぱら黒人もしくは「自己責任の欠如」が疑われる人々を対象とする一方、後者は白人もしくは「人種」に無関係に不可抗力的に不利な立場を強いられている人々を対象としているとされていたのである。

落ちこぼれ防止法の功罪　二一世紀の幕開けとともに、二期続いた民主党クリントン政権は、末期に起こった「不倫」スキャンダルの中、任期を終えた。僅差で保守的な共和党のブッシュ（子）政権が誕生し間もない二〇〇一年五月二三日に下院、続いて六月一四日に上院を、久々の教育改革法が民主党と共和党の幅広い支持を背景に通過した。翌年一月八日にブッシュ大統領が署名して成立した落ちこぼれ防止法《ノー・チャイルド・レフト・ビハインド・アクト》（NCLB）によって、教育の場に「競争」原理が取り入れられ、各州政府が設定する教育成果基準と照らし合わせて、その達成度に応じて政府補助金の可否や額の多寡の決定が行われるようになった。全国のすべての学校は、一九六五年に成立した初等中等教育法で保証された連邦補助金を得るために、毎年「十分な年次進歩」（AYP）の五段階別評価を受け、前年度より「進歩」が見られない限り補助金がカットされることになった。五年連続で「進歩」が見られない場合には、学校の存続そのものが再検討されることになった。また、一九六八年の成立以降、パッチワーク的な修正を加えて存続して来た二言語教育法《バイリンガル・エデュケーション・アクト》は、NCLBの成立とともに英語習得・言語能力増進・学力向上法（the English Language Acquisition, Language Enhancement, and Academic Achievement Act）と改称され、二言語教育の目標は学力の向上よりも、もっぱら英語の獲得とされた。

　NCLBは確かに教育の場での説明責任《アカウンタビリティ》を高め、障がいのある子どもへの教育成果を保証し、またチャーター・スクール（公的資金援助を得て住民主導で設立され運営される学校）の増加などにより親の選択肢を増やすなど、少なからず効果を生んだのは事実である。しかしその一方で、当初から一部で懸念されたように、結果的に、既に歴然として存在していた学校の地域間格差をより一層拡大してしまったのである。統一テストの実施で学校間格差は明確に知られるようになり、経済的余裕のある家庭では子どものための学校選びが刺激された。同時に教員の応募者の側でも取捨選択が広がった結果、学校間に教員集団の力量上の格差が目立つようになった。またAYP評価を上げるために基準を低下させる州も見られるようになった。加えて、英語以外の言語教育分野での評価を欠くなど、新移民が集中する都心部の学校でこれまで進められてきた二言語教育や多文化理解促進教育へのインセンティブは低下した。NCLBによって、「人種」と「多様性」という過去と未来の両面に向き合う大都市中心部の学区の負担がさらに増大した。ただし、オバマ政権に移行して以降、NCLBの修正努力が本格化している。

ハリケーン・カトリーナの被害が暴露した差別　ブッシュ（子）政権の二期目が始まった年の夏、二〇〇五年八月末にアメリカ南部を襲ったハリケーン・カトリーナはルイジアナ州を中心に多大な被害をもたらした。とりわけミシシッピ川の堤防が決壊して市街の八割が水没したニューオーリンズの被害の大きさが目立った。世界中に被災現場からの報道映像が配信されたが、衝撃的だったのは、被災者に顕著な「黒い肌」の人々だった。とりわけイラク戦争と比べたブッシュ大統領の対応の遅れと不十分さが大きな批判を呼んだ。連邦議会の黒人議員団は政府に厳重な抗議を行った。これに主に対応したのが、黒人女性初の国務長官コンドリーザ・ライスだったのは皮肉である。彼女は災害救助における「人種」差別を強く否定したが、国内外の一般世論には強い疑念が残った。直後に行われたあるシンクタンクによる現地調査によれば、ニューオーリンズに居住していた黒人世帯の三分の一以上（三五パーセント）が車を所有しておらず、逃げ遅れた大きな理由となった。同市内の黒人貧困世帯に限れば、実に五分の三が非自動車所有世帯だった。これに対して非ヒスパニック系白人世帯で車がなかったのは一五パーセントにすぎなかった。未曾有のハリケーンの被害は多くの貧困者の生命となけなしの財産を奪ったのだ。

繰り返すが、被災者でとりわけ目立ったのはアフリカ系アメリカ人だった。その模様は後日著名な黒人映画監督スパイク・リーによるドキュメンタリー映画『堤防が決壊した時（*When the Levees Broke*）』（二〇〇六年）で描かれ、同作品はヴェネチア映画祭で賞をとり、改めてブッシュ（子）大統領の対応が国際的に問題視された。国際的な批判の高まりの中で、ブッシュ大統領が堤防決壊の当日にテキサス州において休暇中で、首都ワシントンに戻らず、その結果、連邦政府の対応が遅れた事実が判明した。上記映画が公開される直前の二〇〇六年一月に連邦議会で行った年頭教書演説で、大統領は「ニューオーリンズその他の場所で多くの親愛なる市民が我が国の約束から排除されていると感じた」とする遺憾表明を行い、「その答えは一時的な救済ではなく、どの子どもにも教育する学校、上方への流動性をもたらす仕事、より多くの自宅の所有と起業をもたらすことである。災害からの復興を遂げながら、我々はすべてのアメリカ人が正義で守られ、希望を抱くことにおいて平等で、機会において豊かであるような日が到来するように共に働こう」と反省の言葉を表明した。

三　「肌の色の無差別」対「肌の色へのこだわり」？

「模範的少数派」論にどう対処すべきか？　ある「人種」ないし民族的集団を「模範的少数派《モデル・マイノリティ》」と称する例が、世界各地で見られる。オランダにおけるインドネシア系やドイツにおける韓国系やベトナム系集団などである。類似の例には、日本人が関わったものも含まれる。かつて一九九一年末までアパルトヘイトと呼ばれる、厳格な法体系を伴った黒人差別体制を敷いた南アフリカ共和国では、日本人商社員や中国系商人が「名誉白人」と呼ばれていた。アメリカ的文脈では、戦後の日系をはじめとするアジア系一般、そして中南米系の見た目が白人と変わらない移民やその子孫を主とする一部のヒスパニック／ラティーノ系が、アフリカ系アメリカ人の「アンダークラス」との対比で「模範的少数派」と称される傾向にある。最近は既述のごとく、一部の西インド系黒人移民も、その「高い勤労倫理」のゆえに「模範的少数派」に加えられる傾向が見られる。

「模範的少数派」に期待される「社会的役割」は、彼ら彼女ら以外の、「社会問題」を引き起こすとされる「少数派」諸集団の「権利」要求を牽制し、「自己責任」論の正当性を証明する論拠となることであり、白人のとりわけ男性にとって有利な「人種」階層秩序を補強することである。かつて大英帝国が植民地インドを支配する際に用いた「分断して統治せよ」の、より洗練された形態とも言えよう。とりわけ「プロローグ」でも指摘した政府統計により数値的な裏付けとともに他の少数派集団に対する「模範」とされる傾向が目立つのが「黄色い肌」の東アジア系を中心としたアジア系アメリカ人である。一九八〇年代にとりわけ東部名門大学《アイヴィー・リーグ》がアジア系志願者に対して、かつてユダヤ系の志願者に対してなされたような「逆差別」というべき入学許可者数の上限設定をしていることが問題となった。むしろ「優先枠設定」はアジア系アメリカ人に不利な情況をもたらしていたのである。アジア系アメリカ人指導者の中には「アファーマティヴ・アクション」廃止を掲げる共和党支持に転向する者も目立つようになった。「高い勤労倫理」や「伝統的な家族制度の重視」、「年長者への敬意」等の伝統的価値観の回復を掲げる白人保守派政治家においても、これらの旧来の価値観が根強いとされるアジア系アメリカ人についての固定観念《ステレオタイプ》を口実に、アフリカ系アメリカ人に受給者が多い福祉予算を切り捨てる傾向が見られる。それはしばしば少数派集団同士の深刻な対立をもたらし、既述の一九九二年春のロスアンジェルス暴動の際にも表面化した問題だった。

かつての「白人化」プロセスとの比較　このように、アジア系アメリカ人に対する「模範的少数派」言説が神話化されるにつれ、他の「肌の色」の少数派諸集団との軋轢以外にも、少なくとも二つの問題が顕在化した。第一に「アジア系」の中でとりわけ貧困者の割合が多い集団、たとえば、ベトナム戦争中の特別移民枠で渡米したインドシナ半島の少数派民族集団などの直面する問題が放置される傾向が生まれていることである。アジア系移民の「成功」の相当部分は、実は彼ら彼女らの一世が母国から携えてきた貯金や高学歴などの有形無形の資本に由来するのであり、これらを持たない人々には貧困者が多いのである。それは既述の、西インド諸島やアフリカ諸国からの黒人移民の「成功」の背景とも重なる。

もう一つの問題はその「成功」そのものに関わっている。彼ら彼女らの二世や三世が、たとえ苦労に苦労を重ねて有名大学の法科大学院を出てニューヨーク市内の有名法律事務所に雇われても、事務所内で管理職となるのは難しい現実がある。同市内の弁護士の中でアジア系は最多数を誇るが、法律事務所の共同経営者《パートナー》に占める割合は各集団中で最低である。加えて限定的な「成功」の代償として、高い鬱病などの精神病罹患率や自殺者が多いことが挙げられる。強固な固定観念がもたらす「勤勉」への高い期待は、確かに二世や三世の並外れた頑張りの誘因になると同時に、日常的な重圧をも生むのである。その点がかつての「新移民」との違いであり、アジア系は混血の繰り返しで外見が白人と同じにならない限り、いくら世代を経ても決して主流社会への同化は許されないのかもしれない。社会学者のロザリンド・チョウとジョー・フィーガンが言うように、このような白人の主流社会が生み出してきた固定観念を伴う歴史的な「人種」枠組みそれ自体を拒否する以外に、アジア系アメリカ人が平穏に暮らせる社会の実現はあり得ないのであろう［Rosalind S. Chou & J. R. Feagin, *The Myth of the Model Minority : Asian Americans Facing Racism* (Boulder, CO : Paradigm Publishers, 2008)］。南北戦争後に国立の黒人大学として開校されたハワード大学の法科大学院で初のアジア系教授となったフランク・ウーの言うごとく、アジア系アメリカ人は「アジア系アメリカ人になることの積極的意味」を歴史から学び直すべきなのである。そしてその第一歩は「模範的少数派」論の拒絶に他ならない［Frank H. Wu, *Yellow : Race in America beyond Black and White* (New York : Basic Books, 2002)］。

変わらない現実の格差　プロローグで触れたように、アメリカ連邦政府商務省国勢調査局が発表する最新（二〇一一年）の数値データによれば、すべての指標《インデックス》における「黒人ないしアフリカ系」の指標は、依然として格段に低いままである。たとえば、白人（非ヒスパニック系）の一人当たり平均年収（三万二六七三ドル）と黒人のそれ（一万八三五七ドル）の差は歴然としており、この円換算で一五〇万円ほどの格差は、学歴の差でもある。二〇代後半（二五〜二九歳）人口における学士号取得以上の高学歴者の割合で比較すると、黒人（二二・七パーセント）は白人（三九・八パーセント）の約半分にすぎない。九割近くに上昇した高卒以上者の割合（八八・六パーセント）にもかかわらず、高収入職への切符を意味する大卒の壁は高いままなのである。大学の学費が高いアメリカにおいては、学力に加えて経済的な理由が背景にあるものと想像される。これに対して、アジア系は二〇代後半人口の大卒以上高学歴者の割合が高い（六〇・七パーセント）のに比して、一人当たり平均年収（二万九二三五ドル）は白人より低い。既述のごとく、白人の大卒以上高学歴者の割合は四割未満に過ぎない。それなのにアジア系一人当たり平均年収は白人のそれを三四三八ドルも下回るのである。これらの格差を説明するために差別以外の合理的理由があるのだろうか［表I-2、4参照］。

とりわけ無視できないのは貧困率の格差である。最新（二〇一一年）のデータによれば、黒人貧困世帯率（二七・六パーセント）は白人（九・八パーセント）の約三倍であり、一八歳未満の貧困者の割合では黒人が三八・八パーセントで白人が一二・五パーセントと、さらに拡大している。

だが実数で見れば、一八歳未満の白人貧困者の数は群を抜き、国民レベルで貧困の世襲化が進んでいる情況が見て取れる。一八歳未満人口のうち貧困ライン未満の割合は実に二一・九パーセントに上る［表I-2参照］。それにもかかわらず、「貧困」が主要な政治課題となることは難しい。そしてその背景の一部には、「模範的少数派」論に基づく福祉予算のカットの影響があるのである。

「肌の色の無差別」とは何か？　「模範的少数派」言説が称揚されるにつれ、新たな形式の格差肯定論ないし正当化論が主張されるようになった。奇妙なことにその唱道者たちは「肌の色の無差別《カラーブラインドネス》」を強調し、「アファーマティヴ・アクション」の「人種」に基づく「優先枠設定」を糾弾する。この新手の差別正当化論への注意が初めて喚起され、アメリカにおける「人種」に基づく差別思想の歴史に新たに位置付けようとする気運が高まったのは、レスリー・カーによって一九九七年に出版された書物がきっかけだった［Leslie Carr, *"Colorblind" Racism* (Thousand Oaks, CA : Sage Publication, 1997)］。その後、二〇〇一年に出版され学術書には珍しく四版を重ねている『差別者なき差別』で、プエルトリコ生まれの社会学者エデュアルド・ボニラ＝シルヴァは「肌の色の無差別」に基づく新手の差別思想を「肌の色を無視する差別正当化論《カラーブラインド・レイシズム》」として果敢に糾弾し、学術用語としてのみならず、広く世間一般に浸透させる上で、大いに貢献した［Eduardo Bonilla-Silva, *Racism without Racists: Color-blind Racism and the Persistence of Racial Inequality in the United States*, 4th ed. (Lanham, MD: Rowan & Littlefield, 2013［orig. 2003］)］。

「肌の色の無差別」が叫ばれ始めたのは、最終章でも詳述するように、一九九六年一一月のカリフォルニア州民投票に端を発した、州ごとの「アファーマティヴ・アクション」廃止の「直接民主主義」を求める州民投票運動においてだった。ボニラ＝シルヴァによれば、それは換言すれば「自由放任主義的差別主義《レッセフェール・レイシズム》」ないし「競争的差別主義《コンペティティヴ・レイシズム》」であり、その唱道者が「アメリカ的信条《クリード》」と見なすことを自らの「黒人嫌い」の感情と親和させようとしたものであって、過去の差別の影響を全く無視し、「平等な機会」の名の下に現実の「人種」にまつわる格差を正当化しようとしたものである。それはまた、一九八〇年代に隆盛し日本にも影響を及ぼしたレーガン流の経済的「新自由主義」と軌を一にした「自己責任」論を伴い、諸個人間の現実の格差を「自分自身の努力の当然の結果」と見なす。またしばしば「文化的差別主義《カルチャラル・レイシズム》」も伴い、「メキシコ系は教育を重視しない」とか「黒人はあまりにも多産である」として、当該集団に属する人々の不利な社会的立場の放置を正当化する傾向がある。

一九九六年一一月に実施されたカリフォルニア州民投票提案二〇九号の論争で特筆すべきことの一つは、この「アファーマティヴ・アクション」廃止の提案者となった人物が、外見的にはアフリカ系アメリカ人で共和党支持者のウォード・コネーリーだったことである。ただし彼自身によれば、黒人の血統は四分の一だけで、アイルランド系、フランス系、先住民（チョクトー族）系の混血だという。このウォード・コネーリーは当時の州知事ピート・ウィルソンの指名を受けてカリフォルニア大学理事に就任していた。コネーリーやウィルソンら「アファーマティヴ・アクション」廃止派がしばしば引用したのは、キング牧師の演説だった。「優先枠設定」によって、かつてキング牧師が反対した「肌の色」による差別が行われている、とされたのである。

これに対しカリフォルニア大学バークレー校のジャーナリズム学准教授リディア・チャヴェズは、黒人たちが置かれている情況は「肌の色による拘束《カラー・バインド》」（言うまでもなく「肌の色の無差別《カラーブラインド》」をもじった表現）であると反論した［Lydia Chávez, *The Color Bind: California's Battle to End Affirmative Action* (Berkeley, CA: University of California Press, 1998)］。しかしながら、州民の過半数（五四パーセント）はこの議論を排撃した。翌年度に、バークレーに所在する名門法科大学院ボールト・ホール校に合格したラティーノ系は前年の八〇名から三九名に半減し、アフリカ系アメリカ人は一名のみとなった。チャヴェズの懸念した通り、カリフォルニア州民投票提案二〇九号の成立によって、同州の多様性の促進努力は終焉を迎えたのである。しかもこれ以降、「アファーマティヴ・アクション」の廃止を主張する者ではなく、その維持を求める者が「人種差別主義者《レイシスト》」と糾弾される傾向さえ生まれたのだ。

「百万人の男の行進」が投げかけた課題　保守派による「自己責任」論を全否定することは、しかしながら、難しいと言わざるを得ない。たとえば別表に見られるように、子どものいる黒人世帯には階級に無関係に女性世帯主、つまり母子家庭が多い現実がある［表I-8参照］。最新の政府発表統計（二〇一〇年）によれば、一八歳未満の子どもを抱える黒人世帯のうち、母子家庭は実に五七・〇パーセントに上る。全平均は一九・三パーセント、白人は一八・八パーセント、アジア系は最低で一〇・四パーセント、ヒスパニック系でも二九・八パーセントであり、母子家庭世帯率は黒人に突出して高く、西インド諸島やアフリカ生まれの移民を除いた親子代々のアメリカ生まれアフリカ系アメリカ人における同数値はさらに高いであろうと想像される。この背景を、先に触れた「アンダークラス」に関するウィリアム・J・ウィルソン教授の学説のように、「主にゲットー地区における男性のための有利な雇用の減少」と説明するのみでは、いささか納得がいかないのは、保守派だけではないであろう。後述するようにウィルソン教授も認め、そしてオバマ現大統領も黒人男性有権者に叱咤したように、黒人男性の道徳的責任感覚の欠如を批判する声を完全に無視することは難しいと言わざるを得ない。

図14　1995年10月16日の首都ワシントンにおける「百万人の男の行進」

　一九九五年一〇月一六日、かつてマルコム・Xも所属したネーション・オヴ・イスラム（NOI）の指導者ルイス・ファラカンの呼びかけにより、首都ワシントンの「ナショナル・モール」で黒人男性を中心として全国から参加者を募って「百万人の男の行進《ミリオン・マン・マーチ》」が開催された。実際に約八〇万人が参集したものと推定される［図14参照］。白人の二倍以上という黒人の失業率の高さの不当性が糾弾され、政府の関与が求められるとともに、リベラル派の代表としてキング牧師の後継者とされてきたジェシー・ジャクソン師によって、黒人が集中して居住を強いられ続けている大都市中心部で、「ヘッド・スタート」をはじめとする教育条件の改善政策をさらに拡充することが訴えられた。これらの言わば伝統的な訴えと並び注目されたのは、フェミニズムによる女性の権利の訴えが高まる流れに逆行するような、黒人男性による明らかな性差別主義《セクシズム》的傾向の表明だった。これに対し二年後の一九九七年一〇月二五日、ペンシルヴァニア州フィラデルフィアで「百万人の女の行進《ミリオン・ウーマン・マーチ》」が組織された。

「百万人の男の行進」では、白人男性に比べて七・七倍も高かった黒人男性の殺人事件で被害者となる確率への対応が訴えられたが、ジョン・シングルトン監督が一九九一年に発表した映画作品『ボーイズ・ン・ザ・フッド（*Boyz N the Hood*）』で訴えた黒人少年ギャング同士の殺し合いという現実への批判が明言されることも、ましてや黒人男性の「自己責任の欠如」を追及する声も、ついに上がらなかった。黒人による黒人批判を封じる傾向は否めなかったのである。そしてそのような「空気」を敢えて破ったのが後の「黒人初の大統領」だったのだ。

第8章　賠償請求運動と自立化促進

一　州レベルで廃止される積極的差別是正措置

州ごとの積極的差別是正措置廃止運動の拡大　既述の通りカリフォルニア州では、一九九六年一一月の大統領選挙に合わせて、特定集団を対象とした「優遇措置（人数枠の設定）」を内容とする「アファーマティヴ・アクション」の廃止を目的とする州民投票提案二〇九号の票決が行われ、同提案は五四対四六の比率で可決された。その背景としてアジア系の支持が決定的だった事実は、看過できないであろう。この結果、カリフォルニア州憲法第一章第三一条に次の一文が付加された。

我が州は、公務員の採用や公教育ないし公共事業契約において、人種、性別、肌の色、民族または出身国に基づいて、如何なる個人や集団を差別ないし優遇することはない。

当時州知事を務めていたピート・ウィルソンは「アファーマティヴ・アクション」の廃止を支持する根拠として、次のように主張した。

今日我が国は大いなる難問《チャレンジ》に直面している。……

どの世代のアメリカ人もこの難問と格闘してきた。しかし今日のカリフォルニアにおいてことは緊急を要する。ロスアンジェルスだけでも学校では子どもたちに八〇の異なる言語で教育している。次世紀の初頭にはどの集団も単独ではカリフォルニア住民の多数派を形成できなくなるであろう。我々は我が国で初の、少数派が多数派となる州になるであろう。だから我々は寛容性や多様性に関する高説を必要とはしていない。我々はそれらを日々実践しているのである。そしてカリフォルニアの雇用創出を担う人々は、我が州の多様性がグローバル市場で精鋭な競争力を生み出していることを証明してきた。

しかし我々はこの多様性が由々しき難問を引き起こしていることも無視しえない。我が州と我が国が成功し繁栄するためには、すべての市民を個人として扱わねばならない。相違を認めながらも、何よりも我々をアメリカ人として統合しているものを尊重しながら。二〇〇年以上前にトマス・ジェファソンが「平等権をすべての人に、特権を誰にも認めず」と宣言した時に、アメリカの理想は最初に明言されたのである。この理想を追求することが一七七六年以来のアメリカの成功の鍵となったのである。我々は流血の内戦を戦ってそれを守ったのである。そしてその一〇〇年後にこの理想は市民権《シヴィル・ライツ》運動という歴史的達成の強力な指針となったのである。

しかし今日、根本的なアメリカの平等原則は浸食されつつあり、公的な職種、公的契約、大学の入学と採用の決定を、才能や達成によってではなく、人種や民族やジェンダーによる集団への所属に基づいて行っている。これは正しくない。これは公正ではない。これは明確に差別である。これはまさに市民権運動が終わらせようとしてきたことなのである。[Pete Wilson, "The Majority-Minority Society," in George E. Curry, ed., *The Affirmative Action Debate* (Cambridge, MA : Perseus Publishing, 1996), pp. 167–168〕

間もなく起こされた、州民投票の違憲性を問う訴訟において、一九九七年四月八日、連邦最高裁は州民投票によるカリフォルニア州における「アファーマティヴ・アクション」廃止を合憲と判じた。ピート・ウィルソンに代表される、トマス・ジェファソンの独立宣言のみならず、市民権運動の指導者マーティン・ルーサー・キング・ジュニアがかつて語った「アメリカの夢」まで援用したこの種の議論は、既述のごとく間もなく「肌の色を無視する差別正当化論《カラーブラインド・レイシズム》」と呼ばれることになる。

カリフォルニアでの州民投票の二年後の一九九八年一一月、ワシントン州が同様の州民投票を行って「アファーマティヴ・アクション」の廃止に踏み切った。二〇〇〇年二月にフロリダ州で大学入学者選抜における「人種」に基づく「優遇策」が禁じられ、この動きは以後他の州に徐々に、かつ静かに広がっている。後に州民投票などで「アファーマティヴ・アクション」による「優先枠」の廃止を実行した州は、ミシガン州（二〇〇六年）、ネブラスカ州（二〇〇八年）、アリゾナ州（二〇一〇年）、ニューハンプシャー州（二〇一二年）、オクラホマ州（二〇一二年）である。

カリフォルニア州民投票提案二〇九号の成立によって州内の公立高等教育機関にもたらされたのは、「連邦内で最も社会的に階層化された州を多様化することを助けてきたプログラムの終焉」に他ならなかった。サンディエゴ市内で法律事務所を開業するカリフォルニア大学バークレー校のボールト・ホール法科大学院同窓生のアンドレア・ゲレーロは次のように言う。

人種を意識した政策は、人種偏見が消え、入学許可審査過程において自然に人種的多様性が生じてくれば終わるべき、一時的な措置である。しかしカリフォルニア州において積極的差別是正措置《アファーマティヴ・アクション》プログラムが中断されて以来、大学の管理者たちは偏見に満ちた伝統的な入学許可基準に対処したがらないか、もしくはそれができなくなった結果、ボールト校や他のカリフォルニア大学内の競争の激しい学校におけるマイノリティの数は激減したのである。〔Andrea Guerrero, *Silence at Boalt Hall: The Dismantling of Affirmative Action* (Berkeley, CA: University of California Press, 2002), p. xii〕

保守派の逆襲と対抗運動の困難　カリフォルニア州で「直接民主主義の復活」の掛け声とともに「アファーマティヴ・アクション」を終わらせ、他州にも影響を与えつつある一連の保守的な「改革」運動の背景には、急増する移民、とりわけヒスパニック／ラティーノ系の「不法移民《イリーガルズ》」への反感の高まりがあった。既述のごとく、最新データによれば、全米の「不法移民」の総数は実に一一七〇万人に達する。カリフォルニア州では、急増するヒスパニック／ラティーノ系の「不法滞在外国人《イリーガル・エーリアンズ》」への公共サービスの停止を求めた州民投票提案一八七号（一九九四年）や「英語能力の低い」（ＬＥＰ）生徒のための二言語教育への補助を停止する州民投票提案二二七号（一九九八年）も成立した。同様の州法が同時期に成立したアリゾナ州では、二〇一〇年に、連邦法が定めている「外国人」に対する身分証明書の携帯を警察官が厳重に確認する権限を認める州法を成立させ、身分証明書不携帯の「外国人」を逮捕する権限を警官に与えた。これによって外見において「外国人」と疑われたヒスパニック／ラティーノ系の市民への不当な弾圧が「犯罪予防」の名の下に横行している。オバマ大統領は同州法の違憲性を問う訴訟を連邦裁判所に起こすよう命じた。

このような保守派の反動は、既述のごとく、「茶会《ティー・パーティー》」運動という、二〇〇八年のオバマ政権の誕生の前後に瞬く間に全国に拡大した「草の根」の保守運動を背景としている。白人の郊外居住者の男性中高年を基盤とした「茶会」運動は、まさに各家庭において開催される茶話《ティー・パーティー》会を媒介に、インターネットのソーシャル・ネットワーキング・サービス（SNS）を利用しながら、全国に参加者を拡大した。それは先進諸国で唯一遅れていた普遍的な医療保険《ヘルス・ケア》制度の確立を目指したオバマ政権による「大きな政府」路線に強く反対し、増税に結び付くあらゆる社会構造改革に反発する保守派の「草の根」の逆襲である。

これに対抗して、既述のごとく、二〇一二年の大統領選挙を前に「九九パーセントの人々」を代表して始まったのが「ウォール街占拠」運動だった。「占拠運動《オキュパイ・ムーヴメント》」は一時全米各地に広がり、世界的にも拡大したが、当初目的のオバマの再選を果たし、間もなく東アジアの「領土問題」や北朝鮮の核ミサイル実験、さらにはイランの核疑惑をめぐる国際情勢の急変の中で、雲散霧消してしまった。広範な社会構造改革を目指す、かつて一九六〇年代に広がったような市民運動を再生させることの難しさを印象付けた。

損害賠償請求訴訟路線へ　プロローグでも触れたように、州レベルで「優遇策」が廃止されつつあったころ、二〇〇二年三月三一日付の『ニューヨーク・タイムズ』国際日曜版に、ハーヴァード大学法科大学院のアフリカ系アメリカ人、チャールズ・J・オーグルトゥリー・ジュニア教授による論文「奴隷制の遺産《レガシー》に対する訴訟」が掲載された。そこからは、問題解決の可能性を残しているのはもはや司法の場しかない、というオーグルトゥリー教授の悲痛な情況判断が読み取れた。

その後オーグルトゥリー教授らによる訴訟運動は、広く全国各地の地域レベルで展開され、また奴隷制や奴隷貿易の、今も残る歴史的影響の国際的検証作業の呼びかけも少しずつ実を結び、徐々に国際的な社会運動へと広がりを見せつつ現在に至っている。このような動きの中で注目されるべきは、奴隷制ないし奴隷貿易の賠償請求運動と所得再分配政策を要求する動きとの連動性である。ジョージタウン大学経営大学院のリチャード・アメリカ特任教授は、この賠償請求訴訟の目標として掲げられる、従来の「優先枠設定」にとどまらない社会構造改革を伴う本来的な「アファーマティヴ・アクション」の必要性を訴えるとともに、それを「過去の差別への賠償」というよりも「現在の格差の是正を企図する政策」と位置付ける。賠償請求訴訟の恩恵を受けるべき対象を、奴隷制廃止後の南部諸州の州法や地方条例で強制され、連邦最高裁でも是認された、一九世紀末から一九六〇年代半ばまで持続した強制的「人種」隔離制度《ジム・クロウ・システム》の犠牲者へと拡大しつつあるオーグルトゥリーも、リチャード・アメリカの主張に呼応するように、その賠償の具体的在り方について、教育制度の拡充など、かつての「偉大な社会」の諸計画を髣髴とさせるような構想を明言している。連邦および地方レベルの具体的な法廷闘争の展開は、徐々に州や地方自治体で「奴隷制への謝罪」決議を生むなどの効果を生んでいる［Michael T. Martin & Marilyn Yaquinto, eds., *Redress for Historical Injustice in the United States : On Reparations for Slavery, Jim Crow, and Their Legacies* (Durham, NC : Duke University Press, 2007) の付録資料参照］。また、二〇〇八年七月三〇日には連邦議会下院で「奴隷制およびその後の差別に対する謝罪」決議が通過している。

一般国民にとって奴隷制賠償請求運動は唐突感が否めなかったであろう。しかし、一九六〇年代半ばまで「ジム・クロウ」が継続したことを思い起こせば、この違和感は薄らぐはずである。また、「アファーマティヴ・アクション」の恩恵を受けることができなかった人々が多かったことだけでなく、その意味合いが一九七八年の「バッキ」判決以降に「過去の差別への賠償」から「未来の多様性への準備」に変わったことも、さらに一九八八年になって第二次世界大戦中の日系市民へ強制収容の賠償金が支払われた事実（生存者一人当たり二万ドル）も、この壮大な企てに見える賠償請求訴訟運動の動機となったことを、理解すべきであろう。そして何よりも、かつてのような広範な国民的社会運動の再生が困難な情況が少なくとも当面は続きそうなこと、むしろ賠償請求訴訟が社会運動のきっかけとなることが期待されることも、付加的背景となったのである。

二 「自助努力」というタブーの克服

ウィリアム・J・ウィルソン教授の自説修正努力 既述のごとく、かつて一九七〇年代末以降に高揚した「アンダークラス」論争の中心にいたのが、シカゴ大学教授からハーヴァード大学ケネディ行政大学院教授に転じたウィリアム・J・ウィルソンだった。彼は一貫して「アンダークラス」の直面する問題をアメリカの「人種」問題の中心と考え続け、救済策において「人種」のみならず階級的視点を導入することを主張し続けてきた。しかし、二〇世紀末のカリフォルニアに端を発する州ごとの「アファーマティヴ・アクション」廃止の運動の広がりの中で、自説が白人保守派共和党政治家に歪曲されて利用される可能性が顕著になってきたことを知った。

首都ワシントンに所在する国家政策《ナショナル・ポリシー》センターを中心に政策提言活動を展開していたリチャード・カーレンバーグの著作の出版は、このカリフォルニア州民投票提案二〇九号の成立に衝撃を受けて、「人種」による優先制度に代えて「階級ベースの妥協」を画策したものであった［Richard D. Kahlenberg, *The Remedy*: *Class,*

Race, and Affirmative Action (New York : Basic Books, 1996), pp. xx–xxi］。それと呼応するように、既に一九九六年五月、クリントン大統領は行政命令一三〇〇五号を発し、商務省の契約業者に「貧窮地区《ディストレスト・エリアズ》」からの従業員の優先的採用を命じていた。しかしウィルソン教授の説により強い関心を示したのが共和党保守派であったことは皮肉である。一九九六年一一月の選挙における同党大統領候補ボブ・ドールは「真に集中すべきは経済的に打撃を受けた市民を援助することであり、肌の色ではなく必要性に応じて支援を提供すること、換言すれば、人種ではなく必要性に基づく優先策を講じるべきなのである」とサンディエゴで演説した。

　ウィルソン教授に自説の再考を促すきっかけとなったもう一つの出来事は、二〇〇九年七月一六日に同僚のハーヴァード大学歴史学教授のヘンリー・ルイス・ゲイツ・ジュニアが付近住民の九一一通報によって自宅前で警察官に家宅侵入《ブレーキング・アンド・エンタリング・ザ・レジデンス》罪で逮捕された事件だった。自宅近辺でさえ注がれる「アフリカ系アメリカ人男性」への偏見に満ちた変わらぬ眼差しに鑑みて、ウィルソン教授は従来の「人種に関わりない階級重視」の諸方策の提言を修正する決断をせざるをえなかった。

　加えて、かつてシカゴにおける「弟子」的存在だった、民主党の有力大統領候補が二〇〇八年三月一八日にペンシルヴァニア州フィラデルフィアの全国憲法センターで発した演説の一節が、ウィルソン教授にとって自説再考への後押しとなった。バラク・オバマ候補は次のように黒人男性に「自助努力」を迫ったのである。独立宣言が発せられ連邦憲法も発布されたアメリカ民主主義にとって象徴的な場所に立って、オバマ候補は「さらに完全な連合体《モア・パーフェクト・ユニオン》に」と題される演説の冒頭で、憲法の草案作成者たちが奴隷制の保持を暗黙裡に認め、奴隷貿易の存続を最低限二〇年間容認した歴史的事実を再確認した上で、後半部分では、以下のように主に白人の聴衆に向けて、敢えてタブー視されてきた「人種」問題に言及したのである。

では白人のコミュニティにおいては、アメリカを一層完全な連合体にするために、どういう道をとるべきでしょうか。白人の側は次のようなことを理解し、認める必要があります。黒人社会をダメにしているのは、単に黒人のものの考え方だけではありません。過去よりもずっと少ないとはいえ、現在も現実に差別事件が起きており、これに対処しなければなりません。言葉だけでなく、行動が必要なのです。学校やコミュニティに資金を投資すること、市民権法《シヴィル・ライツ・アクト》を現実に執行すること、刑事裁判において公正さを保証すること、過去の世代にはなかった社会的成功の機会を若者に与えることです。他人の夢の実現は自分の夢の犠牲の上に成り立つものではない、ということをすべてのアメリカ人が理解しなければなりません。医療保険や福祉、白人やラティーノ、そして黒人のすべての子どもたちの教育に投資することが、究極的にはアメリカ全体を繁栄させることになるのです。〔三浦俊章編訳『オバマ演説集』岩波書店、二〇一〇年、三八〜三九頁、一部改訳〕

かつてオスカー・ルイスが提唱し、その後リベラル派からも批判された「貧困の文化」の現実的影響力を認めるウィルソン教授は、文化的悪循環の根を断ち切るためには、主に外部からの働きかけが不可欠であると主張してきた。オバマ候補はこれを当然視しながらも、当事者自身の自覚的行動も不可欠である、とも主張した。先に引用した主に白人向けのフィラデルフィアでの演説の三ヵ月後、二〇〇八年六月一五日の父の日にシカゴの有力黒人教会で行った主に黒人聴衆向けの演説で、オバマ候補がアフリカ系アメリカ人コミュニティに向けて「自助努力」の不可避性を強調している点に、とりわけウィルソンは次のように感動しつつ注目したのである。

しかしながら、オバマは構造的な不平等への対応の必要性を説くことのみに彼の演説を限ってはいない。彼はまた、黒人男性の暴力の悪循環や、次世代に受け継がれてきた「敗北の遺制」を含む、このような不平等に対する問題を孕む文化的・行動的反応にも焦点を当てたのである。そして彼はアフリカ系アメリカ人コミュニティに向かって、父親から自分の子どもたちに要求を発することで「人生において難問や差別に立ち向かっても、絶望や冷笑的態度に逃げ込むことのないように諭し、自らの運命を描くことができるのは自分だけだと信じるように言い聞かせる」ことにもっと時間を費やすことで、自らの人生に完全な責任を持つようにと、訴えたのである。［William Julius Wilson, *More than Just Race: Being Black and Poor in the Inner City* (New York: W. W. Norton, 2009), p. 143］

実際、有力な大統領候補オバマがかつてコミュニティ活動家として名を馳せた古巣でもあるシカゴの黒人教会でアフリカ系アメリカ人聴衆に向けて語った「父親としての責任」の説教は、かなり辛辣な言葉に溢れていた。

我々が自らの生活を形成する礎のうち、今日我々が思い起こすのは家族が最も重要であるということです。そしてこの基盤にとって父親が要となっていることを我々は認識し尊重すべきです。……しかしもし我々が誠実に自身に向き合えば、あまりにも多くの父親が行方不明である事実を認めなければなりません――あまりにも多くの人生と家庭から父親が失われているのです。彼らは自らの責任を放棄しており、男ではなく少年のように振舞っています。そしてそのせいで我々の家族の基盤は弱体化しています。皆さんも私もこのことがアフリカ系アメリカ人コミュニティにおける真実であることを知っています。我々は、黒人の子どもの半数以上が親が一人だけの世帯で生活していること、その数が我々が子どものころに比べて二倍――倍増ですよ――になったことを知っています。我々は次のような統計数値を知っています――父親のいない環境で育った子どもが貧困の中で生活し犯罪を犯してしまう確率が五倍も高いこと、学校中退率が九倍も高く、最後は刑務所に入れられる確率は二〇倍も高いことを。……昨年シカゴでいったいどれほど多くの子どもの生命が他の子どもの手によって失われたでしょうか。どれほど頻繁に我々は真夜中に銃声やサイレンの音で心臓が止まる思いをしてきたことでしょうか。いったいどれほど多くの十代の若者が本来いるべき教室ではなく街路にたむろしているのを見てきたでしょうか。働くべき時に、少なくとも職を探すべき時に、いったいどれほど多くの若者が刑務所に収容されているのでしょうか。この世代の中でどれほど多くが貧困や暴力や薬物中毒にさいなまれているのでしょうか。どれほど多くが。

そうです、路上の警官の数を増やすことは必要です。所有すべきでない人々の銃を取り上げることが必要なのはその通りです。我々の学校により多くの資金を投じることも、教室の先生を増やすことも、放課後のプログラムを拡充することも必要です。もちろん我々のコミュニティにはより多くの職と職業訓練と機会の創出が必要です。しかし我々は我々の子どもたちを育てるために家族も必要なのです。我々は父親たちに、妊娠させることで責任が終わるわけではないことを認識させる必要があるのです。我々は父親たちに、男となるために必要なのは子どもを持つ能力ではないことを認識させる必要があります――男になるために必要なのは子どもを育てる勇気なのです。[Obama's Father's Day Remarks at the Apostolic Church of God in Chicago, June 15, 2008]

かつてキング牧師の後継者と見なされ、大統領候補にも挙げられたジェシー・ジャクソンはこのオバマ候補の「父の日演説」の黒人男性の「無責任さ」を指摘した講演内容を「黒人への侮辱発言」と非難したが、間もなく「選挙運動を妨害するつもりはない」とし、言葉が過ぎた点を謝罪した。オバマはこの謝罪を受け入れつつも、父の日の発言内容を修正する気はないと言明した。ジャクソンは自分が指摘したかったのは、オバマのメッセージの「道徳的内容」が「黒人男性の人格的および道徳的責任のみならず、しばしば彼らの無責任な態度を導いている好条件の欠如状態をただすべき政府の集団的道徳的責任と公共政策にも言及していたことである」と付言した〔*The New York Times*, July 10, 2008, p. A18〕。

新たな「多人種」世代とオバマ政権　バラク・フセイン・オバマ・ジュニア（一九六一年〜）はケニア人留学生を父親とし、カンザス生まれの白人を母親とし、まさに多文化の最先端であったハワイに生まれた。両親の離婚と母親の再婚に伴ってインドネシアで過ごした後、八歳でハワイに戻り、母方の祖父母の下で高校を卒業した。ロスアンジェルスのオキシデンタル・カレッジに入学し、二年後にニューヨークの名門コロンビア大学に編入、国際関係論を専攻して卒業した。しばらくしてシカゴに移り、地域振興事業に従事した。その後ケニアを旅行して父親に再会したオバマはハーヴァード法科大学院に入り、二番の成績で修了し、シカゴで法律事務所を開業した。貧困者救済活動に力を傾注しながら、間もなく政治家に転身し、州上院議員を三期務め、やがて二〇〇四年夏の民主党全国大会での総括演説が評価され、連邦上院議員として全国政治の場に躍り出た。二〇〇八年の大統領選挙で民主党候補となり、一一月の選挙で「黒人初の大統領」となった。

筆者がウィリアム・J・ウィルソン教授の紹介でオバマ弁護士にインタビューしたのは、まだ彼が全国的には無名の二〇〇二年八月三〇日の午後、シカゴ中心街のステート通り沿いの彼の法律事務所でだった。自身がアメリカ的な「人種」二元主義《ダイコトミー》において混血ではなく「黒人」に分類されることを知ったのは、カリフォルニアの大学に入ってからであった、というオバマ氏の言葉が印象的だった。そして「今まで最も手ごわい相手は誰でしたか」という筆者の質問に、「ブラック・パワー政治家です」と答えたのも示唆的だった。

図 15　バラク・オバマと筆者

彼はアメリカの「人種」の袋小路状態を相対化できる、数少ないアフリカ系アメリカ人青年政治家として、「人種」を超えて周囲の支持を集めていた。筆者はオバマ氏の発する、政治家として不可欠の要素である強い「オーラ」とともに、ハワイが歴史的に培ってきた多文化主義の実践に裏打ちされた彼の政治的可能性に、大きな期待感をおぼえた［図15参照］。二〇〇八年一一月にオバマ候補を支持した人々の中心にいたのが、そうした多文化情況の下で育った若い世代だった。

積極的機会保障へ　最近の論文でウィルソン教授は、彼の従来の主張を利用して「人種」ベースの「積極的差別是正措置《アファーマティヴ・アクション》」を「階級」ベースの優遇措置に取って代えようとする保守派の動きを明確に批判している。その一方で、依然として白人が示す、「人種優遇措置《レイシャル・プリファレンス》」に対する拒否反応に配慮する必要性を以前にも増して感じているウィルソン教授は、何を基準にしたものであれ機械的な数値目標《クウォータ》の設定と実行を排し、より柔軟に運用される「能力本位の基準《メリット・ベースト・クリテリア》」の導入により「有色人のための人生のチャンスの平等化」を目指す「積極的機会保障《アファーマティヴ・オポチュニティ》」を提唱している。それは、オバマ政権による高等教育機関における「人種」的多様性の増進政策や、先の項で紹介したオーグルトゥリー教授らの賠償請求訴訟運動と軌を一にした提案である。ウィルソン教授は「人種」を超えてアメリカ人が歴史的に広範に支持してきた「公平さ《フェアネス》」の感覚からして、「積極的機会保障」というスローガンが広く受容される可能性の高さを指摘する。

三　自立化促進努力

「ダドリー通りの奇跡」　アメリカの大都市圏で徐々に目立つようになっている新傾向は都心部高級化現象《ジェントリフィケーション》である。それは、かつての郊外化現象《サバーバニゼーション》に代わる都心回帰現象《リアーバニゼーション》の一部でもあり、グローバル化とともに大都市の集中的機能への再評価の動きと軌を一にして起こってきた。「ジェントリー」と呼ばれる若い世代を中心とする富裕層および上層の中産階級の人々は白人が主流である。その結果、かつて「シャッター通り」となっていた都心部《ダウンタウン》の商店街で、高級ブランド店《ハイクラス・ワンブランド・ショップス》をはじめ、商業が再生しつつある。地方自治体にとっては、落ち込んでいた税収の増加も見込めることになる。その半面、長らく貧困と差別とにさいなまれてきたゲットー住民にとって、家賃の値上げ傾向などにより、住み慣れた住居を追い出される事例も目立っている。

こうした問題点にもかかわらず、都心回帰現象《リターン・トゥ・ダウンタウン》によって、歴史的な「アンダークラス」の苦境への再注目の機会が到来しているのも事実である。一例をあげれば、ボストンの新旧ゲットーとして名高かったロックスベリー地区とノースドーチェスター地区にまたがるダドリー通り周辺地域には、新たに設立されたNPOを中心に都心部再生のモデルとなる成果が上げられている。ボストン内外の個人篤志家や社会的責任を意識する諸企業、地方自治体や州政府および連邦政府の資金援助を背景に一九九六年以来ゲットー地区再生活動を続けるダドリー通り地区再生運動（DSNI）のホームページによれば、同地区の人口構成はカーボベルデ系移民（母語はポルトガル語）を中心としたアフリカ系アメリカ人が七二パーセント、ラティーノ系が二四パーセント、白人が四パーセントで、人口の三分の一が一九歳未満、一人当たり平均年収は黒人の最新の全国平均（一万八三五七ドル）よりかなり下回る一万二三三二ドルであるという。こうした、他の大都市中心部のゲットー地区と比べてもより厳しい環境にありながら、NPOや地元行政などの協力団体によってなされている住民の集団的な自立化促進の活動や独自のチャーター・スクールの運営を通じた教育改善などの問題解決努力とその達成は、DSNIのホームページに詳しく記され、全国的な注目を呼んでいる。

代数プロジェクト　「ダドリー通りの奇跡」を生んだDSNIによるものと並んで、成果を上げているもう一つの大都市中心部のゲットー住民の自立化促進《エンパワメント》の努力の例についても紹介したい。それはかつて一九六〇年代にミシシッピ州のデルタ地帯を中心に生命の危険にさらされながら地元の黒人民衆の「有権者登録活動」に取り組み、画期的な投票権法（一九六五年）の議会上程に貢献した、学生活動家集団SNCC《スニック》の伝説的指

図16　「代数プロジェクト」の生徒たちとボブ・モーゼズ

導者であるロバート・(ボブ・)モーゼズ(一九三五年〜)によって、まずボストンで着手され、後にミシシッピ州都ジャクソンや北部大都市のシカゴのゲットー地区で展開され、現在さらに全米各地に拡大してきた代数《アルジェブラ》プロジェクトである。

　筆者は二一世紀初頭の二度の夏を使って、かつての市民権《シヴィル・ライツ》活動家の「その後」を追って全米各地で調査を重ねる中で、幸運にもこの伝説的な元SNCC活動家ボブ・モーゼズの現在の活動に直接触れることができた。場所はジャクソンの中心部《インナー・シティ》の高校だった。正面玄関前には金属探知機が設置され、夏休みなのに玄関の中には二名の警察官が常駐し、入場者を簡易金属探知機で再度検査していた。銃や刃物を携帯して入場する生徒や訪問者を厳重にチェックする日常が想像された。ようやくたどり着いた奥の教室では、ボブ・モーゼズが黒人高校生男女を前に代数を中心とした補習授業を熱心に展開していた。生徒たちの目の色は向上心に輝いていた［図16参照］。

　元々モーゼズはハーヴァード大学の大学院で論理哲学(数学)を専攻して修士号を取得した後にミシシッピ州デルタ地帯へ赴き、SNCCの現地書記《フィールド・セクレタリー》となった。「ブラック・パワー」路線への急傾斜の時期にSNCCの最高指導者となったモーゼズが、一九六九年に公安当局の弾圧から逃れるためにアフリカのタンザニアへの事実上の国外亡命を余儀なくされた後、七六年に帰国し、八二年からマッカーサー財団の援助を受けて開始したのが「代数プロジェクト」というＮＰＯだった。「かつての投票権は今や代数に象徴されるコンピュータ・リテラシーである」と、タンザニアでの数学教師の経験を踏まえた彼は言う。すなわち、グローバル化とＩＴ化が進む現代世界において、ゲットーの諸問題と立ち向かうには、単なる投票権の行使だけではあまりにも無力である。現実的な個々人による自助努力なくして、ゲットーの苦境からの脱出を展望することができないのは当然である。そのような現実を踏まえた上で、モーゼズがたどり着いたのは、とにかくゲットーの子どもたちに自力で高校を卒業させ、大学に進学する意欲を持たせ、自助努力を促すことだった。全国に散らばるかつての活動家や支援者が資金援助し、大学への進学を経済的に可能とする奨学金制度も目指しながら、代数プロジェクトはゲットーにおける住民の自立化促進の活動を地道に実践して、高い評価を受けている。

その後二〇〇六年にモーゼズは名門コーネル大学の由緒ある寄付講座の教授に指名され、キング牧師やＳＮＣＣが関わってきた市民権運動の全貌を後世に伝える教育にも従事している。彼の主張は「質の高い教育は憲法で認められた権利の一つ」という標語に集約されている。この伝説的な元活動家の辿りついた境地に、アメリカで広範に人々の支持を博しうる、自助努力への支援を通じた格差是正という「公正さ」の追求のカギがあるように思われる。市民権革命《シヴィル・ライツ・レヴォルーション》から「ブラック・パワー」と多文化主義の高揚を経て、まさに人権観は従来の「ばらまき《ギヴィング・マネー》」的な福祉から自立化支援へと大きくシフトして現在に至っているのである。

居住区における「人種」隔離の改善　最近の研究によれば、居住区における黒人と白人の「人種」隔離《レイシャル・セグリゲーション》は改善している。その主な原因は黒人エリート層の白人居住区への進出であり、白人富裕層の都心回帰現象や新たな移民の流入も付加的な理由となっている。ただし、相対的に有利な立場の黒人が都心部のゲットー地区から脱出する一方で、白人富裕層による圧迫や新たな移民との摩擦の増大などで、最近の「アンダークラス」の苦境はより一層深まっている。皮肉にも、既述のごとく、市民権革命後のゴートルー・プロジェクトのような低所得層ゲットー居住者への「脱出《ムーヴィング・アウト》」支援政策も、その流れに手を貸しているのである。それでも一九七〇年代をピークに、アメリカの大都市における住宅をめぐる「人種」隔離情況は例外なく確実に低減している。一部で指摘されるように「アンダークラス」人口は多く見積もっても九〇〇万人程度であり、うち黒い肌の人々は七割ほどで、アメリカの黒人の六分の一以下であり、もはや主要な問題と見なされなくてもよい、という見方さえある。

四　人を区別する新たな境界線とは？

容疑者の「人種特定」は偏見ではないのか？　しかしながら、「黒い肌」の人々に対する偏見はむしろ強固になりつつある。その一番のきっかけは、プロローグでも述べたように、黒人男性に圧倒的に多い収監者の比率である。筆者が本書執筆時点で入手し得た最新（二〇一一年一二月三〇日付）の統計で見る男性の収監者総数は一四三万三七四一人であり、これ自体が極めて多いのであるが、その中で黒人男性が占める割合は総人口比（一二・二パーセント）を大きく上回る三八・七パーセントである。ちなみに白人は三二・四パーセントでヒスパニック系は二三・一パーセントである〔表I-7参照〕。アメリカのテレビ報道等で日々流される殺人や強盗など凶悪犯罪の容疑者の「人種特定《レイシャル・プロファイリング》」で若い黒人男性が登場する率は高く、人々の心に黒人若年男性一般への否定的なイメージが統計数値的裏付けを伴って定着する悪循環が生まれている。黒人居住区を中心とした麻薬取り締まりの強化とも相俟って、しばしば黒人の警官が率先した黒人少年に対する無差別的な「尋問」が普通のこととされ、裁判所もそれを公然と認めている。その結果が、黒人男性の異常に高い収監率となる。

既に触れたとおり、現在首都ワシントンにおける黒人青年男性のうち、生涯において刑務所等へ「犯罪者」として収監される率は、実に四人に三人であり、連邦最高裁のハリー・ブラックムン判事の法律事務官を務めたこともあるオハイオ州立大学のミシェル・アレグザンダー准教授によれば、他の大都市でも事情に大差はない。その結果の一端が、先に触れたような著名ハーヴァード大教授の自宅前での誤認逮捕にもつながるのである。「アンダークラス」の苦境は「黒い肌」の人々全体に対して根深く残存する、解消され難い偏見に起因する問題を象徴しているのである。他方、増加の一途をたどる収監者に対応すべく監獄の「民営化」が進められている。二〇〇六～一一年の五年間に、少なくとも一〇州で収監者が二五パーセントも増加し、監獄経営代行業《プライヴェート・プリズンズ》は今や最も「成長」が期待される公共事業《パブリック・ワークス》関連分野となってしまったのである。

ミシェル・アレグザンダー准教授は、しかし同時に、レーガン政権下で一九八〇年代以降に強化され、現在の急激な収監者増を生んだ「麻薬との戦争《ウォー・オン・ドラッグ》」の終焉が展望し難い現実について、次のように語る。

> この戦争によって合衆国憲法の相当部分が無効化された――かつて侵害されえないとされた（引用者註：不合理な捜索や拘束を禁じた）修正第四条は削除され、また全米の都心部で警察行動は軍事行動化された。人種的に特定された麻薬取締活動は、麻薬犯罪歴のある者に対する雇用や住宅取得や公共サービス受給上の差別を定めた立法化と相俟って、全国津々浦々の都市部の黒人男性を永久的に二級市民の地位に押しとどめることになったのである。

服役者は出獄後も長期間参政権剥奪を含む「市民権停止《サスペンション・オヴ・シヴィル・ライツ》」を強いられ、当局の厳しい監督下に置かれて、居住地も就労も制限される。もしこの情況を解消しようとすれば、部分的な改善は役に立たないであろう、とアレグザンダー准教授は指摘し、黒人男性の「大量収監《マス・インカーセレーション》」は「新たなジム・クロウ」である、と彼女は糾弾する［Michelle Alexander, *The New Jim Crow : Mass Incarceration in the Age of Colorblindness*, rev. ed.（New York : The New Press, 2012）, pp. 189–190, 192–196, 232］。

新たな「肌の色の境界線」　第6章で引用した「黒い肌」の移民二・三世の調査で、社会学を専門とする著者たちは、かつて「白人」と「非白人」ないし「有色人」の間に引かれていた堅固な「肌の色の境界線《カラー・ライン》」に代わって、次のような新たな「断裂《クリーヴェッジ》」が生み出されつつある、と指摘している。

> アメリカ的生活における主要な断裂は、かつては白人と非白人の間にあった。今日それは黒人と非黒人の間にあると見るべき証拠が増えつつある。［Philip Kasinitz, et al., *Inheriting the City : The Children of Immigrants Come of Age*（New York : Russell Sage Foundation, 2008）, p. 368］

同じく社会学者で移民史にも造詣が深く、自身も韓国系移民の子どもとして育った経験を持つジェニファー・リーと彼女の同僚による、多数の対面および電話調査を含む最新の研究によれば、アメリカ社会の現状が示す特筆すべき傾向は、多様性のさらなる進行である。具体的には、カリフォルニア大学バークレー校の著名な歴史学者デイヴィッド・ホリンガー教授も指摘した「人種」間結婚の持続的増加である。リーらによれば、既述のごとく、一九六五年の改正移民法の成立以降の「白人でも黒人でもない新たな移民」の大量流入と「人種」の枠を超えた結婚の増加によって、アメリカ社会を規定してきた従来の堅固な「人種」観は揺らいでいる［Jennifer Lee and Frank D. Bean, *The Diversity Paradox : Immigration and the Color Line in the 21st Century America* (New York : Russell Sage Foundation, 2010), chap. 5］。既述のごとく、一〇年ごとの国勢調査《センサス》に設けられている「その他の人種」を選ぶ人々や、二〇〇〇年調査から可能となった「複数人種《マルティプル・レイシズ》」を選ぶ人々の数は着実な増加傾向にあり、植民地時代以来白人のみならず黒人もとらわれてきた、アメリカ社会に特有の堅固な「血の一滴の掟《ワン・ドロップ・ルール》」に基づく「肌の色に基づく境界線」は今や揺らぎつつあり、その傾向はジョン・アイスランドが指摘するように、歴史的に厳然たる事実上の隔離《デファクト・セグリゲーション》が顕著に見られた住宅分野にまで及んでいるのである［John Iceland, *Where We Live Now : Immigration and Race in the United States* (Berkeley, CA : University of California Press, 2009), chap. 3］。

しかしこの「人種」を超えた結婚の増加傾向には重大な例外がある、と前述のリーらは指摘する。その例外とはアフリカ系アメリカ人である。この一種の「黒人例外論」は、かつてホリンガーによって指摘されたものだった。ホリンガーはたびたび改訂を重ね、邦訳されてもいる『ポストエスニック・アメリカ』の「エピローグ」で次のように言う。

アメリカ合衆国ほど監獄に収容されている人口比の高い工業国はほかにない。また、これほど多くの混血の人口を生み出している国もほかにない。アメリカにおけるこの二つの事実の間には直接の関係はない。しかし、この二つの現実はポストエスニックのアメリカに対して相反する意味をもち、両者を合わせて考慮することが望ましい……

混血の人たちは、アメリカの社会をヨーロッパやアジアの大部分の社会から区別すると長い間いわれてきた機会、つまり新しい帰属を生成する強力な象徴である……

その一方で、刑務所と服役者の数は増加している。刑務所に入る若者が黒人である程度に応じて今日、都市ではしばしばそうだが――服役者たちは彼らの集団と結びついている非常に低い階層を永続化させ、その結果、彼らを刑務所に向かわせるのは人種なのか階級なのかをめぐる活発な議論が続いている。〔デイヴィッド・A・ホリンガー『ポストエスニック・アメリカ』明石書店、二〇〇二年、一五六～一五七頁〕

すなわち、高学歴を背景に新たに開かれた経済的機会を利用しつつある新移民を含む中／上層における「人種」を超えた混血の進行と、犯罪に走ることによってしか生きる術を見出せない、外部社会との関係を断たれた大都市中心部の貧困者集住区《ゲットー》の主として黒人から構成される「アンダークラス」の絶望的情況、の二極化である。

望まれるのは積極的差別是正措置の廃止ではなく改善　先に引用したジェニファー・リーらは原点に立ち戻った「アファーマティヴ・アクション」を提言する。すなわち、「歴史的差別の解消」が十分なされるような新たな政策の必要性を訴えている。前にも触れた、ジョン・シングルトン監督の映画『ボーイズ・ン・ザ・フッド』（一九九一年）が描いていたように、ゲットーの黒人少年主人公の運命を友人のギャング団員たちのそれと分けたのは、大学への進学であった。職場や雇用上の差別は解消されつつあり、今やアメリカ人の運命を左右するのは「肌の色」というよりも、ますます学歴になりつつある。問題は、その学歴を得るチャンスが生まれながらに不平等である事実である。

現在でも「人種」に基づく年収などの明らかな格差が解消されないのは、ひとえに学歴上の格差によると考えられる。しかしながら、既に引用した二〇一一年の二五～二九歳の学歴調査データでも分かる通り、黒人の高卒者がようやく九割近く（八八・六パーセント）に上昇しても、安定的雇用の保証となる学士号取得以上の高学歴者は全体の二割程度（二二・七パーセント）にとどまっている。高等教育機関の授業料等の経費が高額なアメリカでは、とりわけ経済的障壁が立ちはだかっているのである。収入の低い世帯の子どもたちは大学進学をあきらめざるを得ないから、こうして低学歴と低収入の悪循環が起こる。望まれるのは「アファーマティヴ・アクション」の廃止ではなく、改善なのである。

ランドール・ケネディ教授の提言　かつて歴史的な「ブラウン」判決（一九五四年）をＮＡＡＣＰ主任弁護士として引き出した後に黒人初の最高裁判事に指名されたサーグッド・マーシャルの法律事務官を務め、その後ハーヴァード大学法科大学院教授を務めるランドール・ケネディは、近著において「アファーマティヴ・アクション」の将来展望について次のように現実的な提言をしている。

> 多くの観察者が次のように表明してきた。初等中等教育において能力を発揮できなかった人種的少数派に大卒資格を与えるよりも、幼稚園から高校までのすべての子どもたちに選りすぐりの学校教育を施すことが、よりよい道であろう、と。それには同意する。大学レベルのアファーマティヴ・アクションに代えて、どんなに金がかかろうと、国中に選りすぐりの初等中等教育を厳格に保障することに、反対ではない。しかしながら、この取引は実現不可能《アンアヴェイラブル》である。あらゆる障害にもかかわらず過去の不正を是正する目的のために私が利用可能であると考えうるのは、「多様性」論を活用しながら、現状の偏見に反撃しつつ、社会統合《インテグレーション》の恩恵に接近することである。……私の考えでは、現在の情況下では、アファーマティヴ・アクションの維持が実現可能な最善の選択肢である。[Randall Kennedy, *For Discrimination : Race, Affirmative Action, and the Law* (New York : Pantheon, 2013), p. 146]

ケネディ教授がとりわけ期待するのは、実質的に「人種」少数派を高等教育機関から追い出したカリフォルニア州の、各高校の成績優秀者を優遇する「上位四パーセント」規定に修正を施し、実質的に「人種」少数派の大学入学者をかなり確保することに貢献しているテキサス州における上位一〇パーセント法《トップ・テン・パーセント・アクト》に変更することである［Ibid., p. 225］。民主主義の枠内で公正さを追求する上で不可欠な、大多数の人々の納得を確保しうる現実的方途として、大いに参照しうる提言だと筆者は考えている。ただし、それと並行して、現在「選択肢の増加」のみに流れがちな初等中等レベルの学校教育制度の全般的な格差是正にも努めてほしい、と切に願うものである。

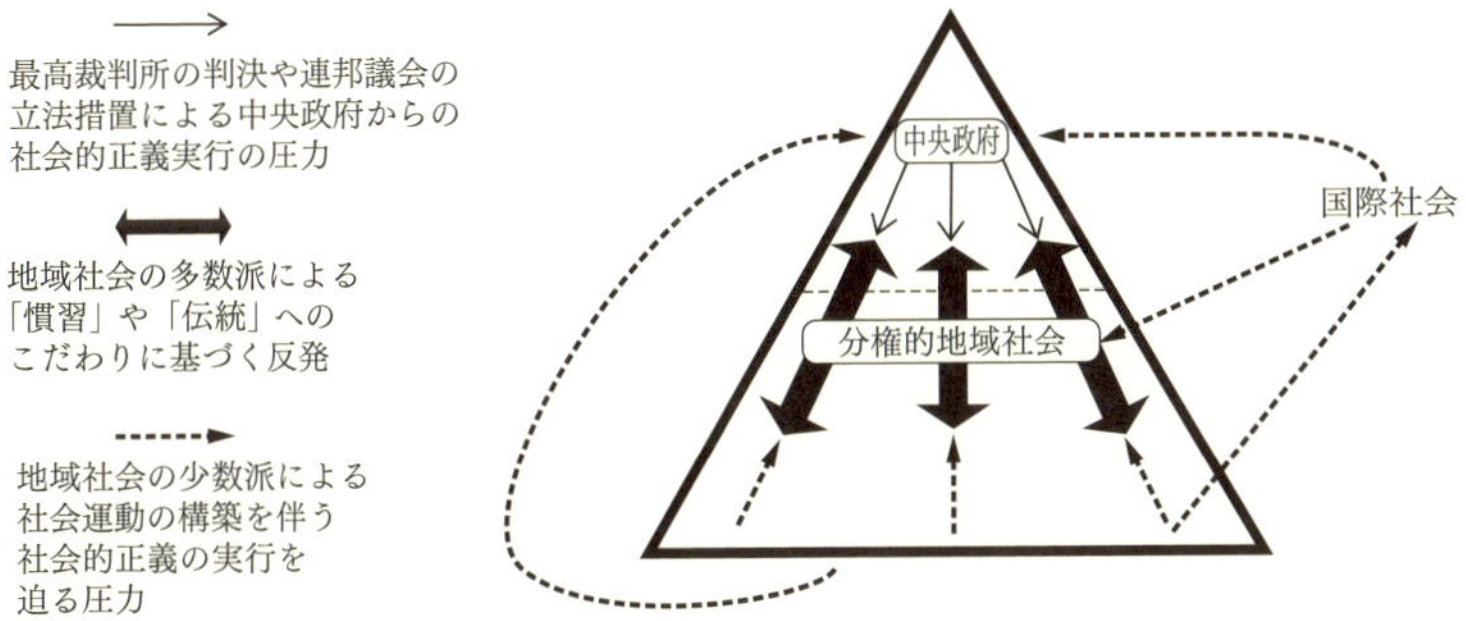

地域的少数派の権利の擁護などの社会的正義（social justice）は本来的に多数決原理に基づく民主的諸国において裁判所の判事（justice）が判決を下し，議会が具体的立法措置を講じることで実行されるが，地方分権的傾向が根強いアメリカでは中央政府の「上から」の命令は，しばしば差別的地域制度が生み出してきた利益に固執する地域的多数派の反発を招く。地域的少数派による広範な社会運動が特定集団の利益擁護を超えたより普遍的に受け入れ可能な公正さ（fairness）を主張するとき，内外の広範な支持による強力な実行圧力を生み出すことが期待される。

図 17　民主主義の枠内で少数派が公正な社会の実現を展望しうる社会運動

公正さの実現に不可欠な社会運動　奴隷制とその遺制に対する損害賠償請求訴訟と大都市中心部におけるかつての市民権活動家を中心とした自助努力に焦点を当てた本章の締めくくりとして、社会運動の必要性と有効性について再確認したい。実のところオーグルトゥリー教授らによる損害賠償請求訴訟は世論の注目を集めはしたものの、肝心の裁判での目ぼしい勝訴を確保できていないままである。また大都市中心部のゲットー地区で展開されてきた自助努力に関しても、次のエピローグでも再確認するように、一九八〇年代後半以降の「大量収監」政策の影響で、ゲットー地区の就労年齢にある黒人男性住民の約七割が収監経験者ないしその予備軍とされる現状にあって、苦戦を強いられている。歴史が教える事実は、最終的に多数決を旨とする民主主義の枠内にとどまって少数派《マイノリティ》の権利擁護や格差是正のための大規模な所得と富の再分配を含む社会的正義の実現に近づくためには、多数派《マジョリティ》にも受け入れられ、国際的にも広く支持を得られるような普遍的な公正さを掲げた広範な社会運動の構築が不可避であるということである。とりわけ地方分権的な伝統の根強いアメリカ民主主義の枠内で地域的少数派が差別の撤廃や真に平等な機会を求めてかなりの成果を上げた市民権運動の例が示すように、非白人系のアジア・アフリカ諸国の独立が相次いだ一九五〇～六〇年代の「冷戦」期には、ニューヨークに本部を置く国連の各レベルの決定で「一国一票」の民主主義が原則とされたこととも相俟って、連邦議会にさえ国際社会の世論という「外圧」が効果的だった。もちろん「冷戦」後の現在、「冷戦」期のような広範な社会運動の再構築には当時以上の多大な努力を要するであろう。しかしながら、かつての有利な条件は減退したものの、一方でグローバル化のさらなる進展は新しい形での社会運動の可能性を生んでおり、例えばインターネットの発展を背景とした各種SNSは国内少数派に新たな武器を提供してくれている〔図17参照〕。

いったん下火になった「占拠運動」ではあったが、その理論的指導者と見なされるフランス人経済学者トマ・ピケティが「格差是正」を訴えた大著『二一世紀の資本論』〔*Capital in the Twenty-First Century* (Cambridge, MA : Belknap, 2013)〕は二〇一四年五月にアメリカで三週間連続ベストセラー（『ニューヨーク・タイムズ』紙のハードカバー・ノンフィクション部門）となっており、広範な社会運動再生の可能性はまだ残されている。

エピローグ　「過去」の清算と未来社会への準備

一　「過去」と未来に向き合って

「将来の多様性の確保」への転換の功罪　特定集団に対する「優先枠設定」を意味するようになった「アファーマティヴ・アクション」は、奴隷制とその廃止後の差別隔離体制という「過去」への補償として一九七〇年代に開始され、その後最高裁判例に基づきその理由付けを「多様性が進展する将来の社会への準備」に変更して今日まで続いている。確かに一部の州で州民投票によって廃止されつつあるが、最大の「少数派集団」としての女性の反対が予想されるため、大半の州ではまだしばらくは存続するであろう。その間、当初の目的であった、政府統計資料から明らかに残存することが見て取れる、歴史的な「人種」による差別と、現代のグローバル化による競争の激化がもたらす世襲化される極度の貧困の解消という国家的問題の解決へ向けての国民的情熱は薄らいだ。一九六〇年代の「市民権革命《シヴィル・ライツ・レヴォルーション》」の折のような広範な社会運動の再生は容易には望みえない。加えて、「人種」統合の進展は、皮肉にもアフリカ系アメリカ人内部の階級的分断を顕在化させ、かつて隔離体制下で差別にさらされながらも培われたコミュニティの団結を掘り崩した。さらに非白人系移民人口の急増は社会的競争を激化させてしまった。その結果、歴史的差別の被害の残存が最も顕著に見られる、主にアフリカ系アメリカ人から構成される大都市中心部の「アンダークラス」の苦境が深まっているが、社会的関心は「黒人初の大統領」たるオバマ政権下でも高まることはない。このことは、二一世紀の幕開けとともに、運動《ポストムーヴメント》後世代の、多くが「アファーマティヴ・アクション」の恩恵を受けた法律家や大学教員からなるアフリカ系アメリカ人指導層が奴隷制と奴隷貿易および「ジム・クロウ」に対する損害賠償《リパレーションズ》請求訴訟運動を開始した背景となっている。

高まる「過去」清算の圧力と深まる断裂　一方、一九九七年五月一六日、ビル・クリントン大統領はアラバマ州タスキーギの黒人男性市民の代表五名をホワイトハウスに招き、連邦政府を代表して謝罪した。一九三二年から四〇年にわたって厚生省が主導してタスキーギの黒人男性市民に対して行なってきた梅毒の人体実験に関する、連邦政府の責任を踏まえての謝罪だった。この人体実験の被験者には「無償の医療が受けられるプログラムである」としか説明されていなかった。一九七四年から連邦議会が調査委員会を設け、長期の調査の末に連邦政府の責任が明らかになったのである。これは、既述した第二次世界大戦中の日系市民に対する賠償に続く、連邦政府による歴史的な「過去の不正」への損害賠償の例となった。本土以外のハワイなども含めた先住諸民族の賠償請求がアメリカ国内で起こっているだけでなく、ラテン・アメリカ諸国内部でも同様の訴訟が起こり、アフリカ諸国が西欧諸国による植民地支配や奴隷貿易の歴史的責任を追及し損害賠償を請求する動きも見られるようになっている。第二次世界大戦後のドイツの賠償に比べた日本の戦争責任に対する戦後の歴史認識批判の高まりも、これらと無関係ではない。「過去の不正」をめぐって各国の内部で、そして国際的に、世論の対立が深まる傾向は、グローバル化が日常的にもますます顕著に感じられるようになった第二次世界大戦終結五〇周年頃を境に、むしろ深まるようになり、今日に至っている。

しかしながら、既に第8章の末尾でも指摘したように、アフリカ系アメリカ人指導層が展開してきた歴史的損害賠償訴訟は、世論の注目を高めたものの、目ぼしい勝訴を確保できないままである。

二 より公正な社会を目指して

未来のための賠償の具体的使途　第8章で触れた、奴隷制賠償請求訴訟運動の中心的推進者の一人でもあるジョージタウン大学経営大学院のリチャード・アメリカ特任教授は、その五～一〇兆ドルと推計される賠償金の具体的使途に関して、「主要には人材育成や住宅改善、企業創生に支出されるべきである」と提言する。その目指すところは次の点であるとされる。

主要なアメリカの社会問題——人種問題——を解決することで、人種差別が経済的に魅力を失うことになる。この解決策に含まれるのは、人種差別が白人多数派に生み出してきた不正な利益を取り戻し、市場と教育制度に介入して、それがもうこれ以上利益を生まないようにさせることである。〔Richard America, “The Theory of Restitution : The African American Case,” in Michael T. Martin & Marilyn Yaquinto, eds., *Redress for Historical Injustice in the United States : On Reparations for Slavery, Jim Crow, and Their Legacies* (Durham, NC : Duke University Press,

2007), pp. 160–169］

既述の内容を繰り返すが、リチャード・アメリカが目指すのは「過去の差別への賠償」というよりも、政府統計数値で依然として明らかなままの「現在の格差の是正」である。そのために必要なのは「アファーマティヴ・アクション」の廃止ではなく、より効果的な「アファーマティヴ・アクション」なのである。それは今後二世代にわたって続けられるべきである、と彼は言う。

アフリカ系アメリカ人の賠償請求運動を支持する、ハワイ大学マノア校法科大学院教授のエリック・K・ヤマモトは、「賠償」を意味する英語の「リパレーション」の原義が「修復」を意味する「リペア」であることを指摘し、その目的を「法的な補償」ではなく「社会的な修復」であるべきだとする［Eric K. Yamamoto, "What's Next?: Japanese American Redress and African American Reparations," in ibid., p. 424］。歴史的な「人種」にまつわる不公正への不誠実な対応を放置し続ける限り、アメリカ社会は、グローバル市民社会において道徳的信頼を低下させるであろう。それはアメリカの主流《メインストリーム》派にとっても長期的に不利益であろう。

「公正さ」の実現を目指す国への期待　チャールズ・オーグルトゥリーやリチャード・アメリカらが推進し、エリック・ヤマモトらが支援する賠償請求運動が成果を生むためには、やはりより広く「人種」を超えて支持の拡大を確保することが不可欠であろう。長年アメリカ史の研究と教育に携わってきた筆者から見て言えることは、ある政治的要求がアメリカの広範な市民層の支持を確保するためには、多くの人々が納得しうる「公正さ」に立脚する必要があるということである。そして「公正さ」は価値観と不可分である。

「公正さの追求」という視点からアメリカ史を跡付けてきた本書の最後にまとめとして言えるのは、アメリカ社会において公正さを実現する制度化の努力に際して、強固な個人主義を背景としてアメリカ人の大多数が信奉する「自己責任」の価値観を無視し得ないという事実である。しかしその一方で、先に引用した、ウィルソン教授に自説の一部修正を決意させるきっかけの一つとなったオバマ大統領によるアフリカ系アメリカ人男性への叱咤激励の言葉にもかかわらず、とりわけ大都市中心部の「アンダークラス」の「自助努力」には限界がある。先に引用したミシェル・アレグザンダー准教授が糾弾する「大量収監《マス・インカーセレーション》」政策を採る現在のアメリカは、もはやかつてのようなアフリカ系アメリカ人の「搾取」すら必要としていないからである。白人のみならず、黒人社会の内部の、主に成功者からさえ声高に叫ばれる「自助努力」や「自己責任」の声にもかかわらず、都心部ゲットー地区にはそのような声に応えうる能力と条件が絶望的に欠如している。全国のゲットーでも最貧困層が集住する、キング牧師がかつて住宅における「人種」隔離と闘う「最後の聖戦」の地に選んだシカゴ市ウエストサイドのノースローンデイル地区では、今や一八〜四五歳の黒人男性の七割が「出所者」であるという［Alexander, *The New Jim Crow*, p. 196］。

　政府統計に現れる問題には、選挙直前にオバマ候補が黒人男性に向けて批判した、社会経済的階層に関わりなく異常に高い黒人の母子世帯率のように、確かに文化的要因を完全には否定し難いものも含まれる。「自助努力」で改善しうる余地はかなりあるし、外部からの働きかけを効果的に活用する上で個々人の向上心は不可欠の条件であろう。しかしながら、その他の数値、たとえば一人当たり年収や貧困率、平均寿命、学歴と学歴別年収で見る限り、「人種」別の格差は歴然としている。換言すれば、現状では「自助努力」を積み重ね「自己責任」を果たす上での生まれながらの条件の差が歴然としているということである。

ウィルソン教授がかつて黒人ゲットーに集中していると嘆息した、自己効力感《セルフエフィカシー》を欠いた人々には、外部の有効な働きかけや多文化的刺激が必要かつ有効であることは、おそらく反論の余地がないであろう。その効果は既にボストンの「ダドリー通りの奇跡」と呼ぶべき地域再生の事例や、タンザニアへの事実上の亡命を強いられた「元活動家」ボブ・モーゼズが「その後」に取り組んだ代数《アルジェブラ》プロジェクトなどの、地域に根差した地道な自立化《エンパワメント》促進活動の成果が示すとおりである。このような活動への、従来の一部の個人篤志家や社会的責任を自覚する企業からのものを越えた公的支援の拡大が望まれる。

憲法判断を司る連邦裁判機構によってゴーサインが出されている「外見上の判断に基づく予防的警察行動」の結果としてもたらされるアフリカ系アメリカ人男性の収監率の異常な高さは、筆者のような外部からの専門的観察者にとってのみならず、普通の市民の目で見ても到底「自己責任」の論理で放置しうるものではない。大半のアメリカ人が納得するであろう「公正さ」とは、敢えて一言で表現するなら、このような、生まれながらの、あるいは後天的に生じた、誰にでも訪れる可能性のある、「自己責任」を越えたあらゆる条件の差の解消である。現に一九八〇年代以降の保守化が進んだ時代でも、大半のアメリカ人は「高齢」や「障がい」といった誰にでも訪れうる不利な条件を取り除くための「アファーマティヴ・アクション」というべき優遇措置を講じることに同意を示している。「性別／ジェンダー」と並んで明らかな統計的格差が見られる「人種」が、本人に責任のない「生まれながらの条件の差」と見なせない合理的理由を、筆者はどうしても見出せないのである。

アメリカ史を貫いて追求されてきた「公正さ」は、「人種」に関わりのない単なる統計数値上の平等化ではなかった点を忘れてはならない。当然ながら、市民権活動家が求め続けてきたのは黒人の貧困率や収監率を白人のそれに均衡させることではなかったのである。一九八〇年代のレーガン政権下で開始された「大量収監」政策の結果、アメリカは一〇万人当たりの収監者が七四三人に達し（二〇〇九年）、二位のロシアの五七七名を大きく引き離して「ダントツ」の一位である。二〇一一年における、収監者に保護観察下に置かれた者を加えた公的矯正制度下にある成人人口は、前年比で九万八〇〇〇人ほど減ったとはいえ、依然として約七〇〇万人を数える。一九八〇年時点においては二〇〇万人を切っていたのと比べ、驚異的な数である。殺人事件などの重犯罪率がとりわけ黒人の中で低下している一方、「麻薬との戦争《ウォー・オン・ドラッグ》」や交通違反取り締まり強化等による、より軽微な「犯罪」の増加の影響である。アメリカが目指すべきは「人種」に関わりのない貧困率や収監率であるよりも、貧困率それ自体の低下や、何よりも日本の五九名と比べたあまりにも高すぎる、一〇万人当たり七四三人という収監率の低減であろう［“Prison Brief — Highest to Lowest Rates,” retrieved in http://www.webcitation.org/5xRCN8YmR］。

既に繰り返し見てきたように、しかしそれでも、一九八〇年代以降の黒人の、とりわけ男性の収監率の異常な高さは何を物語っているのであろうか。それは何よりも、ミシェル・アレグザンダー准教授が糾弾する「麻薬との戦争」という名の下に行われる外見的特徴や居住地を特定した偏見に満ちた極めて不当な予断捜査の結果である。加えて、同じく一九八〇年代以降に始まった福祉予算削減や主に非欧州系の新たな大量移民の流入とも不可分の現象である。アフリカ系アメリカ人は植民地時代から奴隷として、また南北戦争後は小作人として、そして工業化の時代には低賃金労働者や「スト破り」として、その時々のアメリカ経済の発展に「貢献」を強いられてきた。近年の脱工業化とグローバル化に伴う、非白人系の優秀でより安価な労働力の大量参入の中で、労働力としてもはや不要となった大都市中心部の「アンダークラス」は、今や「監獄ビジネス」という名の新たな「公共事業」を支える存在に追いやられているのである［Alexander, op cit., pp. 197, 219, 230–231］。

現地滞在調査を含めた長年のアメリカ史の研究を経て筆者に実感される「アメリカ的公正さ」とは、いささか理想主義的に過ぎるが、「自己責任」と「公的責任」の解きがたい歴史的矛盾の解決のために、建国以来「どの人も自己責任をとれるような能力と条件が保障された社会」を実現する努力で応えてきた歴史の中に見て取れる。アメリカは「公正さ」に訴えれば必ず好意的な社会的反応が他のどの国よりも広範に期待しうる国であるとの思いは、かの地で一定期間生活した日本人に共通する印象であろう。それは「アメリカ」の実体験をもたない、日本のとりわけ若い人々に筆者が伝えたいと願う、「アメリカ」の実像であるよりも未来へむけた、歴史的苦闘に裏打ちされた潜在的能力と魅力でもある。その潜在能力をより現実化するためには、「人種」をはじめとする個々の「アイデンティティ」を超えた「アメリカ人」という連帯意識の醸成が不可欠であろう。そしてそのためにはオーグルトゥリー教授らの提起している、奴隷制と奴隷貿易および「ジム・クロウ」の賠償請求訴訟を通じて期待される、従来の「優先枠設定」に特化した「アファーマティヴ・アクション」政策の維持の可否を超えた、拡大する格差の是正に向けた政策の議論を含む、広範な世論の喚起が不可欠である。アメリカには、競合的というよりも共益的であるような、これまで以上に世界に範となるような、公正でかつ多様な社会の未来像を、是非とも示してほしいと願うものである。そのためには差別的な「過去」の残影を十分に拭い去ることが不可欠であろう。「過去」と未来に向き合ってきた、そして世界の被差別被抑圧民衆に希望を与えてきたアメリカに、筆者は最大限の敬意を表しつつ、読者諸氏とともに、今後もかの地の人々による「公正さ」の追求努力の行方に注目したいと思う。

あとがき

本書は「人種」にまつわる問題を抱え続けるアメリカが、大胆な積極的差別是正措置（アファーマティヴ・アクション）によってその克服に努めてきた歴史的な歩みを、できるだけ平易に概観する試みである。

歴史家にとって概説史の単著執筆はかなり重い負担と危険を覚悟しなければならない仕事である。ただ単に幅広い知識の収集と分析・消化の作業が大変なだけではない。同業者の評価は低く、しかも各時代やテーマの専門家の厳しい批判に晒される、割に合わない危険な仕事である。このコストとリスクを回避するために、概説史の出版にあたっては専門の時代とテーマを異にする多くの同業者が共同で編集・執筆するのが近年の主要な傾向であり、私もそれに携わってきた。しかし同時にそのような共同作業は、どうしても多様な見解の並列的な提示の傾向が否めず、概括的な歴史の流れの把握という点で、読者に十分な満足を与え難いのも事実である。また何より歴史家にとって概説史の単著執筆は、生涯の研究の集大成の側面もある。限られた分量の範囲で適切かつ効果的に歴史上の人物や出来事を選びつつ、年表を追うような事実の羅列ではなく、あるべき未来社会へ向けて有効かつ説得的な相互に連関性を持たせたストーリーになるように諸事実を纏め上げ、学生諸君や一般市民に提示するのは、誠に魅力的でやりがいのある仕事でもある。

本書の執筆と公刊を決意した背景に、長年日本人として、アメリカ研究、しかも「人種」の問題に携わるなかで、黒人でも白人でもない言わば部外者としての私が徐々に自覚するに至った義務感のようなものもあったことを告白したい。日本にも歴史認識問題をめぐって周辺諸国との未解決の事案がある。二〇世末から二一世紀初頭にかけて全米各地で一九六〇年代の市民権運動関係者にインタビューを重ねる中で、黒人と白人の双方からしばしば「よその国の問題に首を突っ込む前に日本の問題に取り組むべきではないか」と拒絶反応を示された。間もなく苦しまぎれに「私は日本人として日本の問題に関しては当事者であり、したがって客観的研究をする自信がありません。ですから外国の方に是非とも日本の研究をしていただきたいと思いますし、そのお手伝いはさせていただきますが、その代わり、黒人でも白人でもない部外者である日本人の私にアメリカの問題を研究させて下さい」という屁理屈を考えつき、それは予想外に効果を発揮した。本書にも登場する故ロバート・ウッド氏やボストンの「バス通学」をめぐる紛争を調べた際の例に見られるごとく、彼ら彼女らがそれまでアメリカ人研究者や仲間内にさえ語らなかった事実を告白してくれる例が少なからずあった。他方で、ミシシッピ州都のゲットー地区に所在し、正門前に金属探知機が設置され玄関の中に二名の武装警官を配置する高校で、夏休みに特別授業を展開し続けるボブ・モーゼズ氏を訪ねた際には、何の言い訳も不要だった。地球の裏側から、周囲の黒人住民からさえ「危険な場所」と見なされる高校に一人の歴史上の人物の「今」を調べるためにわざわざ訪ねに来た私の到来そのものが、既に疑念を払拭していたのかもしれない。外国人による地域研究における新たな「中立性」「互恵性」「相互理解」の創造の努力が求められており、まず必要なのは互いの「内」を「外」に対し開くことである、と提言したい。

このような真実の証言を何とか生かしたいという思いは、私に日本語版と同時に、英語版での出版も試みねば、という強い義務感を植え付けた。本書で触れた一八三〇年代初頭のトクヴィルによる『アメリカの民主政治』や第二次世界大戦末期にフォード財団の依頼で研究され出版されたスウェーデン人経済学者グンナー・ミュルダールによる『アメリカのディレンマ』〔Karl Gunnar Myrdal, *An American Dilemma : the Negro Problem and Modern Democracy* (Harper & Row, 1944)〕、近年ではフランス人経済史家トマ・ピケティの『21世紀の資本』〔みすず書房、近刊〕の例に見られるごとく、アメリカには「人種」問題を含む自国の矛盾に関する外国人の真剣な提言に耳を傾ける歴史がある。このような輝かしい外部観察者の系列に私が並ぶべくもないが、非西欧系の研究者の声もあげねばならないとの思いが、研究を続ける間に次第に募っていった。

そろそろ専任の大学教員としての残り時間を意識し始める年齢に達した私が、こうした長年の夢の実現に向けて覚悟すべき時が到来したと感じ始めたのは三年前だった。まず出版の期日を設定することから始めた。あらゆる差別が厳格に禁止される今日のアメリカ社会の前提を確立した市民権法の制定五〇周年である二〇一四年を目標達成の期限に選んだ。常日頃学部ゼミ生の共同研究や卒業論文、そして大学院生の学位論文の指導において、「設定された期日から逆算して準備計画を立て、ただひたすらにそれを実行すること」を強調してきた手前、手本を見せる必要があった。本書の内容を常に意識して勤務校でのすべての授業を進めてきた三年間だった。

最後に謝辞を贈るべき方々を列挙させていただく。既述のごとく本書と並行して英語版の同時出版も試みられたが、ノーザン・ケンタッキー・ユニヴァーシティのマイケル・ワシントン教授と桑原泰枝教授のご夫妻には単なる英語表現の修正にとどまらず、日本にいて所詮は部外者として研究する私には及び難いさまざまな誤解の指摘を含む、極めて有益な助言をいただいた。英語版の執筆過程で本書の叙述内容も修正された。現時点において英語版の出版は依然として実現に向けて努力を続けている最中であるが、アメリカ人のみならず世界の人々に広く私の歴史家人生の意味を問い、非欧州系観察者のアメリカ史像を提示するというもう一つの夢の達成に向けて、安易な「介入」との懸念を当事者たるアメリカの人々に払拭してもらえるように、さらに精進を続けたい。次に挙げるべきは、勤務校である南山大学外国語学部英米学科の「川島ゼミ」の学生諸君およびOB／OG諸氏である。とりわけ二〇一三年度の「名古屋国際関係学生合同ゼミナール（合ゼミ）」の発表のための共同研究を担った光岡亮介さんをはじめとするゼミ生の皆さんの存在は大いに支えとなった。南山大学アメリカ研究センター長としての私の我儘な活動を支えてくださった佐藤幸代さんをはじめとする事務局の皆さんにもお世話になった。癖の強い概説史の単著出版というリスキーな企てをご快諾くださった名古屋大学出版会の橘宗吾氏をはじめとする関係者の皆さんにも感謝したい。とりわけ前著以上に本気でお付き合い下さった神舘健司氏に特段の御礼を申し上げたい。

二〇一四年一〇月三〇日

川島 正樹

《著者略歴》

川島正樹《かわしままさき》

1955年　東京都に生まれる
1979年　京都大学文学部史学科現代史専攻卒業
1988年　立教大学大学院文学研究科史学専攻西洋史専修博士後期課程満期退学
千葉県立千葉高等学校教諭（1979-90），椙山女学園大学講師（1990-92），三重大学講師（1992-93）・助教授（1993-99）などを経て
現　在　南山大学外国語学部教授，博士（文学，京都大学）
著訳書　『アメリカ市民権運動の歴史——連鎖する地域闘争と合衆国社会』（名古屋大学出版会，2008年）
『アメリカニズムと「人種」』（編著，名古屋大学出版会，2005年）
American History, Race and the Struggle for Equalty : An Unfinished Journey (Palgrave Macmillan, 2017)
トマス・スグルー『アメリカの都市危機と「アンダークラス」——自動車都市デトロイトの戦後史』（訳，明石書店，2002年）
ウィリアム・ジュリアス・ウィルソン『アメリカ大都市の貧困と差別——仕事がなくなるとき』（共訳，明石書店，1999年）他

アファーマティヴ・アクションの行方

2014年11月30日　初版第1刷発行
2018年 5 月30日　初版第2刷発行

定価はカバーに
表示しています

著　者　川　島　正　樹

発行者　金　山　弥　平

発行所　一般財団法人　名古屋大学出版会
〒464-0814　名古屋市千種区不老町1名古屋大学構内
電話(052)781-5027/FAX(052)781-0697

印刷・製本 ㈱クイックス　　ISBN978-4-8158-0791-7
乱丁・落丁はお取替えいたします。

索　引

ア 行

カ　行

サ　行

タ 行

ナ　行

ハ　行

マ　行

ヤ 行

ラ・ワ行

図版一覧

図 1　現生人類の発生と拡散（*The National Geographic*［March 2006］, pp. 60–73；『ナショナル・ジオグラフィック日本版』2006 年 3 月号，40–53 頁；スティーヴン・オッペンハイマー『人類の足跡 10 万年全史』草思社，2007 年）…………… 21
図 2　奴隷船に詰め込まれた奴隷たち（18 世紀）（連邦議会図書館所蔵）…………… 26
図 3　大西洋交易システム（17 世紀後半〜18 世紀前半）（Mary Beth Norton, et al., *A People and A Nation : A History of the United States*, brief 9th ed.［Boston, MA : Cengage Learning, 2012］, p. 66）………………………………………………… 27
図 4　1768–72 年の英領北米植民地からの目的地別年平均輸出額（John J. McCusker & Russell R. Menard, *The Economy of British America, 1607–1789*［Chapel Hill, NC : University of North Carolina Press, 1991］, pp. 108, 189, 130, 174）………… 28
図 5　マサチューセッツ第 54 志願歩兵連隊によるワグナー要塞攻撃（“Storming Fort Wagner,” 1890 年頃，連邦議会図書館所蔵）……………………………………… 55
図 6　奴隷制の前後での典型的プランテーションの変化（Eric Foner, *Reconstruction : America's Unfinished Revolution, 1863–1877*［New York, NY : Harper & Row, 1988］, pp. 406–407）………………………………………………………………… 63
図 7　ノースキャロライナ州の水飲み場（1950 年）（Elliott Erwitt 撮影。*The Fifties : Photographs of America*［New York, NY : Pantheon Books, 1985］）………………… 66
図 8　マーカス・ガーヴィーの肖像が刻印されたジャマイカの 25 セントコイン（by cgb – http://www.cgb.fr/jamaique-25-cents-armes-marcus-gavey-1993,fwo_192179,a.html. Licensed under Creative Commons Attribution-Share Alike 3.0 via Wikimedia Commons – http: //commons.wikimedia.org/wiki/File: Jamaique,_25_cents_%C3%A0_l%27effigie_de_Marcus_Garvey.jpg#mediaviewer/File:Jamaique,_25_cents_%C3%A0_l%27effigie_de_Marcus_Garvey.jpg）………………………………………………………… 74
図 9　ロバート・コールドウェル・ウッド（1996 年 4 月 21 日筆者撮影）…………… 79
図 10　1964 年 3 月 26 日に連邦議会で握手するキング牧師（左）とマルコム・X（連邦議会図書館所蔵）……………………………………………………………… 92
図 11　都心部「人種」隔離学校の是正をめぐる二つの選択肢（筆者作成）………… 110
図 12　1976 年 4 月 6 日のボストンにおける「バス通学」に対する暴力的反発（Stanley J. Forman 撮影。“The Soiling of Old Glory,” Pulitzer Prize 1977）…………… 112
図 13　1992 年のロス暴動で全焼した韓国系移民が経営する商店（毎日新聞社提供）………………………………………………………………………………… 123
図 14　1995 年 10 月 16 日の首都ワシントンにおける「百万人の男の行進」（by

付　表

I. 現在も残存する「肌の色」による格差を示す統計数値

表 I-1　アメリカ合衆国の「人種」別人口比率
（2010 年の国勢調査による）

総人口（2013 年 7 月推計値）	316,364,000 人
白人（非ヒスパニック系）	63.70%
黒人／アフリカ系	12.20
アジア系	4.70
ヒスパニック／ラティーノ系	16.40

出典）Demographics of the United States（https://en.wikipedia.org/wiki/Demographics_of_the_United_States）.

表 I-2　所得および健康保険加入率の「人種」間格差（2011 年）

	1 人当り年収	世帯別年収中央値	貧困世帯率	18 歳未満貧困率	年収 $15,000 未満	健康保険未加入率
白人（非ヒスパニック系）	$32,673	$55,412	9.8%	12.5%	10.7%	11.1%
黒人	18,357	32,229	27.6	38.8	25.6	19.5
アジア系	29,235	65,129	12.3	13.5	16.8	16.8
ヒスパニック系	15,479	38,624	25.3	34.1	16.5	30.1
全体	27,554	50,054	15.0	21.9	13.5	15.7

出典）U.S. Census Bureau, *Income, Poverty, and Health Insurance Coverage in the United States : 2011*（http://www.census.gov/prod/2012pubs/p60-243.pdf）; U.S. Census Bureau, Historical Income Tables : People（http://www.census.gov/hhes/www/income/data/historical/people/）.

表 I-3　フルタイム労働者の週給の「人種」および性別間格差（2010 年）

	男　性	女性の対男性%
白人（非ヒスパニック系）	$850	80.5%
黒人	633	93.5
アジア系	936	82.6
ヒスパニック系	580	90.7
全体	824	81.2

出典）U.S. Department of Labor, *Women in the Labor Force : A Databook*, 2011, Table 6（http://bls.gov/cps/wlf-databook-2011.pdf）.

表 I-4　25〜29 歳人口の学歴「人種」間格差（2011 年）

	高校卒業以上	短大以上 教育経験	学士取得以上
白人（非ヒスパニック系）	94.6%	69.2%	39.8%
黒人	88.6	58.7	22.7
アジア系	95.7	81.7	60.7
ヒスパニック系	75.0	41.0	14.8
全体	87.6	57.3	30.9

出典）U.S. Census Bureau, *Educational Attainment in the United States : 2012*, Detailed Tables（http://www.census.gov/hhes/socdemo/education/data/cps/2012/tables.html）.

表 I-5　学歴・「人種」・性別間賃金格差（1990 年）

	博士号 取得者	専門職学位 取得者	修士号 取得者	学士号 取得者	高校卒業 未満
白人男性	$70,414	$90,616	$57,371	$47,181	$30,275
白人女性	47,876	61,995	38,391	31,338	20,876
黒人男性	54,741	71,114	47,234	32,001	7,203
黒人女性	44,230	54,171	34,006	30,584	18,629

出典）Federal Grass Ceiling Commission 1995, Jo Ann Ooiman Robinson, ed., *Affirmative Action : A Documentary History*（Westport, CT : Greenwood Press, 2001）, p. 322.

表 I-6 「人種」別平均寿命（2008 年）

白人男性：75.9 歳	黒人男性：70.9	（対白人比－5.0）
白人女性：80.8	黒人女性：77.4	（対白人比－2.6）

出典）U.S. Census Bureau, *Life Expectancy : The Statistical Abstract*, Table 107（http://www.census.gov/compendia/statab/2012/tables/12s0107.pdf）.

表 I-7 「人種」別男性収監者数（2011 年 12 月 30 日現在）

総数	1,433,741 人（100%）
白人	465,100 人（32.4%）
黒人	555,300 人（38.7%）
ヒスパニック系	331,500 人（23.1%）

出典）U.S. Department of Justice, *Prisoners in 2011*, Table 7（http: //www. doc. wa. gov/aboutdoc/measuresstatistics/docs/BJSReport.Prisonersin2011.pdf）.

表 I-8 「人種」別 18 歳未満の子供のいる世帯における女性世帯主世帯の割合（2010 年）

白人（非ヒスパニック系）	18.8%
黒人	57.0
アジア系	10.4
ヒスパニック／ラティーノ系	29.8
全体	19.3

出典）U.S. Census Bureau, *The 2012 Statistical Abstract, Population : Households, Families, Group Quarters*, Table 66（http://www.census.gov/compendia/statab/2012/tables/12s0066.pdf）.

表 I-9 「人種」別高等学校中退者率（2000〜2010 年）

	2000 年	2009 年
全体	12.9%	9.1%
白人	12.6	8.6
白人男性	13.7	10.0
白人女性	11.4	7.3
黒人	16.0	13.1
黒人男性	19.1	15.5
黒人女性	13.5	10.7
ヒスパニック系	30.0	17.9
ヒスパニック系男性	33.7	18.7
ヒスパニック系女性	26.1	17.2

出典）U.S. Census Bureau, *Statistical Abstract of the United States : 2012, Education*, Table 273 : Enrollment Status by Race, Hispanic Origin, and Sex : 2000 and 2009 （http: //www.census.gov/compendia/statab/2012/tables/12s0272.pdf）.

表 I-10 「人種」別メディケアー／メディケイド受給者率

	白人	黒人	ヒスパニック系	その他
メディケアー（2011）*	77%	10%	8%	5%
メディケイド（2008）**	38.00	21.30	21.80	18.90%

出典）*http://kff.org/medicare/state-indicator/medicare-beneficiaries-by-raceethnicity/
**http://www.cdc.gov/nchs/data/hus/2010/143.pdf

II.「逆差別《リヴァース・ディスクリミネーション》」をめぐる最高裁と世論の意見

表 II-1 「バッキ」判決時の最高裁判事の意見の相違

	バッキの入学	特別入学制度の妥当性	「人種枠」の妥当性
Blackman	No	Yes	Yes
Brennan	No	Yes	Yes
Burger	Yes	No	No
Marshall	No	Yes	Yes
Powell	Yes	No	Yes
Rehnquist	Yes	No	No
Stevens	Yes	No	No
Stewart	Yes	No	No
White	No	Yes	Yes

出典) Jo Ann Ooiman Robinson, ed., *Affirmative Action : A Documentary History* (Westport, CT : Greenwood Press, 2001), p. 206.

表 II-2 「バッキ」判決直前 (1977 年) の「人種」別世論調査

	白人		黒人	
	賛成	反対	賛成	反対
大企業の少数派への特別訓練	63%	32%	88%	9%
企業の特別採用枠	35	60	64	26
優秀な少数派志願者への大学/院の優先枠	59	36	83	16
特別入学枠の設定	32	60	46	42

出典) Jo Ann Ooiman Robinson, ed., *Affirmative Action : A Documentary History* (Westport, CT : Greenwood Press, 2001), p. 199.

文献案内

プロローグ　アファーマティヴ・アクションとは何か

①Anderson, Terry H. *The Pursuit of Fairness : A History of Affirmative Action*. New York, NY : Oxford University Press, 2004.

②Carson, Clayborne, et al. *The Struggle for Freedom : A History of African Americans*, combined volume, second ed. Upper Saddle River, NJ : Prentice Hall [Penguin Academics], 2011.

③Foner, Eric. *The Story of American Freedom*. New York, NY : W. W. Norton, 1998（フォナー，エリック著，横山良他訳『アメリカ自由の物語――植民地時代から現代まで』岩波書店，2008 年）.

④川島正樹編『アメリカニズムと「人種」』名古屋大学出版会，2005 年

⑤Norton, Mary B., et al. *A People and a Nation : A History of the United States*, brief 10th ed. Boston, MA : Cengage Learning, 2013.

⑥Ogletree, Charles J., Jr. "Litigating the Legacy of Slavery." *The New York Times Weekly Review*, March 31, 2002 : Op-Ed page : IE7.

⑦大森一輝『アフリカ系アメリカ人という困難』彩流社，2014 年

⑧大下尚一，有賀貞，志邨晃佑，平野孝編『史料が語るアメリカ 1584-1988――メイフラワーから包括通商法まで』有斐閣，1989 年

⑨Robinson, Jo Ann Ooiman, ed. *Affirmative Action : A Documentary History*. Westport, CT : Greenwood Press, 2001.

⑩Rubio, Philip F. *A History of Affirmative Action, 1619-2000*. Jackson, MS : University of Mississippi Press, 2001.

⑪上杉忍『アメリカ黒人の歴史――奴隷貿易からオバマ大統領まで（中公新書 2209)』中央公論新社，2012 年

⑫U.S. Census Bureau, *Income, Poverty, and Health Insurance Coverage in the United States : 2011*. Retrieved in http://www.census.gov/prod/2012pubs/p60-243.pdf.

⑬U.S. Census Bureau, *Statistical Abstract of the United States : 2012, Education*. Retrieved in http://www.census.gov/compendia/statab/2012/tables/12s0272.pdf.

⑥は本文で引用した，ハーヴァード法科大学院教授による奴隷制と「人種」隔離およびその遺制に対する賠償請求訴訟の記事である。第 8 章に関連文献があるので参照してほしい。⑧はやや古いが日本語で読めるアメリカ史の一次資料集である。⑨はアメリカにおける「アファーマティヴ・アクション」に関する一次資料集である。⑫と

⑬はアメリカ合衆国商務省国勢調査局が1790年以来10年ごとに行っている国勢調査と毎年発表される速報値の本書執筆時点における最新版であり，「人種」に関する歴然たる格差が確認できる。その他の文献は概説書である。①は本書のメイン・テーマと重なる「公正さ」の追求の軌跡としての「アファーマティヴ・アクション」の概説史である。⑩はアメリカ以外にも目を配った「アファーマティヴ・アクション」の概説史である。⑤は学部レベルでありながら詳細な資料を交えたアメリカの大学で定評あるアメリカ史全般のテキストである。その他は「人種」関係史ないしアフリカ系アメリカ人史の概説書である。

第I部　歴史的前提

第1章　「社会的構築物としての人種」と近代世界システム

①Curtin, Philip D. *The Atlantic Slave Trade : A Census*. Madison, WS : University of Wisconsin Press, 1969.

②Degler, Karl. *Neither Black nor White : Slavery and Race Relations in Brazil and the United States*. New York, NY : Macmillan, 1971（デグラー，カール著，儀部景俊訳『ブラジルと合衆国の人種差別』亜紀書房，1986年）.

③エルキンズ，S他著，山本新他編訳『アメリカ大陸の奴隷制――南北アメリカの比較論争』神奈川大学人文学会，1978年

④「ヒトゲノム解読完了　国際機構会長　榊佳之さんに聞く」『朝日新聞』（2003年4月20日）

⑤International Slavery Museum and Rev. Jesse Jackson. *Transatlantic Slavery : An Introduction*. Liverpool, UN : Liverpool University Press, 2010.

⑥ジョルダン，ベルトラン著，林昌宏訳『人種は存在しない――人種問題と遺伝学』中央公論新社，2013年

⑦Jordan, Winthrop. “American Chiaroscuro : The Status and Definition of Mulattoes in the British Colonies.” *William and Mary Quarterly*, 3rd ser., vol. 19（1962）: 183-200.

⑧川北稔『砂糖の世界史（岩波ジュニア新書）』岩波書店，1996年

⑨川島正樹「北米における「人種」をめぐる初期設定と現在――比較の視点による歴史的展望」，二村久則他編『地球時代の南北アメリカ』ミネルヴァ書房，2006年，73-100頁

⑩Klein, Herbert S. *The Atlantic Slave Trade*. New York, NY : Cambridge University Press, 1999.

⑪Lanier, Shannon and Jane Feldman. *Jefferson's Children : The Story of One American Family*. New York, NY : Random House, 2000（ラニア，シャノン著，千葉茂樹訳『大統領ジェファソンの子どもたち』晶文社，2004年）.

⑫Marx, Anthony W. *Making Race and Nation : A Comparison of South Africa, the United States, and Brazil*. Cambridge, U. K. : Cambridge University Press, 1997（マークス，ア

ンソニー・W 著，冨野幹雄他訳『黒人差別と国民国家――アメリカ・南アフリカ・ブラジル』春秋社，2007 年).
⑬Oppenheimer, Stephen. *Out of Eden : The Peopling of the World*. London, UK : Robinson, 2004（オッペンハイマー，スティーヴン著，中村明子訳『人類の足跡 10 万年全史』草思社，2007 年).
⑭Polanyi, Karl. *Dahomey and the Slave Trade : An Analysis of an Archaic Economy*. Seattle, WA : University of Washington Press, 1966（ポランニー，カール著，栗本慎一郎他訳『経済と文明――ダホメの経済人類学的分析』筑摩書房，2003 年).
⑮Rodney, Walter. *A History of the Upper Guinea Coast : 1545-1800*. New York, NY : Monthly Review Press, 1980 (orig. 1970).
⑯「最古のホモ・サピエンス　エチオピアで 16 万年前の頭骨化石発見『アフリカ単一起源説』を補強」『朝日新聞』(2003 年 6 月 12 日)
⑰竹沢泰子編『人種概念の普遍性を問う――西洋的パラダイムを越えて』人文書院，2005 年
⑱Telles, Edward Eric. *Race in Another America : The Significance of Skin Color in Brazil*. Princeton, NJ : Princeton University Press, 2004（テルズ，エドワード・E 著，伊藤秋仁他訳『ブラジルの人種的不平等――人種国家における偏見と差別の構造』明石書店，2011 年).
⑲「天声人語」『朝日新聞』(2003 年 6 月 13 日)
⑳"The Greatest Journey : The Trail of our DNA." *The National Geographic*, March, 2006 : 60-73（「人類の大いなる旅――私たちの祖先の足跡をたどる」，『ナショナル・ジオグラフィック日本版』2006 年 3 月号，40-53 頁).
㉑Thomas, Hugh. *The Slave Trade : The Story of the Atlantic Slave Trade, 1440-1870*. New York, NY : Simon & Schuster, 1997.
㉒Williams, Eric. *From Columbus to Castro : The History of the Caribbean 1492-1969*. New York, NY : Harper & Row, 1970（ウィリアムズ，エリック著，川北稔訳『コロンブスからカストロまで――カリブ海域史　1492-1969　I・II』岩波書店，1978 年).
㉓Williams, Eric. *Capitalism & Slavery*. Chapel Hill, NC : University of North Carolina Press, 1944（ウィリアムズ，エリック著，山本伸監訳『資本主義と奴隷制――経済史から見た黒人奴隷制の発生と崩壊』明石書店，2004 年).

ヒトゲノムの解析の終了に伴って「人種」概念は科学的に否定された。現生人類の「アフリカ単一起源説」は実証されつつある。詳細な説明が⑳で得られる。その後の世界各地への拡散については⑬を参照されたい。④⑯⑲の新聞記事も参照されたい。⑰は「人種」概念自体を問う日本で開催された国際シンポジウムの成果である。⑥は自然科学分野からの「人種」概念を否定する試みである。①は「新世界」に連行されたアフリカ人奴隷の数を初めて詳細に実証した研究として有名であり，⑩㉑はそれを

引き継いだ研究である。⑤は奴隷貿易と奴隷制がイギリスが牽引した近代の発展に寄与した側面と，その犠牲になった人々の歴史的な貢献を正当に評価することを目指して，イギリスのリバプールに創設された博物館の実証的努力の成果の簡便な紹介である。そのような奴隷制／奴隷貿易が近代の基礎を形成する上で果たした重要な役割を初めて指摘したのは，歴史家にしてトリニダード・トバゴ初代首相による㉒や㉓などの業績であり「ウィリアムズ学説」と言われる。⑧は奴隷たちが生産した砂糖などの世界商品の生産こそが近代の基礎と発展をもたらしたとするウィリアムズ学説の簡便な入門書でもある。②③⑦⑨⑫⑱はアングロ・アメリカとラテン・アメリカの「人種」関係の比較研究に関わる文献である。⑪は「人は誰でも生まれながらに平等」という独立宣言を起草した第三代大統領の私的生活を基に，少しでもアフリカ系の血統のある者をすべて「黒人」で「奴隷」に分類した，英領北米 13 植民地における「血の一滴の掟」が引き起こした問題の深さを端的に示す文献である。⑭と⑮は現地アフリカで奴隷狩りに関与した王侯貴族の悲劇的役割と欧米諸国の真の責任を問う。

第 2 章　奴隷制が支えた初期アメリカの発展

①Armitage, David. *The Declaration of Independence : A Global History*. Cambridge, MA : Harvard University Press, 2007（アーミテイジ，デイヴィッド著，平田雅博他訳『独立宣言の世界史』ミネルヴァ書房，2012 年）.

②Berlin, Ira. *Generations of Captivity : A History of African-American Slaves*. Cambridge, MA : Harvard University Press, 2003（バーリン，アイラ著，落合明子他訳『アメリカの奴隷制と黒人——五世代にわたる捕囚の歴史』明石書店，2007 年）.

③Blassingame, John W., ed. *Slave Testimony : Two Centuries of Letters, Speeches, Interviews, and Autobiographies*. Baton Rouge, LA : Louisiana State University Press, 1977.

④Boritt, Garbor S., ed. *Why the Confederacy Lost*. New York, NY : Oxford University Press, 1992.

⑤Countryman, Edward, ed. *How Did American Slavery Begin? (Historians at Work)*. Boston, MA : Bedford/St. Martins, 1999.

⑥David, Brown Davis. *The Problem of Slavery in Western Culture*. Ithaca, NY : Cornell University Press, 1966.

⑦Ericson, David. “Slave Smugglers, Slave Catchers, and Slave Rebels : Slavery and American State Development, 1787–1842.” In Hammond, John Craig and Matthew Mason, eds. *Contesting Slavery : The Politics of Bondage and Freedom in the New American Nation*. Charlottesville, VA : University of Virginia Press, 2011, pp. 182–204.

⑧Hammond, John Craig and Matthew Mason, eds. *Contesting Slavery : The Politics of Bondage and Freedom in the New American Nation*. Charlottesville, VA : University of Virginia Press, 2011.

⑨Higginbotham, A. Leon, Jr. “The Ancestry of Inferiority（1619–1662）, from Shades of

Freedom : Racial Politics and Presumptions of the American Legal Process." In Countryman, Edward, ed. *How Did American Slavery Begin?* (*Historians at Work*). Boston, MA : Bedford/St. Martins, 1999, pp. 85–98.
⑩Litwack, Leon F. *North of Slavery : The Negro in the Free States, 1790–1860*. Chicago, IL : University of Chicago Press, 1961.
⑪マックイーン，スティーヴ監督『それでも夜は明ける』（イギリス，2013 年）
⑫McCusker, John J. and Russell R. Menard. *The Economy of British America, 1607–1789*. Chapel Hill, NC : University of North Carolina Press, 1991.
⑬真下剛「奴隷制廃止運動と『人種』」，川島正樹編『アメリカニズムと「人種」』名古屋大学出版会，2005 年，62–87 頁
⑭Morgan, Edmund S. "Slavery and Freedom : The American Paradox." *Journal of American History*, vol. 59–1 (June, 1972) : 5–29.
⑮Morgan, Edmund S. *American Slavery, American Freedom : Ordeal of Colonial Virginia*. New York, NY : W. W. Norton, 1975.
⑯Rawick, George P. *From Sundown to Sunup : The Making of the Black Community*. Westport, CN : Greenwood Press, 1972（ローウィック，G・P 著，西川進訳『日没から夜明けまで――アメリカ黒人奴隷制の社会史』［刀水書房，1986 年］).
⑰佐藤円「インディアンと『人種』イデオロギー」，川島正樹編『アメリカニズムと「人種」』名古屋大学出版会，2005 年，88–112 頁
⑱スピルバーグ，スティーヴン監督『アミスタッド』（アメリカ，1997 年）
⑲スピルバーグ，スティーヴン監督『リンカーン』（アメリカ，2012 年）
⑳Stewart, James Brewer. *Holy Warriors : The Abolitionists and American Slavery*. New York, NY : Hill & Wang, 1976（スチュワート，ジェームス・B 著，真下剛訳『アメリカ黒人解放前史――奴隷制廃止運動（アボリショニズム）』明石書店，1994 年).
㉑高木八尺，齋藤光訳『リンカーン演説集（岩波文庫　白 12–1）』岩波書店，1957 年
㉒トクヴィル〔，アレクシ・ド・〕著，松本礼二訳『アメリカのデモクラシー　第 1 巻上，第 1 巻下，第 2 巻上，第 2 巻下（岩波文庫　白 9–2，9–3，9–4，9–5）』岩波書店，2005 年，2008 年
㉓U.S. Supreme Court. *Dred Scott v. Sandford* (60 U.S. 393), March 6, 1857. Retrieved in https://supreme.justia.com/cases/federal/us/60/393/case.html.
㉔Van Cleve, George William. "Founding a Slaveholders' Union, 1770–1797." In Hammond, John Craig and Matthew Mason, eds. *Contesting Slavery : The Politics of Bondage and Freedom in the New American Nation*. Charlottesville, VA : University of Virginia Press, 2011, pp. 117–137.
㉕安武秀岳『自由の帝国と奴隷制――南北戦争前史の研究』ミネルヴァ書房，2011 年
㉖ズウィック，エドワード監督『グローリー』（アメリカ，1989 年）

奴隷制は古代や中世の遺制ではなく，近代の産物である。⑤所収の諸文献，とりわけ⑨の解明した事実はそれを実証する。⑫は奴隷制に直接経済的に依存しなかった北部も含め，大西洋奴隷貿易を発展の基盤とした大英帝国の枠組みのなかでこそ，英領北米13植民地の発展が可能となった事実を数値的に実証する。とりわけ奴隷貿易に関しては北部は共犯どころか主犯である。初学者に是非とも勧めたいのは⑪⑱⑲㉖の映画作品である。⑪は2014年にアカデミー作品賞に輝いた，奴隷制の非道ぶりや北部の共犯性を描いてあまりある。⑱は厳格な奴隷制が確立される以前の話である。⑲と㉖はアメリカ史上最大の犠牲を伴った南北戦争を描き，④で明らかにされたとおり，奴隷制を永遠に葬り去ったのは誰かを描いている。⑬と⑳はアボリショニズム（奴隷制廃止運動）に関する文献である。⑧に所収されている諸論文はどれも秀逸であるが，とりわけ㉔は「人は誰でも生まれながらに平等」として独立したアメリカ合衆国でどうしてそれと矛盾する世襲的奴隷制が1世紀間も残存したのかを解明する。㉓はアメリカ合衆国憲法が「奴隷／制」に言及せずに奴隷制を認めていること，北部の自由黒人も含めてアフリカ系の人々に建国以来一貫して市民権が認められていないことを宣言した最高裁判決である。是非とも原文を確認してほしい。本文でも引用したように㉒の第1巻下には1830年時点でのフランス人による，むしろ北部の方が「人種」偏見が強いとされた鋭い指摘がある。アカデミー作品賞に輝いた⑪でも描かれているが，奴隷たちの抵抗は武装反乱だけでなく，人間性を保持することそのものにもあったことが⑯で明らかにされている。奴隷貿易の廃止までの経緯を実証的に扱った⑥はアメリカの良心的知性の奥深さを読者に実感させてくれる。㉕は「平等な人権」の「例外」をもたらした，独立から南北戦争までのアメリカの「民主制」の権力構造を暴く。⑰は「文明化インディアン」と呼ばれたチェロキー国家による奴隷制導入の，今日に至るまでの責任を問う論考である。

第3章　奴隷制廃止から「ジム・クロウ」へ

①Berry, Mary Frances. *Why ERA Failed : Politics, Women's Rights, and the Amending Process of the Constitution*. Bloomington, IN : Indiana University Press, 1986.

②Chafe, William H., et al., eds. *Remembering Jim Crow : African Americans Tell about Life in the Segregated South*. New York, NY : New Press, 2001.

③Du Bois, W. E. B. *The Souls of Black Folk*. Millwood, NY : Kraus-Thomson, 1973（デュボイス，W・E・B著，木島始他訳『黒人のたましい（岩波文庫　赤333-1)』岩波書店，1992年).

④Foner, Eric. *Reconstruction : America's Unfinished Revolution, 1863-1877*. New York, NY : Harper & Row, 1988.

⑤Gallicchio, Marc. *The African American Encounter with Japanese & China*. Chapel Hill, NC : University of North Carolina Press, 2000（ガリキオ，マーク著，伊藤裕子訳『アメリカ黒人から見た日本，中国　1895-1945――ブラック・インターナショナリズ

ムの盛衰』岩波書店，2013 年）.
⑥川島正樹「『アトランタ妥協』の再検討――タスキーギ校をめぐるブッカー・T・ワシントンの黒人『自助』の展開」，『西洋史学』154 号（1989 年 11 月），16–32 頁
⑦川島正樹「ガーヴィー運動の生成と発展（1914～1924 年）――第一次大戦後の米国での活動を中心として」，『史苑』第 50 巻 1 号（1990 年 3 月），48–84 頁
⑧川島正樹「ガーヴィー運動衰退期のマーカス・ガーヴィー（1925～1940 年）」，『史苑』第 54 巻 2 号（1994 年 3 月），57–78 頁
⑨Kennedy, Randall L. *Interracial Intimacies : Sex, Marriage, Identity and Adoption*. New York, NY : Pantheon Books, 2003.
⑩貴堂貴之「未完の革命と『アメリカ人』の境界」，川島正樹編『アメリカニズムと「人種」』名古屋大学出版会，2005 年，113–139 頁
⑪Litwack, Leon F. "How Did Segregation Enforce Racial Subordination? From Trouble in Mind : Black Southerners in the Age of Jim Crow." In Smith, John David, ed. *When Did Southern Segregation Begin?* (*Historians at Work*). Boston, MA : Bedford/St. Martins, 2003, pp. 153–164.
⑫滿川龜太郎『黒人問題』二西名著刊行會，1925 年
⑬三輪公忠編著『日米危機の起源と排日移民法』論創社，1997 年
⑭Rabinowitz, Howard. *Race Relations in the Urban South, 1865–1890*. New York, NY : Oxford University Press, 1978.
⑮Rushdy, Ashraf H.A. *American Lynching*. New Haven, CT : Yale University Press, 2012.
⑯Smith, John David, ed. *When Did Southern Segregation Begin? (Historians at Work)*. Boston, MA : Bedford/St. Martins, 2003.
⑰Special Field Orders, No. 15, Order by the Commander of the Military Division of the Mississippi, in the Field, Savannah, Ga., January 16th, 1865. Retrieved in http://www.freedmen.umd.edu/sfo15.htm.
⑱高橋和之編『新版　世界憲法集（岩波文庫　白 2–1）』岩波書店，2007 年
⑲U.S. Supreme Court. *Plessy v. Ferguson* (163 U.S. 537), May 18, 1896. Retrieved in http://caselaw.lp.findlaw.com/scripts/getcase.pl?navby=CASE&court=US&vol=163&page=537.
⑳Washington, Booker T. *Up from Slavery*. Boston, MA : Bedford/St. Martins, 2003（ワシントン，B・T 著，稲澤秀夫訳『奴隷より立ち上がりて』真砂書房，1969 年）.
㉑Woodward, C. Vann. *Strange Career of Jim Crow*, 3rd rev. ed. New York, NY : Oxford University Press, 1973, org., 1955（ウッドワード，C・V 著，清水博他訳『アメリカ人種差別の歴史』福村出版，1998 年）.
㉒山田史郎『アメリカ史のなかの人種（世界史リブレット　91）』山川出版社，2006 年

アメリカ史上最大の62万人（最新の研究では75万人）もの犠牲者を出した南北戦争を経て，奴隷制の全廃のみならず解放民への市民権の付与，とりわけ投票権の保障を明記した三つの憲法の修正にもかかわらず，どうしてアメリカは「ジム・クロウ」と呼ばれた州法や地方自治体条例による強制を伴う「人種」隔離体制を合憲とすることができたのか。㉑は「南部再建期」の革命性を強調し，⑭はそれに懐疑的である。これらを含む「断絶」説と「連続」説をめぐる論争は⑯のアンソロジー的論文集で簡便に概観できる。②で「ジム・クロウ」の実態を一次資料で把握できる。⑨と㉒は白人とそれ以外の「人種」（黒人のみならず日系人を含むアジア系も対象）の結婚を州法で禁じた州がほとんどであり，そのような州法が最終的に違憲とされたのが実に1967年であったという事実を暴く。⑲は有名な「分離すれど平等」の正当化論で事実上「ジム・クロウ」を容認した最高裁判決の原文である。歴史研究の基礎は「一次資料に当たれ！」である。「分離は必ず差別的隔離になる」ことが歴史的に証明されるのは58年後である。⑫は「大正デモクラシー」期に「アフリカ人の国際的連帯」に呼応しようとした「大アジア主義」の立場に立つ日本人の書物である。⑤や⑬とともにアメリカの「人種」に関する日本人の眼差しを知る上での好著である。黒人思想の三つの潮流に関しては③⑥⑦⑧⑳を参照されたい。①はフェミニズムの歴史の拭い難い「人種」差別的過去について触れる。⑰は今日の奴隷制と「ジム・クロウ」の賠償請求訴訟の根拠ともなっている「40エーカーの土地とラバ1頭」の「神話」の発端となった一次資料である。⑮は「リンチ（暴徒による集団的私刑）」は「特殊アメリカ的な直接民主制の一形態」と論じる。

第4章　差別隔離体制の動揺と法的平等の達成

①荒このみ編訳『アメリカの黒人演説集――キング・マルコムX・モリスン他（岩波文庫　白32)』岩波書店，2008年

②荒このみ『マルコムX――人権への闘い（岩波新書　新赤1224)』岩波書店，2009年

③Carson, Clayborne. *In Struggle : SNCC and the Black Awakening of the 1960s*. Cambridge, MA : Harvard University Press, 1981.

④Carson, Clayborne, ed. *Autobiography of Martin Luther King, Jr*. New York, NY : Warner Book, 1999（カーソン，クレイボーン編，梶原寿訳『マーティン・ルーサー・キング自伝』日本基督教団出版局，2001年).

⑤Cone, James H. *Martin & Malcolm & America : A Dream or a Nightmare*. Maryknoll, NY : Orbis Books, 1991（コーン，ジェイムズ・H著，梶原寿訳『夢か悪夢か――キング牧師とマルコムX』日本基督教団出版局，1996年).

⑥ダニエルズ，リー監督『大統領の執事の涙』（アメリカ，2013年）

⑦波部優子『背番号42，メジャー・リーグの遺産――ジャッキー・ロビンソンとアメリカ社会における「人種」』文芸社，2009年

⑧Hampton, Henry and Steve Fayer. *Voices of Freedom : An Oral History of the Civil Rights Movement From the 1950s Through the 1980s*. New York, NY : Bantam Books, 1991.

⑨川島浩平『人種とスポーツ——黒人は本当に「速く」「強い」のか（中公新書）』中央公論新社，2012年

⑩川島正樹「モントゴメリーは公民権運動の出発点たりうるか？——バス・ボイコットの生成・発展過程の再検討」，『アメリカ史研究』15号（アメリカ史研究会，1992年），29-43頁

⑪川島正樹『アメリカ市民権運動の歴史』名古屋大学出版会，2008年

⑫King, Martin Luther, Jr. *Stride toward Freedom*. New York, NY : Harper & Row, 1958（キング，M・L著，雪山慶正訳『自由への大いなる歩み』岩波書店，1958年）.

⑬King, Martin Luther, Jr. *Why We Can't Wait*. New York, NY : Mentor, 1963（キング，マーチン・ルーサー著，中島和子他訳『黒人はなぜ待てないか』みすず書房，1965年）.

⑭King, Martin Luther, Jr. *Where Do We Go from Here : Chaos or Community?* Boston, MA : Beacon, 1967（キング，マーチン・ルーサー著，猿谷要訳『黒人の進む道』サイマル出版会，1968年）.

⑮Kluger, Richard. *Simple Justice : The History of* Brown v. Board of Education *and Black America's Struggle for Equality*. New York, NY : Vintage Books, 1975.

⑯Lemann, Nicholas. *The Promised Land : The Great Black Migration and How It Changed America*. New York, NY : Vintage Books, 1992（レマン，ニコラス著，松尾弌之訳『約束の土地——現代アメリカの希望と挫折』桐原書店，1993年）.

⑰Malcolm X. *The Autobiography of Malcolm X*. New York, NY : Ballantine Books, 1999（マルコムX著，浜本武雄訳『マルコムX自伝』アップリンク，1993年）.

⑱Malcolm X. *By Any Means Necessary*. New York, NY : Pathfinder, 1992（マルコムX著，ジョージ・ブレイトマン編，長田衛訳『いかなる手段を取ろうとも』現代書館，1993年）.

⑲Parks, Rosa. *Rosa Parks : My Story*. London, UK : Puffin, 1999（パークス，ローザ著，高橋明子訳『ローザ・パークス自伝』潮出版社，1999年）.

⑳ピアーズ，リチャード監督『ロング・ウォーク・ホーム』（アメリカ，1990年）

㉑竹中興慈『シカゴ黒人ゲトー成立の社会史』明石書店，1995年

㉒バーダマン，ジェームズ著，水谷八也訳『黒人差別とアメリカ公民権運動——名もなき人々の記録（集英社新書0392）』集英社，2007年

㉓Whalen, Charles and Barbara Whalen. *Longest Debate : A Legislative History of the 1964 Civil Rights Act*. New York, NY : New American Library, 1985.

㉔U.S. Supreme Court. *Brown v. Board of Education of Topeka*（347 U.S. 483), May 17, 1954. Retrieved in http://supreme.justia.com/cases/federal/us/347/483/case.html.

㉕U.S. Supreme Court. *Brown v. Board of Education of Topeka II*（349 U.S. 294), May 31,

1955. Retrieved in http://supreme.justia.com/cases/federal/us/349/294/case.html.

㉑は第一次世界大戦前後期の150万人，⑯は第二次世界大戦以降30年間で合計500万人に及んだ，二波にわたる南部農村地帯から北部工業都市への黒人の大移動の物語である。市民権（公民権）運動に関しては㉒で概略がつかめる。その特徴である連鎖的な地域闘争に関しては本書筆者による詳細な研究である⑪がある。差別撤廃を求める社会運動の高揚に先立つ最高裁の重要な判例変更である「ブラウン」判決に関しては㉔と㉕で判決原文を確認後に，⑮の解説を参照するとより効果的である。キング牧師やマルコムXの「声」を聴くことも重要である。⑤において指摘されるように，両者は対立的であったというよりも，相補的であったと見なされるべきである。⑧は名もなき運動参加者の声を残している。このような「普通の人々」が歴史を作ったのである。㉓は様々な差別が厳格に禁じられている現在のアメリカ社会のもとを作った市民権法の成立過程を描いている。ドラマ作品⑥は厳格な差別が存在した1930年代から運動の高揚を経て現代までの，ある実在の黒人家族の波乱に満ちた物語である。とりわけ初学者にはぜひ鑑賞してほしい。⑳はモントゴメリー・バス・ボイコットを描いた映画である。⑲はその火付け役となった女性の自伝である。⑦と⑨はスポーツにおける「人種」の意味を追究している。

第II部　未来への試み

第5章　「貧困との戦争」から「優先枠設定」へ

①Baldwin, James. *The Fire Next Time*. New York, NY : Keith Jennison Book, 1962（ボールドウィン，ジェームズ著，黒川欣映訳『次は火だ』弘文堂，1965年）.

②Bolton, Charles C. *The Hardest Deal of All : The Battle over School Integration in Mississippi, 1870–1980*. Jackson, MS : University Press of Mississippi, 2005.

③カーマイケル，ストークリー他著，長田衛訳『ブラック・パワー』合同出版，1968年

④Daugherity, Brian and Charles Bolton, eds. *With All Deliberate Speed : Implementing Brown v. Board of Education*. Fayetteville, AR : University of Arkansas Press, 2008.

⑤ファノン，フランツ著，鈴木道彦他訳『地に呪われたる者』みすず書房，1996年

⑥Galbraith, John Kenneth. *The Affluent Society*. Harmondsworth, Middlesex, UK : Penguin Books, 1958（ガルブレイス，ジョン著，鈴木哲太郎訳『ゆたかな社会（同時代ライブラリー　11)』岩波書店，1990年）.

⑦Harrington, Michael. *The Other America : Poverty in the United States*. New York, NY : Macmillan, 1962（ハリントン〔，マイケル〕著，内田満他訳『もう一つのアメリカ――合衆国の貧困』日本評論社，1965年）.

⑧Iceland, John. *Poverty in America : A Handbook*, new ed. Berkeley, CA : University of California Press, 2012（アイスランド，J著，上野正安訳『アメリカの貧困問題』

シュプリンガー・フェアラーク東京，2005 年).
⑨Katznelson, Ira. *When Affirmative Action Was White : An Untold History of Racial Inequality in the Twentieth-Century America*. New York, NY : W. W. Norton, 2005.
⑩川島正樹「1965 年夏以降の M・L・キング——FBI 秘密ファイルの再検討を中心に」，『歴史評論』第 531 号（1994 年 7 月），19-34 頁
⑪Kawashima, Masaki. “Democracy and Justice in Boston School Busing.” *Nanzan Review of American Studies*, vol. 19-1 (Summer 1997) : 23-39.
⑫川島正樹「現代アメリカ合衆国における『アンダークラス』論争の史的検討——W・J・ウィルソン説の展開と歴史家たちの批判を中心に」，『人文論叢』第 15 号（三重大学人文学部文化学科，1998 年 3 月），93-121 頁
⑬川島正樹「住宅と『人種』」，川島正樹編『アメリカニズムと「人種」』名古屋大学出版会，2005 年，194-221 頁
⑭Kotlowski, Dean J. *Nixon’s Civil Rights : Politics, Principle, and Policy*. Cambridge, MA : Harvard University Press, 2001.
⑮リー，スパイク監督『マルコム X』（アメリカ，1992 年）
⑯Patterson, James T. *Grand Expectations : The United States, 1945-1974*. New York, NY : Oxford University Press, 1995.
⑰President Lyndon B. Johnson’s Commencement Address at Howard University, “To Fulfill these Rights,” June 4, 1965. Retrieved in http://www.lbjlib.utexas.edu/johnson/archives.hom/speeches.hom/650604.asp.
⑱*Report of the National Advisory Commission on Civil Disorders*. New York, NY : The New York Times Co., 1968.
⑲Saito, Yumi. “Resegregation of American Public Schools : A Case Study of Charlotte-Mecklenburg Schools, North Carolina.” *Nanzan Review of American Studies : Journal of the Center for American Studies*, vol. 35 (Nanzan University, Nagoya, Japan, 2013) : 47-68.
⑳Sugrue, Thomas J. *The Origins of the Urban Crisis : Race and Inequality in Postwar Detroit*. Princeton, NJ : Princeton University Press, 1996（スグルー，トマス・J 著，川島正樹訳『アメリカの都市危機と「アンダークラス」——自動車都市デトロイトの戦後史』明石書店，2002 年).
㉑Tsukamoto, Emi. “The Path to “Opportunity” : How the Gautreaux Program Contributed to Integration, Policy Change, and Reform for Disadvantaged Neighborhoods.” *Nanzan Review of American Studies : Journal of the Center for American Studies*, vol. 35 (Nanzan University, Nagoya, Japan, 2013) : 27-45.
㉒Wilson, William Julius. *The Truly Disadvantaged : The Inner City, the Underclass, and Public Policy*. Chicago, IL : University of Chicago Press, 1993（ウィルソン，ウィリアム・J 著，青木秀男監訳『アメリカのアンダークラス——本当に不利な立場に置か

れた人々』明石書店，1999 年）.

㉓Wilson, William Julius. *When Work Disappears : The World of the New Urban Poor*. New York, NY : Vintage, 1997（ウィルソン，ウィリアム・J 著，川島正樹他訳『アメリカ大都市の貧困と差別――仕事がなくなるとき』明石書店，1999 年）.

㉔Woodard, Komozi. *A Nation within a Nation : Amiri Baraka (LeRoi Jones) and Black Power Politics*. Chapel Hill, NC : University of North Carolina Press, 1999.

㉕安井倫子「ニクソン政権のアファーマティブ・アクション――1969 年フィラデルフィア・プランを中心に」，『パブリック・ヒストリー』第 10 号（大阪大学，2013 年 2 月），127-140 頁

㉖Yuill, Kevin L. *Richard Nixon and the Rise of Affirmative Action : The Pursuit of Racial Equality in an Era of Limits*. Lanham, MD : Rowman & Littlefield, 2006.

⑥⑦⑯で明らかにされたように，1950 年代にいち早く「豊かな社会」を達成したアメリカは，1960 年代に差別され貧困にまみれた「もう一つのアメリカ」を「発見した」のである。⑨が断じたように，1930 年代の「ニューディール」から 50 年代までの諸改革は「白人のためのアファーマティヴ・アクション」に他ならなかった。暗殺されたケネディを引き継いだジョンソン大統領が「結果の平等」の実現を宣言した 1965 年 6 月の⑰の演説はその埋め合わせでもあった。その背景には⑩と⑱およびマルコム・X を描いた映画作品の⑮で明らかにされる北部の都市中心部の劣悪な「ゲットー」の環境がある。「アンダークラス」と呼ばれる人々が居住する南部以外の大都市ゲットーで，市民権運動が 1 世紀遅れで南北戦争後の約束である「法の下での平等」を達成した 1960 年代後半に「暴動」が続発した。「ブラック・パワー」の主張およびそれに影響を与えた第三世界の自立を目指した思想については①③⑤および㉔を参照されたい。その後に公立学校の分野で「バス通学」を主な方法とする「人種統合教育」が実行される。②④⑪⑲はその苦闘を跡付けている。むしろ保守的な共和党ニクソン政権下で一見大胆な「優先枠設定」を伴った「アファーマティヴ・アクション」が制度化されたのは皮肉である。ニクソンの「南部戦略」および「優先枠設定」に歪められた「アファーマティヴ・アクション」の政治戦略的な意図については⑭㉕㉖を参照されたい。また北部大都市の事実上の住宅隔離に関しては⑬㉑，「アンダークラス」に関しては⑫⑳㉒を参照されたい。

第 6 章　20 世紀後半の新移民流入と多様性の称揚

①Abelmann, Nancy and John Lie. *Blue Dreams : Korean Americans and the Los Angeles Riots*. Cambridge, MA : Harvard University Press, 1995.

②Bloom, Alan David. *The Closing of the American Mind : How Higher Education Has Failed Democracy and Impoverished the Souls of Today's Students*. New York, NY : Simon & Schuster, 1987（ブルーム，アラン著，菅野盾樹訳『アメリカン・マインド

の終焉――文化と教育の危機』みすず書房，1988 年）.
③Capps, Randy, et al. *New Streams : Black African Migration to the United States*. Washington, D.C. : Migration Policy Institute, 2011. Retrieved in http://www.migrationpolicy.org/pubs/africanmigrationus.pdf.
④Gruwell, Erin, and the Freedom Writers. *The Freedom Writers Diary : How a Teacher and 150 Teens Used Writing to Change Themselves and the World Around Them*. New York, NY : Broadway Books, 1999（グルーウェル，エリン，フリーダム・ライターズ著，田中奈津子訳『フリーダム・ライターズ』講談社，2007 年）.
⑤Kasinitz, Philip, John H. Mollenkopf, Mary C. Waters and Jennifer Holdaway. *Inheriting the City : The Children of Immigrants Come of Age*. New York, NY : Russell Sage Foundation, 2008.
⑥ラグラヴェネーズ，リチャード監督『フリーダム・ライターズ』（アメリカ，2007 年）
⑦Lee, Jennifer. "Racial and Ethnic Meaning behind *Black* : Retailers' Hiring Practices in Inner-city Neighborhoods." In Skrenty, John David, ed., *Color Lines : Affirmative Action, Immigration, and the Civil Rights Options for America*. Chicago, IL : University of Illinois Press, 2001, pp. 177–178.
⑧リー，スパイク監督『ドゥ・ザ・ライト・シング』（アメリカ，1989 年）
⑨Lewis, Oscar. *Five Families : Mexican Case Studies in the Culture of Poverty*. New York, NY : New American Library, 1959（ルイス，オスカー著，高山智博他訳『貧困の文化――メキシコの〈五つの家族〉』筑摩書房，2003 年）.
⑩ミーラー，ナーイル監督『ミシシッピー・マサラ』（アメリカ，1991 年）
⑪Ravitch, Diane. *The Death and Life of the Great American School System : How Testing and Choice are Undermining Education*. New York, NY : Basic Books, 2010.
⑫Roberts, Sam. "Minorities in U.S. set to become majority by 2042." *The New York Times*, August 13, 2008. Retrieved in http://www.nytimes.com/2008/08/14/world/americas/14iht-census.1.15284537.html.
⑬Rodriguez, Richard. *Hunger of Memory : The Education of Richard Rodriguez, An Autobiography*. Boston, MA : D. R. Godine, 1982.
⑭Rodriguez, Richard. *Days of Obligation : An Argument with My Mexican Father*. New York, NY : Viking, 1992.
⑮Rodriguez, Richard. *Brown : The Last Discovery of America*. London, UK : Penguin, 2002.
⑯Roediger, David R. *The Wages of Whiteness : Race and the Making of the American Working Class*. New York, NY : Verso, 1999（ローディガー，デイヴィッド・R 著，小原豊志他訳『アメリカにおける白人意識の構築――労働者階級の形成と人種』明石書店，2006 年）.

⑰Sherman, Arloc and Isaac Shapiro. "Essential Facts about the Victims of Hurricane Katrina." September 19, 2005. Retrieved in http://www.cbpp.org/files/9-19-05pov.pdf.
⑱シングルトン，ジョン監督『ボーイズ・ン・ザ・フッド』（アメリカ，1991 年）
⑲Spickard, Paul, ed. *Race and Immigration in the United States : New Histories*. New York, NY : Routledge, 2012.
⑳Takaki, Ronald. *A Different Mirror : A History of Multicultural America*. Boston, MA : Little Brown, 1993（タカキ，ロナルド著，富田虎男他訳『多文化社会アメリカの歴史――別の鏡に映して』明石書店，1995 年).
㉑トッド，エマニュエル著，石崎晴己他訳『移民の運命――同化か隔離か』藤原書店，1999 年
㉒Tsuchiya, Kazuyo. *Reinventing Citizenship : Black Los Angeles, Korean Kawasaki, and Community Participation*. Minneapolis, MN : University of Minnesota Press, 2014.
㉓U.S. Census Bureau, *Profiles of General Demographic Characteristics : 2000*. Retrieved in http://www.census.gov/prod/cen2000/dp1/2kh00.pdf, p. 1.
㉔U.S. Census Bureau, *Overview of Race and Hispanic Origin : 2010*. Retrieved in http://www.census.gov/prod/cen2010/briefs/c2010br-02.pdf, pp. 4, 16.
㉕Walters, Nathan P. and Edward N. Trevelyan. *The Newly Arrived Foreign-Born Population of the United States : 2010 American Community Survey Briefs I*（issued in November, 2011 by U.S. Census Bureau). Retrieved in http://www.census.gov/prod/2011pubs/acsbr10-16.pdf.
㉖Walzer, Michel. *What it Means to be an American*. New York, NY : Marsilio, 1992（ウォルツァー，マイケル著，古茂田宏訳『アメリカ人であるとはどういうことか』ミネルヴァ書房，2006 年).

「アンダークラス」の絶望的日常や，彼ら彼女らと非主流系白人や非白人系移民との交流を描いた⑧⑩⑱の 3 本の映画作品は，初学者，とりわけ学生諸君にとって「ロスアンジェルス暴動」を含めた今日的な「人種」をめぐる複雑な背景的変化を理解するのに役立つだろう。また「ロスアンジェルス暴動」後の地元教師の地道な努力の実践的記録である④は⑥として映画化された。問題解決の光明は身近な努力の積み重ねの中に見出しうる。㉒は日本人研究者によるロスアンジェルスのサウスセントラル地区のアフリカ系アメリカ人の福祉権運動と，それに触発された日本の川崎の「在日」韓国・朝鮮系市民による同様の運動の比較研究である。多文化主義は②のような批判を受けたが，㉔に見られるような社会的趨勢は留め難い。③⑤⑦で指摘されるように，東海岸の大都市を中心に黒い肌の移民も増えつつある。黒い肌の移民一世の勤労意欲の高さは定評があるが，二世や三世には「下方の同化」圧力が加わる可能性が否定できない。21 世紀の非白人系移民の急増に関しては㉔と㉕が数値的概況を提示してくれる。⑳のような日系人研究者の文献も多文化主義の流れを背景としている。並

行して⑯に代表されるような，これまで意識されることのなかった「白人性」の研究が提唱され始めた。ただし㉖で批判されるように，政治的要求が活動家が所属する各集団の利害に集中する傾向も否定し難い。また「文化の尊重」傾向は少数派諸集団の非主流的文化の尊重とともに「アンダークラス」の苦境を「自主的選択」の結果として放置する傾向を生んだ点も否めない。まず⑨により「貧困の文化」の原意を確認することが望まれる。貧困者が苦境から脱却するために外部からの働きかけが不可欠である，というのがオスカー・ルイスの主張の真意である。⑬⑭⑮はヒスパニック系作家の「同化」の苦闘の自伝三部作である。ヒスパニック系二世のロドリゲスは苦労して英語を修得して作家・評論家として大成したが，その代償はスペイン語の喪失だった。「バイリンガル」の現実はかなり過酷であることが分かる。㉑でフランス人歴史人口動態学者のトッドは敢えて多文化主義が「隔離」容認につながると警告する。

第 7 章　「逆差別」と「肌の色の無差別」による差別正当化

①Bonilla-Silva, Eduardo. *Racism without Racists : Color-blind Racism and the Persistence of Racial Inequality in the United States*. 4th ed. Lanham, MD : Rowan & Littlefield, 2013.

②Carr, Leslie. *"Colorblind" Racism*. Thousand Oaks, CA : Sage Publication, 1997.

③Carson, E. Ann and William J. Sabol. *Prisoners in 2011*. Office of Justice Programs, Bureau of Justice Statistics, U.S. Department of Justice, December, 2012. Retrieved in http://www.bjs.gov/content/pub/pdf/p11.pdf.

④Chávez, Lydia. *The Color Bind : California's Battle to End Affirmative Action*. Berkeley, CA : University of California Press, 1998.

⑤Chou, Rosalind S. and J. R. Feagin. *The Myth of the Model Minority : Asian Americans Facing Racism*. Boulder, CO : Paradigm Publishers, 2008.

⑥Clinton, William Jefferson. The First Inaugural Address. January 20, 1993. Retrieved in http://en.wikipedia.org/wiki/First_inauguration_of_Bill_Clinton#Presidential_address.

⑦Clinton, William Jefferson. The Second Inaugural Address. January 20, 1997. Retrieved in http://www.pbs.org/newshour/bb/white_house/jan-june97/reaction_01-20.html.

⑧Curry, George E., ed. *The Affirmative Action Debate*. Cambridge, MA : Perseus Publishing, 1996.

⑨Drake, W. Avon and Robert D. Holthworth. *Affirmative Action and the Stalled Quest for Black Progress*. Urbana, IL : University of Illinois Press, 1996.

⑩Halley, Jean, Amy Eshleman and Ramya Mmahadevan Vijaya. *Seeing White : An Introduction to White Privilege and Race*. Lanham, MD. : Rowan & Littlefield, 2011.

⑪川島正樹「『アメリカの褐色化《ブラウニング・オヴ・アメリカ》』に関する諸議論をめぐって——新移民の大量流入とオバマ政権を誕生させた米国社会の背景的変化の分析」，『アカデミア（社会科学編)』第 4 号（2012 年 6 月)，91-109 頁

⑫上坂昇『アメリカ黒人のジレンマ——「逆差別」という新しい人種関係』明石書店，

1987年
⑬Lee, Spike. *When the Leevees Broke : A Requiem in Four Acts*. U.S., 2006.
⑭Steinberg, Stephen. *The Ethnic Myth : Race, Ethnicity, and Class in America*. Boston, MA : Beacon Press, 1981.
⑮U.S. Supreme Court. *Regents of the University of California v. Bakke* (438 U.S. 265), June 28, 1978. Retrieved in http://caselaw.lp.findlaw.com/scripts/getcase.pl?navby=CASE&court=US&vol=438&page=265.
⑯U.S. Supreme Court. *Johnson v. Transportation Agency* (480 U.S. 616), March 25, 1987. Retrieved in http://caselaw.lp.findlaw.com/scripts/getcase.pl?navby=CASE&court=US&vol=480&page=616.
⑰U.S. Supreme Court. *City of Richmond v. J. A. Croson Co.* (488 U.S. 469), January 23, 1989. Retrieved in http://caselaw.lp.findlaw.com/cgi-bin/getcase.pl?navby=CASE&court=US&vol=488&invol=469&pageno=508.
⑱U.S. Supreme Court. *Gratz et al. v. Bollinger et al.* (539 U.S. 244), June 23, 2003. Retrieved in http://www.law.cornell.edu/supct/html/02-516.ZS.html.
⑲U.S. Supreme Court. *Grutter et al. v. Bollinger et al.* (539 U.S. 306), June 23, 2003. Retrieved in http://www.law.cornell.edu/supct/html/02-241.ZS.html.
⑳渡辺将人『評伝バラク・オバマ――「越境」する大統領』集英社，2009年
㉑Wu, Frank H. *Yellow : Race in America beyond Black and White*. New York, NY : Basic Books, 2002.

⑥⑦で示されるように，久々に二期続いた民主党政権を担ったクリントン大統領は，しばしばアメリカの弱点と見なされがちだった多様性を「発展の源」として礼賛した。しかし⑭で批判されたように，それは奴隷化や征服や搾取といった歴史的不正を隠弊する傾向も含んだ。それ以前の1970年代末以降，大学／院および公務員／公共事業雇用における「優先枠設定」を伴う「アファーマティヴ・アクション」に対しては「逆差別」批判が高まり，それを一部認める最高裁判決も下された。その一方で「アファーマティヴ・アクション」は「過去の不正への補償」から「未来のより多様な社会への準備」へと正当化の論拠を転じつつ現在に至っている。⑮⑯⑰⑱⑲の最高裁判決を是非とも確認してほしい。⑫は「逆差別」情況に関する概説書として便利である。現在「優先枠」の対象には女性や障がい者も加わっている。このような中で⑤と㉑が指摘するようにアジア系を中心に「モデル・マイノリティ」論が称揚され，アフリカ系アメリカ人に対する「アファーマティヴ・アクション」の廃止の論拠とされている。①や②に見られるように，むしろ「アファーマティヴ・アクション」に批判的な陣営の主張に「肌の色の無差別」が強調される傾向がある。第8章でも引用される⑧所収のカリフォルニア州知事ウィルソンの主張とも重なる。④は持続する「肌の色の拘束」の根強さを糾弾する。⑨は「クロソン」判決の分析によって黒人民衆の側

から「アファーマティヴ・アクション」の矛盾を突く。⑳は定評あるオバマ評伝である。⑬はハリケーン・カトリーナの惨状が明らかにした「人種」差別を告発したドキュメンタリー映画である。

第 8 章　賠償請求運動と自立化促進

①Alexander, Michelle. *The New Jim Crow : Mass Incarceration in the Age of Colorblindness*, rev. ed. New York, NY : The New Press, 2012.

②America, Richard. *Paying the Social Debt : What White America Owes Black America*. Westport, CT : Praeger, 1993.

③Bell, Derrick A., Jr. *Silent Covenants :* Brown v. Board of Education *and the Unfulfilled Hopes for Racial Reform*. New York, NY : Oxford University Press, 2004.

④Glaze, Lauren E. and Erika Parks. *Correctional Populations in the United States*. Office of Justice Programs, Bureau of Justice Statistics, U.S. Department of Justice, November 2012. Retrieved in http://www.bjs.gov/content/pub/pdf/cpus11.pdf.

⑤Guerrero, Andrea. *Silence at Boalt Hall : The Dismantling of Affirmative Action*. Berkeley, CA : University of California Press, 2002.

⑥Hollinger, David A. *Postethnic America : Beyond Multiculturalism*, 10th anniversary ed. New York, NY : Basic Books, 2005（ホリンガー，デイヴィッド・A 著，藤田文子訳『ポストエスニック・アメリカ』明石書店，2002 年).

⑦Horowitz, David. *Uncivil Wars : The Controversy over Reparations for Slavery*. San Francisco, CA : Encounter Books, 2002.

⑧Iceland, John. *Where We Live Now : Immigration and Race in the United States*. Berkeley, CA : University of California Press, 2009.

⑨Irons, Peter. *Justice at War*. New York, NY : Oxford University Press, 1983.

⑩Kahlenberg, Richard D. *The Remedy : Class, Race, and Affirmative Action*. New York, NY : Basic Books, 1996.

⑪川島正樹「『より公正な社会』の追求と『過去の不正』への賠償をめぐって――米国における「積極的差別是正措置《アファーマティヴ・アクション》」論争と奴隷貿易および奴隷制への賠償請求訴訟運動との関係に焦点を当てつつ」，『アカデミア（社会科学編)』第 5 号（2013 年 6 月)，17-47 頁

⑫川島正樹「社会運動の契機を模索するアフリカ系アメリカ人の苦闘――奴隷制賠償請求《リパレーションズ》による法廷闘争回帰戦術と歴史認識問題を中心に」，『アメリカ史研究』37 号（日本アメリカ史学会，2014 年)，4-21 頁

⑬Kennedy, Randall L. *For Discrimination : Race, Affirmative Action, and the Law*. New York, NY : Pantheon, 2013.

⑭Lee, Jennifer and Frank D. Bean. *The Diversity Paradox : Immigration and the Color Line in the 21st Century America*. New York, NY : Russell Sage Foundation, 2010.

⑮Lepore, Jill. *The Whites of Their Eyes : The Tea Party's Revolution and the Battle over American History*. Princeton, NJ : Princeton University Press, 2010.

⑯Martin, Michael T. and Marilyn Yaquinto, eds. *Redress for Historical Injustice in the United States : On Reparations for Slavery, Jim Crow, and Their Legacies*. Durham, NC : Duke University Press, 2007.

⑰Medoff, Peter and Holly Sklar. *Streets of Hope : The Fall and Rise of an Urban Neighborhood*. Boston, MA : South end Press, 1994（メドフ，ピーター他著，大森一輝他訳『ダドリー通り――破壊された街の再生の物語』東洋書店，2011 年）.

⑱三浦俊章編訳『オバマ演説集（岩波新書　新赤 1226)』岩波書店，2010 年

⑲Moses, Robert P. and Charles E. Cobb, Jr. *Radical Equations : Math Literacy and Civil Rights*. Boston, MA : Beacon Press, 2001.

⑳Obama's Father's Day Remarks at the Apostolic Church of God in Chicago, June 15, 2008. Retrieved in http://www.nytimes.com/2008/06/15/us/politics/15text-obama.html?pagewanted=all&_r=0.

㉑Ogletree, Charles J., Jr. *All Deliberate Speed : Reflections on the First Half-Century of* Brown v. Board of Education. New York, NY : W. W. Norton, 2005.

㉒Piketty, Thomas. *Capital in the Twenty-First Century*. Cambridge, MA : Belknap, 2013（ピケティ，トマ著，山形浩生他訳『21 世紀の資本』みすず書房，2014 年）.

㉓Robinson, Randall. *The Debt : What America Owes to Blacks*. New York, NY : Dutton, 2000.

㉔Roediger, David R. *How Race Survived U.S. History : From Settlement and Slavery to the Obama Phenomenon*. London, UK : Verso, 2008.

㉕Saito, Natsu Taylor. "At the Heart of the Law : Remedies for Massive Wrongs." *The Review of Litigation*, vol. 27（Winter, 2008）: 281-305.

㉖Wilson, William Julius. *More than Just Race : Being Black and Poor in the Inner City (Issues of Our Time)*. New York, NY : W. W. Norton, 2009.

㉗Wilson, William Julius. "Race and Affirming Opportunity in the Barack Obama era." *Du Bois Review*, vol. 9-1（W. E. B. Du Bois Institute for African and African American Research, Harvard University, 2012）: 5-16.

㉘米山リサ『暴力・戦争・リドレス――多文化主義のポリティクス』岩波書店，2003 年

㉙Zigler, Edward and Susan Muenchow. *Head Start : The Inside Story of America's Most Successful Educational Experiment*. New York, NY : Basic Books, 1992.

⑱と⑳に抄録されている演説にある様に，オバマ大統領は偏見の解消に努めつつ，同時に黒人，とりわけアフリカ系アメリカ人男性の「自助努力」を呼びかけている。㉔と㉕に例示されるように，従来「人種」に関わりなく「アンダークラス」の苦境の

打開に向けた政府の積極的関与を求める論者にも，その主張内容に「人種」差別の根強さを考慮した変化が見られている。しかし①で指摘されるように，とりわけ大都市中心部の黒人男性居住者に対する些細な罪での逮捕と収監が日常化し，今や「監獄ビジネス」は最も有望な公共事業とさえなりつつある。「自助努力」の余地はあまりにも乏しいのである。③の著者はハーヴァード法科大学院で黒人初の終身雇用教授となったが，長年の法廷闘争の実務の経験から，かつての冷戦の時代と異なって，白人多数派との「利益の共有化」を図るのが困難であると結論付ける。「アファーマティヴ・アクション」の「優先枠」の対象が黒人以外に拡大される一方で，⑭で指摘されるように，大都市中心部のアフリカ系アメリカ人「アンダークラス」はとり残されている。㉔で指摘されるように，アメリカ社会では「肌の色の境界」は厳然としたまま存在している。ただし「肌の色の境界」はかつての「白人対非白人」から「黒人対非黒人」に引き直され，⑭で指摘されている一種の「黒人例外論」的情況を呈しつつある。そのような中で現れるのが，㉑と㉓に代表される，奴隷制と「ジム・クロウ」およびその遺制に対する賠償請求訴訟の運動である。この一見唐突な「法廷への回帰」の戦術の目標は実は「アンダークラス」の苦境の打開に向けた，本質的な資源再分配政策の実行である。それに対しては⑦のような非常に素朴な反対論があるが，むしろそれが刺激となってアフリカ系アメリカ人の新たな運動には広範な共感も生まれつつある。とりわけ㉕のような日系人法学者の注目すべき論考を是非読んでほしい。アフリカ系アメリカ人の賠償請求運動にも影響を与えた第二次世界大戦中の日系市民の強制収容に対する損害賠償請求運動については⑨と㉘を参照されたい。また並行して㉙のような1960年代からの政府による就学前幼児教育援助活動も功を奏しており，それは⑰や⑲のような，かつての活動が中心となって展開され効果も生んでいる，地道な地域の「アンダークラス」の自立化促進活動とも軌を一にしている。現在州ごとに「アファーマティヴ・アクション」廃止の波が静かに広がりつつあるが，⑤はその結果が少数派集団の排除であることを示す。⑬にあるように「人種」に特定しない修正を施しつつ，実質的にアフリカ系アメリカ人の有資格者の救い上げのための従来の「アファーマティヴ・アクション」を維持しながら，賠償運動や地域の自立化促進活動に見られるような，言わば「上から」と「下から」の両者の方策をもって「人種」間で明らかな格差を解消する努力が展開されている。くり返すが，㉙は1960年代の「貧困との戦争」以来継続されている就学前幼児教育援助制度である。ここに広範な支持を集めうるアメリカ的公正さの具体的形があるかもしれない。㉒はアメリカでもベストセラーとなったフランス人の経済学者による長期的格差拡大傾向を批判したものである。

エピローグ　「過去」の清算と未来社会への準備

①America, Richard. “The Theory of Restitution : The African American Case.” In Martin, Michael T. and Marilyn Yaquinto, eds. *Redress for Historical Injustice in the United*

States : On Reparations for Slavery, Jim Crow, and Their Legacies. Durham, NC : Duke University Press, 2007, pp. 160–169.
②National Research Council. *The Growth of Incarceration in the United States : Exploring Causes and Consequences*. Washington, D.C. : National Academic Press, 2014.
③Ogletree, Charles J., Jr. "Tulsa Reparations." In Martin, Michael T. and Marilyn Yaquinto, eds. *Redress for Historical Injustice in the United States : On Reparations for Slavery, Jim Crow, and Their Legacies*. Durham, NC : Duke University Press, 2007, pp. 452–468.
④ "Prison Brief—Highest to Lowest Rates." Retrieved in http: //www. webcitation. org/5xRCN8YmR.
⑤U.S. Census Bureau, *Income, Poverty, and Health Insurance Coverage in the United States : 2012* (September 2013), p. 18, Table 5 : People With Income Below Specified Ratios of Their Poverty Thresholds by Selected Characteristics : 2012. Retrieved in http://www.census.gov/prod/2013pubs/p60-245.pdf.
⑥Vernon, Richard. *Historical Redress : Must We Pay for the Past?* London & New York : Continuum, 2012.
⑦Yamamoto, Eric K. "What's Next? : Japanese American Redress and African American Reparations." In Martin, Michael T. and Marilyn Yaquinto, eds. *Redress for Historical Injustice in the United States : On Reparations for Slavery, Jim Crow, and Their Legacies*. Durham, NC : Duke University Press, 2007, pp. 411–426.

⑤の政府統計数値で明らかなように，様々な「人種」間の格差が厳然としてあり，それは肌の色に基づく人々の偏見を助長している。①や③にあるように奴隷制と「ジム・クロウ」およびその遺制に対する賠償請求訴訟運動の目標とするところは「アンダークラス」の苦境を打開するための，かつて 1960 年代後半に試みられて挫折を余儀なくされた資源再分配的な政策の実行である。それは⑦で主張されるように「社会的修復」の試みでもあり，決して単なる報復的な予算「ばらまき」政策の要求とは異なる。⑥に見られるように，歴史的な不正に対する賠償請求は国際的な動きとなっている。社会の全構成員に自立を保障するようなアメリカ的公正さの歴史的な流れに見合った主張と判断されるが，そのゆくえは不確定と言わざるを得ない。④が明示するように，アメリカで異常に高い収監率は特定の「人種」や「文化」の問題を越えている。②は「大量収監」の現実への国家としての対応を訴える最新の共同研究である。